여러 유형으로 준비한 전도 설교

# 거절보다
# 더 큰 은혜

| 김진홍 지음 |

쿰란출판사

## 머리말

교회의 존재 이유는 여러 가지가 있지만 저는 두 가지에 초점을 맞추고 싶습니다.

첫째는 하나님을 예배하는 것입니다. 예배는 피조물 된 인간이 창조주 하나님을 경배하는 일입니다. 이것은 하나님의 명령이기도 하며 창조의 목적과도 부합이 됩니다. 그래서 교회의 예배는 생명을 걸 만큼 중요한 일입니다.

둘째는 영혼을 전도하여 천국에 보내는 일입니다. 세상이나 타 종교가 아닌 오직 교회만이 이 일을 할 수 있습니다. 그러므로 교회에 예배와 전도하는 일보다 더 중요한 일은 없습니다.

예수님의 짧은 생애를 보면 전도가 얼마나 소중한가를 알 수가 있습니다. 공생애 3년 동안 주님은 많은 병자를 고치셨습니다. 각종 기적을 일으키셨고 설교하시며 복음을 전하셨습니다. 특히 이 동네, 저 동네를 다니면서 쉬지 않고 전도를 하셨습니다. 참 열심히 전도하셨습니다. 한마디로 말하면 예수님은 전도에 목숨을 걸었습니다. 성경 마가복음 1장 38절을 보면 주님은 "우리가 다른 가까운 마을들로 가자 거기서도 전도하리니 내가 이 일을 위하여 왔노라"고 말씀하셨습니다. 그만큼 전도는 예수님께서 이 땅에 오신 이유의 전부였습니다.

전도는 너무나 가치가 있는 일입니다. 그래서 저도 지금까지 목회를 하면서 전도하는 일에 힘써왔습니다. 죄악으로 지옥에 갈 영혼을 건

져내서 천당에 보내는 일이 목사가 하는 일의 전부라고 믿어왔습니다.

우리가 알다시피, 교회 부흥에는 두 가지가 있습니다. 먼저, 이미 구원을 받은 분들이 모여서 교회가 부흥되는 경우입니다. 많은 목사님들이 직접 전도하지 않고 성도들이 찾아오기만을 기다리고 있다면 이것은 정말 안타까운 일입니다. 목사 스스로가 교인들보다 더 많이 전도에 힘을 기울여야만 한다고 봅니다.

다음으로, 예수님을 모르는 분들에게 전도하여 교회가 부흥하는 경우입니다. 우리 교회는 후자의 경우, 즉 불신자를 전도하여 부흥하는 교회라고 볼 수 있습니다. 매년 1월이 되면 지난 한 해 동안 몇 명을 전도를 했는지를 영상으로 발표합니다. 그때 조사를 해보면 거의 70%가 새 신자들이 등록되어 교회가 부흥하고 있음을 보게 됩니다.

이렇게 전도가 되는 것은 목사의 목회 방향에 달려 있습니다. 목사가 성도들에게 '돌격 앞으로' 하며 뒤에 빠져 있는 것이 아니라 '나를 따르라' 하면서 직접 앞서서 전도를 이끌 때 전도의 결과가 풍성한 것을 알 수 있습니다. 영혼을 건지는 전도를 목회자가 앞장서서 하고 있습니다. 이것이 중요합니다.

저는 목회 시작부터 지금까지 전도 목회로 교회를 섬기고 있습니다. 1년이면 두 번 전도대회를 합니다. 전반기에 한 번, 하반기에 한 번을 합니다. 총동원 전도는 하지 않고 시간을 내어 일 년 내내 꾸준하게 전도를 합니다. 그러다 보니 전도 설교를 많이 하게 됩니다. 그리고 초청주일에는 초청설교를 하게 됩니다. 옛날에는 순수하게 복음적인 초청설교만을 했습니다. 그러나 최근에 와서는 복음적인 설교도 하지만 고난, 축복에 대한 일반적인 주제를 설교하기도 합니다.

그런데 분위기를 보면 복음적인 설교보다도 일반적인 주제에 대한 설교에서 좋은 반응을 봅니다. 그래서 초청주일이지만 꼭 복음만을 전하기보다는 일반 주제를 다룬 설교를 하는 경우도 있습니다. 이 책에 초청주일에 일반적인 주제를 다룬 설교를 실어 보았습니다.

지금 우리 교회 교인들은 한 해가 다가올 때마다 마음에 준비가 되어 있습니다. 올해도 한 명 이상 전도를 해야 한다는 각오를 다지고 있습니다. 전도하는 것이 사명인 줄을 알고 있습니다. 그 힘을 몰아 전반기에 한 번, 하반기에 한 번 전도를 합니다. 그러다 보니 한 해가 어떻게 가는지 너무 빨리 지나가는 것을 느낍니다.

이 책에는 전도를 권하는 설교를 여러 편 실었습니다. 초청주일 설교도 실었습니다. 전도 설교 유형을 보면 다양합니다. 연역법적인 설교 유형, 가령 3대지 설교, 본문접맥식 설교, 분석설교, 강해설교 등을 다룬 설교 유형인데 '설득적인 설교 유형'이라고 합니다. 이런 설교들을 여러 편 실었습니다.

　그리고 귀납법적인 설교 유형, 가령 4page, 원 포인트, 이야기설교 등을 다룬 설교 유형인데 참여하는 설교 유형이라고 합니다. 이렇게 다양한 형태의 설교 유형으로 완성된 전도 설교를 실었습니다. 전도 설교 내용을 접하는 것도 유익하지만 다양한 형태의 설교를 접하는 것도 목회에 도움이 될 것입니다.

　어느 설교 유형이든지 '본문 중심'으로 설교를 준비했다는 것이 이 책의 특징입니다. 오직 본문에서 어떻게 깊은 영적으로 시원한 우물을 길러야 할 것인가를 깊이 고민하면서 준비한 설교들입니다. 독자들에게 많은 영감을 불러일으키는 데에 조금이나마 도움이 되었으면 합니다.

　부족하지만 언제나 항상 저를 믿어주고 따라주신 우리 금천교회의 당회원들과 성도들에게 감사를 드립니다. 고달픈 목회지만 항상 기도해 주면서 어려운 중에도 말없이 기도와 격려로 함께 해준 아내에게 감사합니다.

2020년 11월
청주 금천교회 목양실에서
김진홍 목사

- 머리말 … 2

## 1부 전도 초청 설교

- 하나님의 사랑 (요 3:16–21) ……………………………… 10
- 고난과 축복 사이에서 (대상 4:9–10) ……………………… 22
- 천국 간 나사로와 지옥 간 부자 (눅 16:19–31) …………… 32

## 2부 전도를 권면하는 설교

- 아름다운 발 (롬 10:13–15) ……………………………… 44
- 니느웨를 사랑하라 (욘 4:1–11) ………………………… 55
- 예수님처럼 영혼을 사랑하는 교회 (마 9:35–38) ………… 66
- 저주를 받을지라도 (롬 9:1–3) …………………………… 77
- 빚진 자의 심정으로 (롬 1:13–17) ………………………… 87
- 미친 자의 행복 (행 26:24–32) …………………………… 97

- 천하를 어지럽게 하는 사람들 (행 16:19–34, 17:6) ……………… 108
- 복음 전하는 일에 참여합시다 (빌 1:3–11) …………………… 119
- 와서 보라 (요 1:43–51) ………………………………………… 130
- 예수님의 증인이 됩시다 (행 1:8) ……………………………… 141
- 하늘나라의 스타 (단 12:1–4) …………………………………… 153
- 하나님의 관점으로만 (행 5:33–42) …………………………… 165
- 예수님과 동역자들 (눅 8:1–3) ………………………………… 177
- 정답과의 싸움이다 (눅 13:10–17) ……………………………… 189
- 오직 기도, 오직 전도 (막 1:35–39) …………………………… 200
- 권위 없는 자처럼 (사 53:7–9) ………………………………… 211
- 예수님이 이 땅에 오신 이유 (막 1:35–39) ……………………… 223
- 예수님의 양식 (요 4:28–42) …………………………………… 235
- 거절보다 더 큰 은혜 (행 16:6–10) ……………………………… 247
- 기적 가운데 사는 사람 (행 5:17–32) …………………………… 258
- 메멘토 모리 (히 9:27–28) ……………………………………… 269
- 잃은 양을 찾는 목자의 심정으로 (눅 15:3–7) ………………… 280
- 어린 여종의 전도 (왕하 5:1–8) ………………………………… 290
- 잃은 영혼을 찾는 사람 (눅 15:8–10) …………………………… 301

# 1부

## 전도초청설교

## 하나님의 사랑

요한복음 3:16-21

---

하나님이 세상을 이처럼 사랑하사 독생자를 주셨으니 이는 그를 믿는 자마다 멸망하지 않고 영생을 얻게 하려 하심이라 하나님이 그 아들을 세상에 보내신 것은 세상을 심판하려 하심이 아니요 그로 말미암아 세상이 구원을 받게 하려 하심이라 그를 믿는 자는 심판을 받지 아니하는 것이요 믿지 아니하는 자는 하나님의 독생자의 이름을 믿지 아니하므로 벌써 심판을 받은 것이니라 그 정죄는 이것이니 곧 빛이 세상에 왔으되 사람들이 자기 행위가 악하므로 빛보다 어둠을 더 사랑한 것이니라 악을 행하는 자마다 빛을 미워하여 빛으로 오지 아니하나니 이는 그 행위가 드러날까 함이요 진리를 따르는 자는 빛으로 오나니 이는 그 행위가 하나님 안에서 행한 것임을 나타내려 함이라 하시니라

---

🍀 **주제**: 하나님의 십자가 사랑을 알게 한다.
🍀 **목적**: 예수님을 영접하게 한다.
🍀 **구성**: 원 포인트

우리 속담에 "개똥밭에 굴러도 저승보다 이승이 낫다"는 말이 있습니다. 이 말은 이 땅에서 할 수만 있다면 오래 살고 싶은 것이 모든 사람의 마음이라는 말입니다. 이런 마음은 예수님을 믿는 사람이나 믿지 않는 사람이나 마찬가지입니다. 인간의 가장 큰 두려움은 죽음에 대한 두려움입니다. 예수님을 믿는 사람에게는 천국에 대한 소망이 있기에 죽음에 대한 두려움이 적을 뿐입니다.

그러나 성경은 이렇게 말합니다. "한 번 죽는 것은 사람에게 정해진 것이요 그 후에는 심판이 있으리니"(히 9:27). 사람이 아무리 안 죽으려 해도 죽지 않을 사람은 아무도 없다는 말씀입니다. 하나님이 부르시면 누구나 가야 하는 것이 사람입니다. 그래서 성경은 이렇게 말합니다. "다 흙으로 말미암았으므로 다 흙으로 돌아가나니 다 한 곳으로 가거니와"(전 3:20). 그렇습니다. 인간은 죽음을 향하여 달려가고 있는 존재일 뿐입니다.

역사적으로 보면 사람은 죽지 않고 오래 살아 보려고 애를 많이 써 왔습니다. 중국 한(漢)나라의 무제가 죽지 않으려고 승로반에 아침 이슬을 받아먹었다는 말이 있습니다. 한 시대의 영웅 진시황이 불로초를 구하기 위하여 동방 삼신산에 동남동녀 500인을 보냈다는 전설도 우리는 잘 알고 있습니다. 그래도 소용이 없었습니다. 그런 진시황도 49살에 죽었습니다.

성경은 모든 사람이 반드시 죽을 것이라고 말합니다. 이 죽음에서 예외 되었던 사람은 아무도 없습니다. 여러분도 하나님이 부르시면 언젠가 죽음을 맞이할 것입니다. 다른 동물과 다르게 인간은 죽을 것을 아는 동물입니다. 그러므로 죽음 준비를 하는 것이 인간의 최고의 지혜입니다.

본문은 죽음의 주인이 하나님이심을 말해 주고 있습니다.

**1. 하나님이 어떤 분인가를 알아야 합니다.**

오늘 본문에서 처음 나오는 표현이 "하나님이"라는 말입니다. 여러분은 하나님을 어떤 분으로 생각하고 계십니까? 성경은 하나님을 우주의 창조주라고 말합니다. 말씀으로 우주를 창조하신 하나님은 전능하신 분입니다. 안 될 것이 없는 분입니다. 못하실 것이 없는 분입니다.

성경을 보면 결혼도 하지 않은 처녀 마리아가 임신을 하는데, 이를 행하신 분이 하나님입니다. 90이 넘어 경수가 끊어진 할머니 사라 또한 임신하게 하신 분이 바로 하나님입니다. 죽어서 썩은 냄새가 나는 나사로를 살리신 분도 하나님입니다. 태어날 때부터 눈먼 자의 눈을 뜨게 하셨습니다. 앉은뱅이를 일으키셨습니다. 하나님은 못하실 것이 없는 전능하신 분입니다.

이런 전능하신 하나님을 나의 아버지 하나님으로 믿는 것이 중요합니다. 지금 우리 중에 하나님과 아무런 관계가 없는 분이 있다면, 그것처럼 불행한 일은 없을 것입니다. 고아가 불행한 것처럼 영적인 고아는 정말 불행한 영혼입니다. 여러분이 영적인 고아가 되지 않기를 간곡하게 부탁합니다. 하나님이 나의 아버지가 되신다는 것은 하나님의 생명이 나에게 있다는 것입니다. 그러므로 하나님을 믿는다는 것은 죽고 사는 문제입니다. 생명의 문제입니다. 천국과 지옥의 문제입니다.

그래서 하나님을 믿는 것이 그렇게 소중한 것입니다. 여러분에게 하나님이 아버지가 되시기를 축복합니다.

**2. 하나님께서 독생자까지 주신 사랑에 대해 알아야 합니다.**

본문을 보면 "하나님이 세상을 이처럼 사랑하사 독생자를 주셨으니"라고 말합니다. 여기서 말하는 세상은 우리가 사는 이 세상을 말하기도 합니다. 하나님은 우리가 사는 이 세상을 매우 사랑하십니다. 그러나 세상을 사랑하신다는 말의 더 깊은 뜻은 이 세상 사람을 사랑하신다는 것입니다. 인간은 하나님의 형상으로 지음을 받은 존재입니다. 인간만이 하나님과 소통할 수 있습니다. 인간만이 영혼이 있기 때문입니다. 이 세상의 그 어떤 동물도 하나님과 소통을 할 수 없습니다. 오직 인간뿐입니다. 그런 인간을 하나님은 너무나 사랑하십니다.

성경은 하나님께서 사람을 얼마나 사랑하셨는지에 대해 말하고 있습니다. 독생자 아들을 십자가에서 죽이면서까지 사랑하셨습니다. 독생자를 주셨다는 말씀은 하나밖에 없는 외아들을 우리에게 주실 정도로 사랑하셨다는 것입니다. 외아들을 우리에게 주신 일은 정말 이해할 수 없는 하나님의 사랑입니다. 이것을 하나님의 십자가 사랑이라고 합니다. 정말 여러분이 하나님의 십자가 사랑을 알고 이해한다면, 그 하나님을 아버지로 마음에 모셔 들이지 않을 수 없습니다.

어느 농장에 병아리가 한 마리 있었습니다. 그 병아리가 병들어 시름시름 앓더니 죽을 지경에 이르렀습니다. 수의사가 진단을 하더니 암탉을 한 마리 잡아서 잘 고아서 먹이면 낫는다고 했습니다. 주인은 수

의사를 향해 화를 냈습니다. "아니, 병아리를 살리려고 암탉을 죽이는 사람이 어디 있단 말이오!" 만약 수의사가 병아리를 살리려면 송아지를 잡아 먹여야 한다고 했다면, 그것을 따를 농장 주인이 있겠습니까? 아니, 더 나아가 암탉도, 송아지도 아닙니다. 농장 주인의 아들을 잡아 먹여야 한다면 그 말대로 할 사람은 없습니다. 그런데 그렇게 하신 분이 있습니다. 바로 하나님입니다.

하나님께서는 죄인을 위해서 독생자 아들을 십자가에 못 박아 죽게 하셨습니다. 불의한 우리를 대신하여 하나님의 외아들을 십자가에 죽게 하셨습니다. 계산적으로 따져 볼 때 그것은 절대로 할 수 없는 일입니다. 논리적으로 따져 볼 때 말도 안 되는 일입니다. 하나님께서 실수로 그런 결정을 내리셨을까요? 아닙니다. 우주를 말씀으로 창조하신 하나님은 절대로 실수하는 분이 아닙니다. 그런데 왜 그렇게 하셨을까요? 죄인을 살리는 길은 오직 그 방법밖에 없기 때문입니다.

인간은 모두 다 죄인입니다. 성경은 말합니다. "의인은 없나니 하나도 없으며"(롬 3:10). 이 세상에서 죄의 마지막은 감옥에 가는 것입니다. 영적으로 하나님 앞에서 죄인의 마지막은 지옥 가는 것입니다. 지옥은 죽으려고 해도 죽을 수 없는 곳입니다. 고통과 괴로움만 계속되는 곳이 지옥입니다. 그런 곳에는 어떤 일이 있어도 가지 말아야 합니다.

이렇게 우리는 태어날 때부터 죄인이기 때문에 절대로 하나님의 사랑을 받을 자격이 없는 사람들입니다. 그런데 하나님은 이유 없이 우리를 사랑하셨습니다. 조건도 없이 사랑하셨습니다. 하나님의 사랑은 이유 없이 죄인을 사랑하시는 하나님의 짝사랑입니다. 하나님을 싫다고 하는 사람들을, 하나님은 너무나 사랑하십니다. 얼마나 우리를 사랑하시는지, 죄인들을 위해서 하나밖에 없는 아들을 십자가에 죽이면서까지 사랑하신 사랑입니다.

사실 진정한 사랑은 따지지 않습니다. 얼굴이 예쁜지, 돈이 많은지 따지지 않습니다. 진정한 사랑은 조건이 없습니다. 그냥 사랑하는 것입니다. 십자가 사랑은 하나님만이 하실 수 있는 조건 없는 사랑입니다. 그 십자가 사랑을 실천에 옮기시기 위해서 너무나 값비싼 십자가라는 대가를 지불하셨습니다.

로마서 5장 8절 말씀입니다. "우리가 아직 죄인 되었을 때에 그리스도께서 우리를 위하여 죽으심으로 하나님께서 우리에 대한 자기의 사랑을 확증하셨느니라." 하나님은 말로만 사랑하지 않으셨습니다. 실제로 그의 외아들을 십자가에 내어주심으로 선명하게 사랑을 보여주셨습니다. 우리가 하나님의 사랑을 받을 가치가 있어서 사랑하셨을까요? 사랑받을 조건을 갖추었기에 사랑하셨을까요? 사랑받을 만한 대단한 존재라서 사랑하셨을까요? 절대로 아닙니다. 우리는 큰 죄인입니다. 마귀에게 붙잡혀서 영원히 지옥에 가야 할 운명에 처해 있는 존재입니다. 그런데도 우리를 사랑하셨습니다. 그 사랑의 증거가 십자가입니다.

십자가는 과거에 베풀어 주셨던 하나님의 사랑의 증표입니다. 십자가는 지금도 베풀고 계시는 하나님의 사랑을 보여줍니다. 십자가는 앞으로도 변함없이 사랑하신다는 증거입니다. 과거와 현재와 미래를 사랑하시는 십자가 사랑은 하나님께서 나를 얼마나 사랑하시는지, 그 증거를 보여주신 것입니다.

힘들고 넘어질 때에 십자가를 바라보시기 바랍니다. 그러면 십자가에서 들려오는 음성이 있을 것입니다. "나는 너를 사랑한다. 전에도 너를 사랑했다. 지금도 너를 사랑하고 있다. 앞으로도 계속해서 너를 사랑할 것이다." 그 하나님의 뜨거운 십자가 사랑에 감전되는 체험이 있기를 축복합니다.

### 3. 하나님의 사랑은 영생을 얻게 하는 사랑입니다.

본문은 이렇게 말하고 있습니다. "이는 그를 믿는 자마다 멸망하지 않고 영생을 얻게 하려 하심이라." 여기서 말하는 "믿는 자마다"라는 말은 지금 믿는 현재가 중요하다는 말입니다. 믿기 전의 상태가 죄인이라 할지라도 절대로 따지지 않고 지금 믿는 것만 보십니다. 지금 믿고, 앞으로도 계속 믿는 것을 말합니다.

사실 예수님을 믿는다는 말은 예수님과 동행한다는 말입니다. 동행은 같이 가는 것을 말합니다. 동행은 함께 살고, 함께 죽는 것을 말합니다. 찬송가 407장의 작곡가인 다니엘 휘틀은 이렇게 고백을 했습니다.

> 구주와 함께 나 죽었으니 구주와 함께 나 살았도다
> 영광의 그날에 이르도록 언제나 주만 바라봅니다

주님과 '영광의 그날에 이르도록' 동행하는 것입니다. 이 말은 하나님의 나라에 갈 때까지 하나님과 동행하는 것을 말합니다.

하나님은 약속하셨습니다. "그를 믿는 자마다 멸망하지 않고 영생을 얻게 하려 하심이라." 예수님을 믿는 자마다 영생을 얻게 하신다는 약속입니다. 반대로 예수님을 믿지 않는 자마다 멸망하게 될 것이라는 약속입니다.

주님은 안타까운 마음으로 다시 강조하십니다. "하나님이 그 아들을 세상에 보내신 것은 세상을 심판하려 하심이 아니요 그로 말미암아 세상이 구원을 받게 하려 하심이라." 하나님의 목적은 한 사람도 지옥에 보내지 않고 천국에 보내는 것입니다. 모든 사람이 구원을 받는 것입니다.

전도를 할 때에 영생을 말하면 현세의 문제가 급한데 내세의 문제까지 걱정할 시간이 없다고 말합니다. 사람들은 현세를 위주로 살고 있습니다. 그리고 신앙생활을 수양을 위한 것으로만 보는 분들이 있습니다. 그러나 영생의 문제를 해결하지 못하면 현세의 문제도 해결할 수 없습니다. 소경이 보지 못하므로 그 걸음이 비뚤어지는 것처럼 말입니다. 마음과 영혼에 영생을 소유하지 못한 사람은 인생의 한 걸음이 그렇게 불안하고 위험한 것입니다.

시인 괴테는 "죽어도 영생한다는 이 진리를 알기까지 당신은 우수한 나그네에 지나지 않는다"라고 말했습니다. 사도 바울은 "만일 그리스도 안에서 우리가 바라는 것이 다만 이 세상의 삶뿐이면 모든 사람 가운데 우리가 더욱 불쌍한 자이리라"(고전 15:19)고 하였습니다. 그러므로 인간의 가장 큰 행복은 예수님을 나의 구주로 믿어서 영생하는 믿음의 사람이 되는 것입니다.

구약성경을 보면 호세아 선지자에게 고멜이라는 아내가 있었습니다. 그런데 이 아내가 바람이 났습니다. 그때마다 남편이 가서 데려옵니다. 나중에는 술집에 종으로 팔려갔습니다. 그런데도 하나님께서는 가서 몸값을 주고 데려와서 그 여인을 사랑하라는 것입니다. 이것은 이스라엘 백성이 하나님의 사랑받을 자격이 전혀 없는 창녀와 같이 타락했다는 것입니다. 그래도 하나님은 이 약속의 백성을 버리지 않으십니다. 때로는 징계하면서라도 기어이 구원받은 하나님의 백성으로 세워 가시겠다는 사랑을 보여주신 것입니다.

여러분 한 사람 한 사람을 사랑하시는 하나님의 사랑은 말로만 하는 전시용어가 아닙니다. 십자가의 사랑은 하나님께서 죄인을 얼마나 사랑하시는지에 대한 집념의 표시입니다. 한 사람을 구원하는 하나님의 열심입니다.

새 중에서 모성애가 가장 뜨거운 것이 펠리컨입니다. 펠리컨은 새끼들에게 먹일 먹이가 없으면 자신의 가슴살을 뜯어 먹입니다. 병에 걸려 죽어가는 새끼에게 자신의 핏줄을 터뜨려 그 피를 입에 넣어 줍니다. 어미 펠리컨은 자신이 죽어가면서도 새끼를 위해 기꺼이 목숨을 바칩니다. 그래서 펠리컨을 사랑과 희생의 상징으로 여겼습니다. 펠리컨의 희생을 하나님의 사랑에 비유하기도 합니다.

세상에서 가장 숭고하고 높은 사랑이 어머니의 사랑입니다. 어머니의 은혜는 이 세상 그 무엇과도 비교할 수 없는 사랑입니다. 젊은 청춘은 언젠가 사라집니다. 남녀의 사랑도 때가 되면 시들어 버립니다. 우정의 잎사귀도 떨어지기 마련입니다. 그러나 어머니의 사랑은 가장 오래 숨 쉬는 것입니다.

그러나 하나님의 사랑은 펠리컨의 사랑보다 더 깊고 높은 사랑입니다. 어머니의 사랑보다 더 크다고 이사야서에 말하고 있습니다.

"여인이 어찌 그 젖 먹는 자식을 잊겠으며 자기 태에서 난 아들을 긍휼히 여기지 않겠느냐 그들은 혹시 잊을지라도 나는 너를 잊지 아니할 것이라"(사 49:15).

하나님의 사랑은 부모의 사랑보다 더 진실하고 변함없는 사랑이라는 것을 말씀하시는 것입니다. 이 하나님의 사랑을 받아들일 때에 천국에 가는 하나님의 은혜의 선물이 우리에게 주어집니다.

하나님의 십자가 사랑은 정말 이해하기가 어렵습니다. 그래서 십자가 사랑을 다른 말로 '구속적인 사랑' 또는 '대속적인 사랑'이라고 합니다. '구속'이란 말은 '대신 값을 치러 준다'는 뜻입니다. 그리고 '대속'이란 말은 '대신 죽는다'는 뜻입니다. 예수님은 하나님의 아들로서 사람의 몸을 입고 이 땅에 오셔서 우리가 지은 죄를 대신하여 죄 값을 치러 주시고 우리 대신 십자가에서 피 흘려 죽어 주신 분입니다.

죄를 지으면 그 대가를 치러야 합니다. 오늘로 말하면 감옥에 가든지, 벌금을 내야 합니다. 그렇지 않으면 죄가 해결되지 않습니다. 그런데 하나님의 사랑은 우리가 지은 죄의 값을 하나밖에 없는 독생자 예수님을 십자가에 죽임으로 다 지불하신 사랑입니다. 당신이 죽으면서까지 우리의 죄를 용서하신 십자가 사랑입니다. 그래서 마가복음 10장 45절을 보면 "인자가 온 것은 섬김을 받으려 함이 아니라 도리어 섬기려 하고 자기 목숨을 많은 사람의 대속물로 주려 함이니라"고 하셨습니다. 이렇게 죽어야 할 나를 대신하여 목숨을 바치는 것보다 더 큰 사랑은 없을 것입니다. 십자가 형틀에 못 박혀 온몸이 찢겨서 물 한 방울, 피 한 방울 남김없이 다 쏟고 자신의 몸을 우리 대신 제물로 주신 것입니다.

옛날 힘들게 살 때 일입니다. 남편이 병으로 세상을 떠나자 부인은 다섯 살과 세 살 된 아들을 키우기 위해 철길 옆에 있는 신발공장에 취직했습니다. 매일 아침 출근할 때 두 아이를 맡길 곳이 없어서 안고, 업고 공장으로 출근하여 공장 안의 조그만 방에서 놀게 하고 엄마는 일을 했습니다. 따뜻한 어느 봄날입니다. 두 아이들이 엄마 몰래 철길로 나갔습니다. 철길에서 조약돌 치기도 합니다. 가위바위보 놀이도 합니다. 누군가가 애들이 없다는 소리에 엄마가 뛰어나가 보니 철길에서 놀고 있었습니다. 쏜살같이 달려가 두 아들을 철길 밖으로 던져 낸 순간 기차가 달려와서 엄마를 치고 지나갔습니다. 결국 엄마는 죽고 말았습니다.

동네 사람들이 엄마의 장례를 치르자 두 형제는 고아원으로 갔습니다. 그리고 자란 후 어머니의 무덤에 조그마한 묘비를 세우며 다음과 같이 새겨 놓았습니다. '어머니, 우리 어머니, 우리를 살리려고 죽으신 사랑하는 우리 어머니'라고 말입니다.

그 어머니는 두 아들을 기르기 위해 일당 몇백 원을 받으며 일했습니다. 두 아들을 기르기 위해 자신은 굶고 아이들 입에 먹을 것을 넣어 주었습니다. 그 모든 것이 다 어머니의 사랑이지만 가장 큰 사랑은 기찻길에서 놀고 있던 두 아이의 생명을 건져내고 자신의 목숨을 버린 것입니다.

예수 그리스도의 사랑의 절정은 우리를 위해 십자가에 죽으신 것입니다. 찬송 작사자 하버겔은 "내 너를 위하여 몸 버려 피 흘려 네 죄를 속하여 살 길을 주었다 널 위해 몸을 주건만 너 무엇 주느냐"라고 십자가의 사랑을 읊었습니다. 왜 우리가 주님을 사랑한다고 말해야 합니까? 그것은 주님께서 나를 십자가로 사랑하셨기 때문입니다. 그리고 지금도 사랑하고 계시기 때문입니다.

이런 사랑으로 하나님은 지옥에 갈 우리를 살리려고 십자가에 죽기까지 사랑하셨습니다. 그 하나님의 사랑에 대해 본문은 이렇게 말하고 있습니다. "하나님이 세상을 이처럼 사랑하사 독생자를 주셨으니 이는 그를 믿는 자마다 멸망하지 않고 영생을 얻게 하려 하심이라"(요 3:16). 우리를 지옥에 보내지 않고 천국에 보내시려고 십자가에 죽으신 십자가 사랑을 믿으며 하나님의 자녀로 구원받으시기를 축복합니다.

## 고난과 축복 사이에서
### 역대상 4:9-10

야베스는 그의 형제보다 귀중한 자라 그의 어머니가 이름하여 이르되 야베스라 하였으니 이는 내가 수고로이 낳았다 함이었더라 야베스가 이스라엘 하나님께 아뢰어 이르되 주께서 내게 복을 주시려거든 나의 지역을 넓히시고 주의 손으로 나를 도우사 나로 환난을 벗어나 내게 근심이 없게 하옵소서 하였더니 하나님이 그가 구하는 것을 허락하셨더라

❀ **주제**: 고난을 이기는 사람이 되게 한다.
❀ **목적**: 기도의 사람이 되게 한다.
❀ **구성**: 원 포인트

우리는 베토벤의 음악을 좋아합니다. 그것은 그의 음악에 깊이가 있기 때문입니다. 그의 이런 명작들은 고난의 산물이었습니다. 베토벤의 아버지는 알코올 중독자로 돈만 생기면 술을 마셨습니다. 그래서 베토벤은 11세부터 극장 오케스트라에 들어가 돈을 벌어야만 했습니다. 17세 때 어머니가 폐결핵으로 세상을 떠나자 동생까지 부양해야 했습니다. 30세부터 음악가의 생명인 귀가 들리지 않았고, 인생만년에는 완전히 듣지 못했습니다. 그 유명한 교향곡 5번 "운명"(1악장 시련과 고뇌, 2악장 다시 찾은 평온함, 3악장 쉼이 없는 열망, 4악장 도전한 자의 환희)을 연주했을 때는 박수갈채뿐만 아니라 큰 소동이 일어날 정도였습니다. 이런 관중의 열광을 옆에 있던 사람에게 듣고서야 알 정도였습니다. 그때 그는 "나는 괴로움을 뚫고 나아가 기쁨을 발견했다"라고 말합니다. 그의 음악은 대부분이 마지막 부분에서 환희를 노래하고 있습니다. 베토벤의 젊은 시절의 고난이 위대한 삶을 만들게 된 것입니다. 고난은 사람을 사람 되도록 만들어 주는 꼭 필요한 도구입니다.

유명한 신학자인 폴 틸리히는 "고통의 깊이는 진실의 깊이로 향하는 유일한 문이다"라고 말했습니다. 그리고 그는 "하나님께서 우리를 깊은 물로 이끄시는 것은 물에 빠뜨리기 위함이 아니라 깨끗하게 하기 위함이다"라고 말했습니다. 고난은 아픔이 크지만 그 아픔이 변하여 축복의 기회가 되는 것입니다. 특히 하나님의 사람에게는 더욱 그렇습니다.

본문에 나오는 야베스는 고난의 대명사로 불립니다. 상상할 수 없는 고난의 삶의 현장에서 그는 믿음과 신앙으로 승리한 사람입니다.

## 1. 야베스의 고난이 무엇입니까?

첫째, 시대적인 고난을 타고난 사람입니다. 야베스가 살았던 사사기 2장을 보면 그 당시 사람들의 실상을 알 수 있습니다. 그들은 현실에 안주하는 사람들이었습니다. 당시 사람들은 쾌락주의에 빠졌습니다. 그래서 전혀 희망이 없었습니다. 그때 상황을 성경은 "그때에 이스라엘에 왕이 없으므로 사람이 각기 자기의 소견에 옳은 대로 행하였더라"(삿 21:25)고 말하고 있습니다. 이처럼 그는 꿈과 비전을 상실한 시대에 태어났습니다.

둘째, 그는 유복자로 태어났습니다. 어머니가 임신을 하고 아버지가 죽었습니다. 야베스가 태어나 보니 아버지는 이미 천국에 가셨습니다. 보호하고, 교육해 줄 아버지가 없었습니다. 울타리가 되는 아버지가 없었습니다.

셋째, 소망이 없는 아이로 태어났습니다. 아버지가 없다 보니 어머니가 이름을 지어 주었습니다. 그 이름이 야베스입니다. 이 뜻은 '고통의 아들'이라는 말입니다. 우리 식으로 말하면 '고통이, 눈물이, 한숨이'라는 뜻입니다. 한숨과 탄식이 들어 있는 이름이 야베스입니다. 사실 이름만은 희망을 담고 꿈과 축복을 담아서 짓는 것입니다. 그런데 야베스는 그렇지 못했습니다. 이름 자체가 저주스럽게 지어졌습니다.

넷째, 모든 고통을 안고 태어난 사람입니다. 온갖 고통을 한 몸에 안고 태어났습니다. 아버지도 없습니다. 지도자도 없었습니다. 어머니마저도 야베스에게 한을 안겨주었습니다. 시대적으로 제대로 된 교육을 받지도 못했습니다. 보호자도 없이 인생의 바다에 떠 있는 한 척의 배였습니다. 세월이라는 파도에 그대로 노출된 사람이었습니다. 삶과 생을 놓고 몸부림쳐야 하는 모든 고통을 안고 태어난 사람이었습니다. 그렇게 야베스는 고통과 저주요, 절망의 대명사가 되었습니다.

그런데 이런 총체적인 고통을 안고 태어났는데도 그는 좌절하지 않았습니다. 사탄이 그를 좌절과 낙심으로 몰아넣었지만 그는 자신이 승리할 수 있는 하나님의 아들이라는 사실을 확실히 알았습니다. 그래서 기도로 고난의 터널을 건너 승리와 축복을 붙잡는 사람이 되었습니다.

생리학적으로 보면 사람은 부모의 모든 것을 닮아 가기 마련입니다. 부모가 당뇨나 고혈압을 앓은 경우 자녀 또한 그 병을 앓는 경우가 많습니다. 자녀들에게 왜 너는 공부를 못하느냐고 묻지 마십시오. 그 머리가 그 머리이기 때문입니다. 행동과 태도, 심지어는 목소리까지 닮습니다. 이렇게 부모를 닮는 것이 사람일진대 놀랍게도 야베스는 부모가 남겨준 저주와 고난을 이겨내었습니다.

야베스는 모든 아픔과 저주를 물려받고 태어났습니다. 그럼에도 그는 당대에 존귀한 사람이 되었습니다. 문제와 아픔과 고통과 상처를 물리쳤습니다. 저주와 죄악을 이겨냈습니다.

**2. 야베스가 고난을 이기고 존귀한 사람이 된 비결이 무엇일까요?**

살아 계신 하나님께 기도한 야베스입니다. 사실 야베스는 고난 때문에 기도를 시작했습니다. 너무나도 어렵고 가난해서 기도를 했습니다. 고난과 환난은 기도학교에 입학하는 기회입니다. 그러므로 고난과 아픔이 있다는 것은 기도하라는 신호가 됩니다. 그것이 하나님을 만나는 은혜의 기회가 될 것입니다.

본문의 야베스는 이런 기도를 했습니다. "야베스가 이스라엘 하나님께 아뢰어 이르되 주께서 내게 복을 주시려거든 나의 지역을 넓히시고 주의 손으로 나를 도우사 나로 환난을 벗어나 내게 근심이 없게 하옵소서 하였더니."

하나님은 자녀들의 소원을 아시고 기도를 통해서 소원을 채워 주십니다. 정욕으로 기도한 것이 아닙니다. 주님의 뜻대로 기도한 것을 들어주십니다. 주님 뜻대로 무엇이든지 구한 것을 주시겠다고 약속하셨습니다.

성경을 보면 악한 법관이 미천한 과부의 원한을 풀어주었습니다. 날마다 찾아가 문제를 해결하여 달라고 기도했기 때문입니다. 울면서 기도하는 것을 보고 히스기야 왕에게 15년을 더 살게 해주셨습니다. 우리 하나님은 자녀의 한 맺힌 소원을 들어주십니다. 성경은 곤고한 날에 부르짖으라고 말합니다(시 34:6). 기도하는 사람에게 응답을 주시는 좋으신 하나님입니다.

이 땅에 수많은 사람들이 신들을 섬기고 있습니다. 그리고 그들은 각기 자기의 신에게 기도합니다. 본문은 "야베스가 이스라엘 하나님께 아뢰어"라고 했습니다. 신이라고 다 신이 아닙니다. 신이라고 다 기도를 듣고 응답하는 것은 결코 아닙니다. 여호와 하나님만이 유일한 신입니다. 우리의 기도에 응답하시는 전능하신 하나님입니다. 야베스는 살아 계시고 전능하신 하나님께 기도했습니다.

하나님을 제외한 다른 모든 신은 우상일 뿐입니다. 모든 종교는 인간이 만든 것입니다. 그러나 기독교는 하나님께서 만드셨습니다. 모든 종교는 인간이 신이 됩니다. 그러나 기독교는 신이 인간이 되었습니다. 종교는 인간이 신을 찾는 것입니다. 그러나 기독교는 신이 인간을 찾아온 것입니다. 그러므로 우리의 하나님만 진정한 참 신입니다. 우리의 기도를 들으시고 응답하시는 살아 계신 전능자이십니다.

어느 회사든지 결재서류에 결재란이 있습니다. 그런데 그 결재란에는 결재할 사람이 결재를 해야 유용합니다. 다른 사람이 사인을 하면 소용이 없습니다. 기도도 동일합니다. 기도를 듣고 결재할 분에게 기도를 해야 합니다. 우리의 기도를 결재할 분은 오직 하나님 한 분이십니다. 왜냐하면 하나님이 만물의 유일한 소유주이시기 때문입니다. 인간의 생사화복이 오직 하나님 한 분에게만 달려 있기 때문입니다. 지금 우리는 이 진리를 분명하게 붙잡고 오직 하나님께만 기도해야 합니다.

누군가가 이렇게 반문할지도 모르겠습니다. "꼭 기도해야만 하나님께서 주시는가요? 기도하지 않으면 하나님께서는 아무것도 주시지 않는가요?" 하나님께서는 우리가 기도하지 않아도 주시는 사랑의 하나님이십니다. 우리는 자녀들이 일일이 구하지 않아도 그들에게 필요한 것들을 때에 따라 줍니다. 하물며 하나님께서 기도하지 않았다고 은혜의 문을 닫으실 리가 없습니다.

그러나 기도하지 않으면 받지 못하는 복이 있습니다. 기도하지 않으면 체험할 수 없는 하나님의 은혜가 있습니다. 그것은 영적인 은혜입니다. 나만이 체험해야 할, 하나님을 만나는 은혜입니다. 가난이 변하여 축복이 되는 은혜입니다. 환난이 바뀌어 은혜가 되는 응답을 말합니다. 그리고 지옥이 변하여 천국이 되는 은혜입니다. 그러므로 야베스처럼 기도의 사람이 되는 것이 중요합니다. 하나님은 우리가 기도하기를 기다리고 계십니다.

존이라는 사람이 죽어서 천국에 갔습니다. 그를 영접한 베드로와 천국의 이곳저곳을 구경하게 되었습니다. 그들이 큰 창고 앞을 지나가게 되었을 때 존은 그 안에 들어가 보고 싶었습니다. 문을 열고 들어서자 창고 안에는 커다란 상자들이 즐비하게 놓여 있었습니다. 상자에 달린 리본에는 사람들의 이름이 적혀 있었습니다. 존은 자신의 이름이 쓰인 상자를 열었습니다. 그리고 존은 그만 소리를 지르고 말았습니다. 상자 속에는 하나님께서 존에게 주실 수 있었던 수많은 복들이 그냥 담겨 있었던 것입니다. 존이 하나님께 기도하지 않았기에 그냥 거기에 담겨 있었던 것입니다. 존은 생전에 자신이 읽었던 성경 구절을 되새기면서 힘없이 창고를 나왔습니다.

성경은 말합니다. "너희가 얻지 못함은 구하지 아니하기 때문이요"(약 4:2). 그래서 종교개혁자인 루터는 "재단사가 옷을 만들고 구두 수선공이 구두를 고치는 것이 주업무라면 그리스도인의 주업무는 기도이다"라고 말하였습니다.

복음송 중에 "기도할 수 있는데 왜 걱정하십니까"라는 구절이 있습니다. 어떤 상황 속에서도 주님을 바라보며 기도할 수 있습니다. 사방이 적으로 둘러싸여 있어도 위는 뚫려 있습니다. 우리는 기도할 수 있습니다. 기도는 최대의 무기입니다. 아주 강력한 무기입니다. 왜 이것을 잊고 살아갑니까? 기도는 전능하신 하나님을 붙잡는 손길입니다. 가장 강력한 생명의 줄입니다. 능력의 줄입니다. 그러므로 기도를 잊지 말아야 합니다. 우리가 기도를 붙잡을 때 하나님께서 우리를 붙잡으십니다.

기도할 때 우리 기도의 자세가 대단히 중요합니다. 누가복음 11장을 보면 떡을 빌리는 비유가 나옵니다. 친구가 밤중에 먼 길을 왔는데 자기 집에 먹을 것이 없어서 한밤중에 다른 집에 가서 떡을 좀 꿔달라고 계속해서 귀찮게 합니다. 그러자 이웃집 사람이 떡을 주는데, 너무나 귀찮아서 준다고 합니다. 끈질긴 기도가 우리에게 필요하다는 말입니다. 하나님은 때때로 이런 간절한 기도를 우리에게 원하십니다. 절박한 심정으로 야베스는 자신을 축복해 달라고 부르짖으면서 기도했습니다. 그리고 그의 기도제목들이 다 응답 받았습니다.

《하나님의 보좌를 움직이는 기도》라는 책이 있습니다. 이 책은 은행간부인 박종훈 집사가 쓴 기도에 관한 간증집입니다. 그는 신경쇠약으로 불면증에 시달리면서 절망적인 심정으로 기도를 하기 시작합니다. 그는 교회를 몇십 년 다닌 사람이었는데, 기도가 없는 신자였습니다. 처음 기도를 시작할 때 그는 5분을 넘기지 못했습니다. 절박한 가운데도 5분, 10분이 고작이었습니다. 이런 기도가 이제는 아무리 바빠도 하루 7시간을 한다고 합니다. 그런 기도의 생활 가운데서 그가 받은 여러 가지 축복에 대한 간증거리가 너무나 많은 사람입니다.

기도하시기 바랍니다. 그러면 기적이 일어납니다. 기도하면 도전을 받습니다. 기도하면 하나님을 만나게 됩니다. 우리가 기도하면 하나님이 들으시고 복 주십니다.

사막에서 종종 있었던 일입니다. 물이 없어서 목이 타 죽게 되었는데, 어느 조그만 나무가 하나 있어서 그것을 파보았더니 오아시스가 터져 나왔습니다. 영원히 마르지 않는 샘이 터져 나온 것입니다. 그렇지만 물이 터져 나올 때까지는 사막입니다. 우리 속에는 터져 나올 샘물이 너무나 많이 있습니다. 기도하는 사람에게 축복의 샘물이 터져 나오게 되는 것입니다.

그리스도인은 내 속에 있는 무한한 성령의 능력을 활성화시켜야 합니다. 나의 샘 바닥이 말랐을 때에 기도의 폭탄을 터뜨려서 성령의 샘이 터져 나오게 해야 합니다. 기도로 성령의 강이 흐르게 해야 합니다. 내가 낙심과 좌절이라는 고난에 있을 때에 기도의 강한 폭탄을 터뜨려 축복의 샘이 터지게 해야 합니다. 그것이 하나님의 사람들이 해야 하는 일입니다.

### 3. 이런 기도의 결과는 무엇일까요?

첫째, '형제보다 존귀한 자'라는 복된 칭호를 받게 됩니다. 우리는 야베스와 같은 기도의 사람이 되어야 합니다. 기도하면 우리는 야베스와 같은 존귀한 사람이 될 수 있습니다.

둘째, 삶의 지경이 넓어집니다. 축복을 받는 것은 지경이 넓어지는 것입니다. 하는 일마다 복을 받았기 때문입니다. 하는 일마다 주님께서 도와주시기 때문에 지경이 넓어지는 것입니다. 얼마나 지경이 넓어졌는가 하면, 야베스가 너무나 잘되었기 때문에 야베스의 이름을 따서 마을이 생겼습니다. 요즘 말로 하면 청주시가 야베스로 변한 것입니다. 그럴 정도로 기도했기 때문에 복을 받은 것입니다.

야베스는 고난의 대명사였습니다. 그 고난 때문에 기도했습니다. 열심히 살았습니다. 그 결과는 하나님께 복을 받은 것입니다. 고난 때문에 눈물을 흘리는 분이 있나요? 그러면 야베스처럼 고난의 밤에 기도해야 합니다. 기도는 모든 문제를 해결하는 만능열쇠입니다. 기도는 내가 변하는 지름길입니다. 기도하는 사람만 된다면 세상을 변화시키는 사람이 될 것입니다. 지금도 하나님은 기도하는 사람을 찾고 계십니다. 기도하는 오늘의 야베스가 되시기를 축복합니다.

## 천국 간 나사로와 지옥 간 부자
누가복음 16:19-31

한 부자가 있어 자색 옷과 고운 베옷을 입고 날마다 호화롭게 즐기더라 그런데 나사로라 이름하는 한 거지가 헌데 투성이로 그의 대문 앞에 버려진 채 그 부자의 상에서 떨어지는 것으로 배불리려 하매 심지어 개들이 와서 그 헌데를 핥더라 이에 그 거지가 죽어 천사들에게 받들려 아브라함의 품에 들어가고 부자도 죽어 장사되매 그가 음부에서 고통 중에 눈을 들어 멀리 아브라함과 그의 품에 있는 나사로를 보고 불러 이르되 아버지 아브라함이여 나를 긍휼히 여기사 나사로를 보내어 그 손가락 끝에 물을 찍어 내 혀를 서늘하게 하소서 내가 이 불꽃 가운데서 괴로워하나이다 아브라함이 이르되 얘 너는 살았을 때에 좋은 것을 받았고 나사로는 고난을 받았으니 이것을 기억하라 이제 그는 여기서 위로를 받고 너는 괴로움을 받느니라 그뿐 아니라 너희와 우리 사이에 큰 구렁텅이가 놓여 있어 여기서 너희에게 건너가고자 하되 갈 수 없고 거기서 우리에게 건너올 수도 없게 하였느니라 이르되 그러면 아버지여 구하노니 나사로를 내 아버지의 집에 보내소서 내 형제 다섯이 있으니 그들에게 증언하게 하여 그들로 이 고통받는 곳에 오지 않게 하소서 아브라함이 이르되 그들에게 모세와 선지자들이 있으니 그들에게 들을지니라 이르되 그렇지 아니하니이다 아버지 아브라함이여 만일 죽은 자에게서 그들에게 가는 자가 있으면 회개하리이다 이르되 모세와 선지자들에게 듣지 아니하면 비록 죽은 자 가운데서 살아나는 자가 있을지라도 권함을 받지 아니하리라 하였다 하시니라

❀ **주제**: 천국과 지옥을 알려준다.
❀ **목적**: 새 신자들이 천국에 들어가게 한다.
❀ **구성**: 원 포인트 설교

천국과 지옥은 확실히 있습니다. 천국과 지옥을 경험한 수백, 수천만의 사람들이 증언하고 있습니다(천국과 지옥을 알려주는 동영상 — 하버드대 뇌 과학 교수 이븐 알렉산더). 그러나 그런 것보다도 다 중요한 것은 천국과 지옥에 대해서 성경이 증거하고 있기 때문입니다.

성경이 무엇입니까? 1,600년에 걸쳐서 하나님의 특별한 계시를 받은 40여 명의 사람들이 기록한 책입니다. 그들은 서로 다른 시대에 살았습니다. 서로 다른 삶을 살아온 사람들입니다. 성격과 직업이 다양한 사람들입니다. 그런데 다 같이 예수님 한 분에 대해서 말합니다. 예수님이 하신 일에 대해 말합니다. 앞으로 하실 일을 말합니다. 시대와 사람들이 다 다르지만 하나의 주제인 예수님만을 다루고 있다는 것입니다.

그래서 성경을 'The Bible'이라고 합니다. 유일한 책이라는 뜻입니다. 진짜 책이라는 뜻입니다. 그런 책은 이 세상에 성경 외에는 없다는 말입니다. 그 성경의 주인공이 되시는 예수님이 천국 간 나사로와 지옥 간 부자를 통해서 천국과 지옥이 있다는 것을 분명하게 말씀하고 있는 것입니다.

예수님의 말씀은 이러합니다. 세상에서 부자로 살던 사람이 있었습니다. 그는 부자였기에 좋은 옷을 입고 맛있는 음식을 먹으며 호화롭게 지냈습니다. 많은 재산을 가지고 즐겼습니다. 오로지 자신의 영달을 위해서 살았습니다.

그와는 달리 주변에 나사로라는 거지가 살고 있었습니다. 그는 집이 없었습니다. 먹을 것이 항상 부족했습니다. 몸은 헐어서 상처투성이입니다. 그런 몸으로 부자가 잔치를 벌이고 난 뒤 그 상에서 떨어진 음식으로 허기를 채우곤 했습니다. 그럴 때면 개들이 와서 살갗이 헐어 상한 곳을 혀로 핥기도 했습니다. 하지만 그는 그런 개들을 쫓을 힘도 없었습니다. 입은 옷은 다 해어져서 맨살이 드러났습니다. 그런 가운데 추위에 떨며 지냈습니다. 그러다가 결국 그는 부자보다 먼저 죽었습니다.

그런데 그의 힘들고 비참했던 생은 거기까지였습니다. 그가 삶을 마치는 순간 그에게는 영화로운 다른 삶이 기다리고 있었습니다. 바로 천국에서의 삶이었습니다. 그는 죽는 순간부터 천사들의 시중을 받았습니다. 그의 육체는 제대로 된 장례조차 지내지 못했지만 그의 영혼은 달랐습니다. 천사들의 손에 받들려 천국에 있던 아브라함의 환대를 받았습니다.

그런 중에 부자도 죽게 되었습니다. 역시 그는 부자라 잘 먹고 잘 지내면서 나사로보다 더 오래 살았습니다. 아프면 병원에 열심히 다녔습니다. 보약을 먹으며 건강관리를 잘해서 오래 살 수 있었습니다. 그러나 그 역시 죽음은 피할 수 없었습니다. 결국 부자도 죽어 장례식을 치렀습니다. 그의 장례식은 화려했습니다. 그 시신은 값비싼 관에 안치되었습니다. 제대로 된 장례조차 치르지 못한 나사로에 비하면 비교가 안 될 정도로 대단했습니다. 두 사람의 이 세상에서의 삶은 정말 너무나 큰 차이를 보였습니다. 아니, 조금 전 장사지낼 때까지의 삶이 그러했습니다.

하지만 모든 것은 거기까지였습니다. 그 이후부터는 부자와 나사로가 완전히 역전이 되었습니다. 나사로는 죽어 천사들에 받들려 천국에 들어가 아브라함의 환대를 받았습니다. 그러나 부자는 마귀에게 이끌려 불꽃이 이글거리는 지옥에 끌려 들어간 것입니다.

그렇습니다. 사람은 누구나 세상을 마감할 때가 옵니다. 부자나 가난한 사람이나 다 죽습니다. 지위가 높은 사람이나 낮은 사람이나 다 죽습니다. 착한 사람이나 악한 사람이나 다 죽습니다. 배운 사람이나 못 배운 사람이나 예외 없이 죽습니다. 그래서 인생에 있어 가장 확실한 하나는 사람은 모두 다 죽는다는 것입니다.

그 죽음의 때가 언제인지는 아무도 모릅니다. 올 때는 순서가 있어도 갈 때는 순서가 없습니다. 그렇게 건강하던 사람이 갑자기 죽습니다. 그것을 보면 누가, 언제, 어디서, 어떻게 죽을지 아무도 모릅니다. 그래서 인생에 있어서 가장 확실한 것은 사람이 언제 죽을지 아무도 모른다는 것입니다.

사람은 누구나 죽습니다. 죽음은 육신과 영혼이 분리되는 것입니다. 사람은 이 죽음을 기점으로 천국과 지옥 중 한 길을 가야 합니다. 그 길은 다시 선택의 기회가 없는 길입니다. 죽은 후에 내가 천국에 가고 싶다 해서 갈 수 있는 것이 아닙니다. 죽은 후에 내가 지옥에 가기 싫다 해서 가지 않는 것이 아닙니다. 나사로처럼 그 이름이 생명책에 기록된 사람은 천국 문을 통과할 것입니다. 그러나 부자처럼 그 이름이 생명책에 기록되지 않은 사람은 지옥 길로 가야 합니다. 이것은 하나님께서 정하신 길입니다.

오늘 천국의 주인이신 예수님은 천국에 대해서 많은 설명을 하지 않으십니다. 성경 전체를 봐도 마찬가지입니다. 세상 그 어떤 언어로도 설명이 불가할 만큼 아름다운 곳이기 때문입니다. 세상의 어떤 것과도 비교할 수 없는 너무나 아름답고 행복하고 좋은 곳이기 때문입니다.

그런데 천국 간 나사로와 지옥에 간 부자의 차이가 무엇입니까? 단지 한 사람은 부자로, 한 사람은 거지로 살았다고 천국에 가고 지옥에 갔을까요? 아닙니다. 부자도 천국에 갈 수 있습니다. 거지도 지옥에 갈 수 있습니다. 세상에서 부자로 살았다고 해서 지옥에 가는 것이 아닙니다. 그렇다고 거지로 살았다고 천국에 가는 것도 아닙니다.

### 1. 어떻게 천국과 지옥에 가게 될까요?

거지 나사로는 어떻게 천국에 가고 부자는 어떻게 지옥에 간 것입니까? 한 사람은 유황불에서 영원히 고통받는 지옥의 길로 갔고, 한 사람은 영광스러운 영생 복락을 누리는 천국에 갔습니다.

부자는 하나님 앞에 그 이름이 기억되지 않았습니다. 그래서 부자로 살다가 부자로 죽어 부자로 장사되어 부자로 지옥에 떨어졌습니다. 그러나 거지는 비록 가난하고 힘들게 살았지만 나사로라는 이름으로 하나님께 기억되었기에 천국에 들어간 것입니다.

그렇습니다. 천국은 하나님이 아시는 사람만 들어가는 곳입니다. 천국과 지옥을 결정하시는 주님이 아시는 이름이 되면, 그에게는 천국 문이 열립니다. 그러나 그 이름이 기억되지 못하는 사람에게는 지옥

길이 열립니다.

성경을 보면 예수님께서 이런 말씀을 하셨습니다.

"나더러 주여 주여 하는 자마다 다 천국에 들어갈 것이 아니요 다만 하늘에 계신 내 아버지의 뜻대로 행하는 자라야 들어가리라 그날에 많은 사람이 나더러 이르되 주여 주여 우리가 주의 이름으로 선지자 노릇 하며 주의 이름으로 귀신을 쫓아내며 주의 이름으로 많은 권능을 행하지 아니하였나이까 하리니 그때에 내가 그들에게 밝히 말하되 내가 너희를 도무지 알지 못하니 불법을 행하는 자들아 내게서 떠나가라 하리라"(마 7:21-23).

'주여, 주여' 한다고 천국에 들어가는 것이 아니라는 것입니다. 그저 예수님 이름으로 많은 기적을 행하였다고 천국 문을 열어 주는 것이 아니라는 말입니다. 오직 하나님의 뜻대로 행한 자에게만 천국 문을 열어 준다는 것입니다. 오직 주님의 뜻대로 인생을 산 사람만 주님이 알고 기억하십니다. 그래서 천국 열쇠를 들고 계신 예수님이 하나님의 뜻대로 살지 못한 자들에게 "내가 너희를 도무지 알지 못하니 불법을 행하는 자들아 내게서 떠나가라 하리라"고 하신다는 것입니다.

## 2. 천국에 갈 수 있는 하나님의 뜻은 무엇일까요?

그렇다면 천국에 들어가게 하는 열쇠가 되는 하나님의 뜻이 무엇입니까? 요한복음 6장 40절에서 "내 아버지의 뜻은 아들을 보고 믿는 자마다 영생을 얻는 이것이니"라고 했습니다. 그리고 요한복음 6장 29절에서 "하나님께서 보내신 이를 믿는 것이 하나님의 일이니라"고 하셨습니다.

그렇습니다. 하나님의 뜻은 한 가지입니다. 인간은 죄 가운데서 태어났습니다. 죄 가운데서 살아갑니다. 그러다 죄 가운데서 죽는 것이 인간입니다. 그 죄로 말미암아 지옥 가는 죄를 용서해 주시는 예수님을 마음으로 믿고 영접하는 것입니다. 우리의 죄를 해결하기 위해 오시는 예수님을 믿어 죄 사함 받고 구원을 받아야 합니다. 이것이 절대적인 하나님의 뜻입니다. 이 하나님의 뜻대로 살아야 천국에 들어가게 됩니다. 여러분은 모두 다 예수님을 믿어서 죄 용서 받으시기 바랍니다. 그리고 다 천국에 들어가시기를 축복합니다.

그런데 본문은 이렇게 아름답고 좋은 천국보다도 지옥을 더 많이 설명합니다. 천국 가는 것도 중요합니다. 그러나 지옥에 가지 않는 것이 더 시급하기 때문입니다. 죽었다가 천국과 지옥을 체험하고 살아 돌아온 많은 사람들이 공통적으로 하는 말이 있습니다. '물론 천국 가게 하는 것도 중요하지만 지옥 가지 않게 하기 위해서 전도하고 간증한다'는 말입니다. 그곳이 얼마나 무섭고 고통스러운 곳인지, 생각만 해도 두려움에 기절할 것만 같은 곳이기 때문입니다. 그러므로 우리는 어떻게 해서든 지옥에는 가지 않아야 합니다.

### 3. 지옥은 어떤 곳입니까?

오늘 부자가 떨어진 지옥이 어떠한 곳입니까?
첫째, 유황불이 펄펄 끓는 곳입니다. 그곳에 떨어진 사람들은 부자처럼 마치 불 위에 소금 치듯 함을 받게 됩니다.

둘째, 인격과 감각이 그대로 살아 있는 곳입니다. 생전에 가졌던 오감으로 지옥의 형벌을 그대로 느끼고 겪어야 합니다. 영원히 아프고 쓰리고, 죽고 싶어도 죽지 못해 울고 악을 써 소리치는 곳입니다.

셋째, 물 한 방울 없는 곳입니다. 부자처럼 목이 타 물 한 방울을 구하지만 얻을 수 없고, 평생 목마름으로 살아야 하는 곳입니다.

넷째, 지옥은 보는 것과 대화가 가능하지만 결코 이동은 불가한 곳입니다. 놀랍게도 지옥에 떨어진 부자가 아브라함의 품에 안긴 나사로를 보고 아브라함과 대화를 합니다. 그러나 그것뿐입니다. 그가 떨어진 지옥과 나사로가 들어간 천국 사이에는 서로 오고 갈 수가 없습니다.

다섯째, 지옥은 회개할 수도 없는 곳입니다. 지옥에 떨어진 다음에서야 후회하고 땅을 쳐가며 '예수 믿을걸' 해봐도 소용없습니다. 그곳은 회개의 기회가 아예 사라진 곳이기 때문입니다. 그래서 지옥을 체험한 많은 분들이 그곳에서 들은 공통적 말이 '걸걸'이라고 합니다. "전도할 때 들을걸, 예수 믿을걸, 교회 다닐걸, 말씀에 순종할걸"이라고 말입니다.

여섯째, 지옥은 전도의 기회가 주어지지 않는 곳입니다. 부자는 그래도 가족을 돌아보는 좋은 인격을 가지고 있었습니다. 그래서 비록 자기는 지옥에 떨어져 그렇게 고통을 당할지라도 형제나 자식들은 지옥에 오지 않기를 바랐습니다. 그래서 아브라함에게 나사로를 자기 집에 보내 형제들로 하여금 예수 믿고 지옥 오지 않게 전도해 달라고 부탁했습니다. 나사로가 다시 살아나서 간증하는 것이기에 믿을 것이라는 말입니다. 하지만 본문을 보면 아브라함이 이렇게 말합니다. "이르되 모세와 선지자들에게 듣지 아니하면 비록 죽은 자 가운데서 살아나는 자가 있을지라도 권함을 받지 아니하리라 하였다 하시니라." 이 말은 살아 있는 동안 전도할 때에 예수님을 믿어야 한다는 것입니다. 지옥은 회개도 없는 곳입니다. 전도의 기회도 전혀 없는 곳입니다.

### 4. 예수님 믿을 것을 촉구합니다.

그렇다면 여러분! 어떻게 해야 하겠습니까? 이 땅에서 예수 믿고 그 좋은 천국을 가야 하지 않겠습니까? 그런데 그 천국 가는 길은 딱 하나입니다. 바로 하나님이 이 세상을 구원하기 위해 보내신 하나님의 아들 예수님을 나의 구세주로 믿고 영접하는 길뿐입니다. 사도행전 4장 12절입니다. "다른 이로써는 구원을 받을 수 없나니 천하 사람 중에 구원을 받을 만한 다른 이름을 우리에게 주신 일이 없음이라 하였더라." 그렇습니다. 예수님을 믿어야 천국에 갈 수 있습니다. 착한 일을 많이 해야 천국에 가는 것이라고 말하지 않았습니다. 오직 예수님을 나의 구주로 믿어야만 하나님이 기억하시는, 천국에 갈 수 있는 사람이 되는 것입니다.

우리 인간은 너 나 할 것 없이 날 때부터 죄인으로 태어납니다. 그리고 죄를 지으며 살아갑니다. "저 사람은 법 없이도 살 사람이야" 하는 사람일지라도 하나님 앞에서는 죄 덩어리일 뿐입니다.

어떤 분은 "모든 사람은 다 죄인이다!"라는 말씀이 잘 받아들여지지 않을 수도 있습니다. 또 어떤 분들은 나쁜 사람도 있고 선한 사람도 있다고 생각할 것입니다. 그리고 나는 그래도 선한 사람 쪽에 속한다고 생각하는 분들도 계실 것입니다. 하지만 그럴지라도 죄에서 벗어날 수 있는 사람은 아무도 없습니다. 하나님 앞에서는 죄가 없는 사람이 아무도 없습니다. 하나님은 사람의 마음 깊은 곳까지 살피시는 분입니다. 그런 하나님 앞에 죄 없는 사람은 없습니다. 이렇게 사람은 모두가 죄인으로 태어나 죄와 함께 살아가는 존재들입니다.

그러다가 언젠가는 죽습니다. 사람이 죽는 것은 누구에게나 정해진 것입니다. 안 죽어 보려고 발버둥쳐도 죽음은 얼마 안 있으면 차별 없이 우리 모두를 마중 나옵니다. 사람은 하나님이 정하신 때에 세상 삶을 마감합니다.

그러나 그것으로 끝나는 것이 아닙니다. 죽은 후에는 심판이 있습니다. 그 사람의 삶의 모든 것을 따지고 계산하는 때가 옵니다. 그리고 그에 따라 천국과 지옥, 그리고 상벌을 받게 되는 것입니다. 그래서 성경은 말합니다. 히브리서 9장 27절입니다. "한 번 죽는 것은 사람에게 정해진 것이요 그 후에는 심판이 있으리니." 그렇습니다. 예수를 믿었나, 안 믿었나에 대한 심판이 분명히 있습니다.

그런데 그 심판을 행하시는 분이 누구인 줄 아십니까? 바로 죽은 자와 산 자의 재판장 예수님입니다. 그러므로 예수님을 믿고 영접한 사람은 그 심판을 피해갑니다. 재판장이신 예수님이 그 사람의 이름을 알고 계시기 때문입니다. 예수님을 자신의 구세주로 믿었기 때문입니다. 그렇게 해서 죄인과 의인이 극명하게 나뉩니다. 천국 가는 사람과 지옥 가는 사람이 갈라집니다. 예수님을 믿지 않은 사람은 지옥에 들어가 영벌을 받습니다. 그러나 예수님을 마음에 구주로 믿은 사람은 천국에 들어가 영생복락을 누리게 됩니다.

우리가 천국 가는 것은 선행이나 착한 성품 때문이 아닙니다. 바로 하나님 아들 예수님이 십자가에서 흘리신 피의 공로 때문입니다. 예수님이 십자가에서 흘리신 피가 우리의 죄를 소멸하였기 때문입니다.

그렇다면 어떻게 해야 하겠습니까? 한 가지입니다. 예수님을 마음에 나의 구주로 영접하는 것입니다. 성경은 이제 말합니다. 요한복음 1장 12-13절입니다. "영접하는 자 곧 그 이름을 믿는 자들에게는 하나님의 자녀가 되는 권세를 주셨으니 이는 혈통으로나 육정으로나 사람의 뜻으로 나지 아니하고 오직 하나님께로부터 난 자들이니라."

이 시간 우리의 구원을 위해 그 사랑하는 아들을 보내신 하나님의 풍성한 사랑을 받아들이기를 원하시는 분은 그 자리에서 일어서 주시길 바랍니다. 죄인 된 우리를 구원하기 위해 자신을 십자가에 드리신 하나님의 아들 예수를 믿고 영접하길 원하시는 분은 그 자리에서 일어서 주십시오. 하나님께서 이 자리에서 성령님을 통해 여러분의 마음을 받으실 것입니다.

# 2부

## 전도를 권면하는 설교

## 아름다운 발
로마서 10:13-15

누구든지 주의 이름을 부르는 자는 구원을 받으리라 그런즉 그들이 믿지 아니하는 이를 어찌 부르리요 듣지도 못한 이를 어찌 믿으리요 전파하는 자가 없이 어찌 들으리요 보내심을 받지 아니하였으면 어찌 전파하리요 기록된 바 아름답도다 좋은 소식을 전하는 자들의 발이여 함과 같으니라

- **주제**: 전도해야 한다.
- **목적**: 복음을 왜 전해야 하는가를 알게 한다.
- **구성**: 본문 접맥식

주전 약 500년의 일입니다. 그리스의 아테네 동북쪽에 마라톤이라는 동네가 있었습니다. 그곳에 페르시아 군대가 침략해 왔습니다. 그때 그리스의 명장인 밀테아테스가 페르시아 군과 싸워서 이깁니다. 이때 아테네 군의 한 병사가 약 40km를 달려와서 승전보를 전합니다. 그때 그가 한 말이 "우리가 이겼다"입니다. 그 병사는 그 말 한마디를 알리고 쓰러져 죽었습니다.

1896년 근대 올림픽 아테네 대회 때부터 아테네 스타디움까지 달린 것이 마라톤 경기의 시작이 되었습니다. 그 거리가 42.195km였습니다. 그래서 오늘날까지 마라톤은 42.195km를 달리고 있습니다. 그리스의 승전 소식을 전한 이름 모를 병사의 아름다운 발을 기리기 위해서입니다. 지금도 마라톤으로 세계를 제패한 선수는 영웅으로 존경을 한 몸에 받게 됩니다.

마라톤은 참으로 힘든 경기입니다. 2시간이 넘도록 달립니다. 목이 마릅니다. 다리가 아픕니다. 온몸이 저려옵니다. 자신의 정신과 마음과 육체와의 싸움이 마라톤입니다. 그래서 마라톤을 하는 사람은 정말 위대합니다. 2시간 이상을 달리는 그 발은 정말 아름다운 발입니다.

그런데 마라톤 선수보다 더 아름다운 발이 있습니다. 천하보다 더 귀한 영혼을 구하기 위하여 산을 넘고 물을 건너는 전도자의 발입니다. 전도자의 발은 천하보다 귀한 영혼을 구하는 것이기 때문에 아름답습니다. 이런 축복 받은 아름다운 발이 되시기를 바랍니다.

그러면 왜 우리는 아름다운 발을 가져야 할까요?

첫째, 복음을 전하는 것은 예수님이 이 땅에 오신 목적이기 때문입니다. 예수님이 사람이 되셔서 이 땅에 오신 목적이 복음을 전하기 위해서입니다. 일생을 살면서 하신 일도 복음을 전하는 일입니다. 이 땅에 오셔서 모든 사역을 마치고 승천하시면서 제자들에게 유언으로 남긴 말씀도 "너희는 땅 끝까지 복음을 전하라"였습니다. 이것을 지상명령이라고 합니다.

둘째, 복음을 전하여 천국 가는 길은 오직 한 길이기 때문입니다. 천국 가는 길은 오직 예수님 한 길뿐입니다. 다른 이름으로는 구원을 받을 만한 이름을 주시지 않았습니다. 예수를 믿어 죄 사함을 받아야 구원을 받습니다. 지금 종교 다원주의를 말합니다. 종교 다원주의는 예수에게만 구원이 있는 것이 아니라 불교와 유교에도 구원이 있다는 것입니다. 심지어는 통일교에도 구원이 있다고 말합니다. 예수님 외에 다른 구원의 길이 있다면 우리가 예수만을 고집하면서 내세울 이유가 없습니다. 오직 예수님에게만 구원이 있기에 고집하는 것입니다.

셋째, 복음을 전하는 것은 아주 긴박한 것이기 때문입니다. 복음의 문은 열려 있을 때가 있습니다. 열려 있을 때에는 언제나 누구나 다 들어와도 좋습니다. 자격도 없습니다. 제한도 없습니다. 누구나 들어와도 문제가 되지 않습니다. 그런데 활짝 열려 있던 문도 닫힐 때가 옵니다. 그때는 아무리 문을 두드려도 소용이 없습니다. 그래서 성경은 '때'를 말하고 있습니다. 내일은 나의 날이 아닙니다. 이번 명절에도 큰 트럭이 뒤에서 받아서 많은 사람들이 죽었습니다. 내일에 대한 보장이 없는 것이 우리 인생입니다. 그래서 복음은 항상 긴박해야 합니다.

넷째, 복음을 전하는 것은 확실한 것이기 때문입니다. 전도를 하는 사람은 희미한 태도로 전도하면 안 됩니다. 복음을 전할 때 확신이 있어야 합니다. 분명한 태도로 전도를 해야 합니다. "예수를 믿어야 구원을 받습니다." 이렇게 확실하게 말해야 합니다. 어느 공산주의자가 친구인 기독교인을 향해서 말하기를, "우리는 거짓말을 가지고도 참말인 것처럼 믿고 말한다. 그런데 너희는 역사적인 부활의 진리를 믿으면서도 왜 그렇게 힘이 없느냐?"며 흉을 보았다고 합니다. 복음은 확실한 것입니다. 그러므로 복음을 전하는 사람은 확신 있게 전해야 합니다.

오늘 본문은 전도하라는 말씀입니다. 그러면서 전도하는 발이 아름답다고 말합니다. 우리는 본문을 통하여 다음과 같은 음성을 들었으면 합니다.

**1. 구원은 전파해야 합니다.**

우리가 어려서는 여러 가지 뉴스를 알 수 없었습니다. 듣지 못했기 때문입니다. 노는 것도 시골 동네입니다. 라디오가 있습니까, 텔레비전이 있습니까, 어디를 돌아다니기를 합니까? 오직 시골 동네에 갇혀 살았습니다. 듣고 보는 것이 한정되어 있었습니다. 그러다 보니 까막눈입니다.

복음도 마찬가지입니다. 복음이 전해지기 위해서는 먼저 전파해야 합니다. 전도하라는 말입니다. 전도해야 들을 수 있습니다. 본문은 말합니다. "전파하는 자가 없이 어찌 들으리요." 복음은 전파함으로 시작이 됩니다. 그러므로 우리는 열심히 전해야 합니다.

그런데 우리가 잘못하는 것이 있습니다. '저 사람은 절대로 예수를 믿을 수 없어, 저 사람이 교회를 다닌다고? 천지가 다 웃겠다.' 우리 스스로 이런 생각을 하기에 전파하지 않습니다. 그러나 본문을 보면 "누구든지 주의 이름을 부르는 자는 구원을 받으리라"고 합니다. 누구든지 구원받을 수 있습니다. 제한을 두어서는 안 됩니다. 하나님 없이 살고 있는 사람들에게 전해야 합니다. 그들이 듣든지 안 듣든지 우리의 할 일은 전하는 것입니다.

지난번 우리 교회에 오신 김기동 집사님의 간증을 들어서 아실 것입니다. 그분의 전도의 핵심은 젓가락 가지고 찌르는 것입니다. 사람들에게 접근할 때에 그 사람의 상태를 체크한다는 것입니다.

잘 믿는 사람은 '익은 고구마'입니다.
믿을 가능성이 있는 사람은 '반고구마'입니다.
전혀 믿지 않는 사람은 '생고구마'입니다.
타 종교를 믿는 사람은 생고구마 중에서도 '왕생고구마'입니다.
믿다가 시들시들해진 사람을 '식은 고구마'입니다.

김기동 집사님은 생고구마든, 반고구마든 만나는 사람들에게 "예수 믿으십니까?"라고 물어본다고 합니다. 그리고 "예수 믿으면 참 좋습니다" 하며 예수님을 전합니다. 그분은 우리의 할 일은 젓가락을 가지고 찌르는 것이라고 주장합니다. 나머지는 주님께 맡긴다고 합니다.

우리가 누구를 만난다 할지라도 우리의 할 일은 예수의 복음을 가지고 찌르는 것입니다. 우리가 찌르지 아니하면 그들은 예수의 복음을 듣지 못합니다. 듣지 못하면 예수님을 믿을 수도 없고 구원도 받을 수 없습니다. 누군가가 전해야 들을 수 있습니다. 들어야 믿을 수 있습니다. 믿어야 구원을 받을 수 있습니다. 전하는 사람이 없으면 믿는 자가 생기지 않습니다. 믿는 자들이 생기려면 전해야 합니다. 우리가 전하면 듣습니다. 우리가 전하지 않으면 들을 수 없습니다. 그러므로 전하는 여러분이 되시기를 축복합니다.

**2. 믿음은 들음에서 생깁니다.**

사람에게 듣는다는 것은 매우 중요합니다. 들음으로 여러 가지 생각을 하게 됩니다. 그래서 들음은 많은 지식을 얻게 합니다. 로마서 10장 17절을 보면 "그러므로 믿음은 들음에서 나며 들음은 그리스도의 말씀으로 말미암았느니라"고 나옵니다. 우리의 할 일은 예수님을 전하는 것입니다. 전도는 예수님을 자랑하는 것입니다. 예수님이 빠진 전도는 전도가 아닙니다.

자신이 출석하는 교회 자랑도 좋습니다. 매 주일 은혜의 말씀을 선포하시는 목사님 자랑도 좋습니다. 그러나 이러한 것들은 전도의 곁가지일 뿐입니다. 전도의 주된 포인트는 예수님을 소개하고, 예수님을 자랑하는 것입니다. 교회 자랑만 하고 예수님은 자랑하지 않는다면 전도가 아닙니다. 예수님이 빠진 전도는 앙꼬 없는 찐빵입니다. 기름 없는 자동차입니다.

여호와의증인들이 하는 것은 전도가 아닙니다. 생명이신 예수님이 빠져 있기 때문입니다. 포교활동입니다. 그러나 그들이 하는 열심만은 배워야 합니다. 누구에게나 가서 포교활동을 합니다. 우리는 진짜 복음인 예수님을 소유하고 있습니다. 그런데도 저들보다 열심히 하지 못하는 이유가 무엇입니까? 예수님에 대한 열정이 부족하기 때문입니다. 복음은 전해야 합니다. 전할 때에 들을 수 있습니다. 들을 때에 믿음이 생깁니다.

우리가 예수 그리스도의 복음을 전하면 불신자들이 듣습니다. 그리고 예수 그리스도의 복음을 들은 불신자들의 심령에 믿음이 생깁니다. 믿음은 들음에서 납니다. 들음은 그리스도의 말씀이어야 합니다. 전도할 때에 복 받는다는 이야기를 하지 말라는 것이 아닙니다. 어떤 일이 있어도 예수님이 들어가야 합니다. 그리스도의 말씀을 들을 때에 믿음이 생깁니다.

여러분도 믿음을 갖기 원하십니까? 그러면 말씀을 듣는 자리를 사모하십시오. 새 가족 모임입니다. 개인양육입니다. 제자훈련입니다. 주일예배에 꼭 참석하셔서 말씀을 많이 들으십시오. 하나님의 말씀을 들을 때 믿음이 생기고, 믿음이 자라갑니다. 어떤 분들은 오랫동안 교회에 출석하면서도 믿음이 자라지 못하고 제자리걸음만 합니다. 그러한 분들은 말씀 듣는 일을 소홀히 했기 때문입니다.

하나님의 말씀은 믿음의 씨앗입니다. 식물을 심을 때에는 햇빛도 중요합니다. 비료도 중요합니다. 공기와 물도 중요합니다. 그러나 그중에서도 제일 중요한 것은 씨앗입니다. 교회에 열심히 출석합니다. 기도도 합니다. 봉사도 열심히 합니다. 그런데 믿음이 자라지 않는 이유를 아십니까? 생명인 씨가 없기 때문입니다. 교회에 아무리 오래 출석해도 생명인 씨가 없으면 자라지 못합니다. 조그마한 어려움에도 시험이 들어 버립니다. 말씀을 들어야 믿음이 생기고, 믿음이 굳건하게 성장합니다. 말씀을 들으시기 바랍니다. 그리고 말씀을 전하시기를 축복합니다.

### 3. 우리는 보내심을 받은 자들입니다.

대통령이 대사를 파송하듯이 우리를 세상 사람들에게 보내셨습니다. 어떤 분들은 신학교를 졸업한 목사나 선교사들만이 보냄을 받은 자라고 생각하는데, 아닙니다. 복음을 듣고 예수님을 믿는 순간부터 그 사람은 보내심을 받은 자입니다. 우리는 세상으로 가야 합니다. 학교로, 직장으로, 사업장으로 가서 복음을 외쳐야 합니다. 우리들이 외쳐야 할 곳은 교회 안이 아닙니다. 교회 밖입니다.

여러분은 하나님 나라의 미사일입니다. 미사일이 떨어지면 폭발합니다. 산산조각이 납니다. 세상으로 나아가서 세상을 뒤집어엎어 놓아야 합니다. 여러분이 있는 그곳이 복음으로 산산조각이 나야 합니다. 그런데 세상으로 가지 않고 교회 안에서만 떠드는 성도들은 자폭하는 알 카에다입니다.

우리는 교회 안에서 폭탄을 터뜨려서는 안 됩니다. 교회 안에서 터뜨리면 너 나 할 것 없이 서로 다칩니다. 세상으로 나아가서 복음의 폭탄을 터뜨려야 합니다. 우리는 복음의 전령자이기 때문입니다. 우리가 전파하지 아니하면 그들이 들을 수 없습니다. 그들이 듣지 아니하면 믿을 수 없습니다.

교회 안에서는 말씀을 들음으로 믿음을 굳게 하시기 바랍니다. 세상으로 나아가 복음 폭탄을 터뜨리시기 바랍니다. 우리가 전하는 복음이 사탄 아래 놓여 있는 사람을 예수님의 품으로 데리고 오는 강력한 무기가 되어야 합니다. 불신자들 편에서 보면 새 생명을 얻게 하는 좋은 소식입니다. 죽을 수밖에 없는 사형수에게 "사형이 면제되었다"는 소식은 기쁜 소식입니다. 그러므로 이 소식을 전하러 가는 사람의 발은 아름다운 발걸음입니다.

본문에서 말합니다. "아름답도다 좋은 소식을 전하는 자들의 발이여." 좋은 신발만 신고 멋만 내는 발이 되지 마십시오. 신경질이 나서 다른 사람을 걷어차는 발이 되지 마십시오. 기쁘고 복된 소식을 전하는 아름다운 발이 되기를 축원합니다.

스위스의 신학자 에밀 브루너가 이런 말을 했습니다. "불은 불타오름으로 존재하듯이 교회의 생명도 전도함으로 존재한다." 사실입니다. 불이 타오르지 않으면 불이 아닙니다. 하나님의 교회가 생명의 복음, 아름다운 소식을 들고 지역사회와 세계 땅 끝까지 나가서 복음을 전하지 않는다면 그 교회는 교회가 될 수 없습니다. 요란한 프로그램에 교회가 달려 있지 않습니다. 오랜 역사에 달려 있지 않습니다. 발이 아름다워야 합니다. 뜨거운 사명의 불이 타올라 많은 일꾼들을 파송하는 교회가 아름다운 교회입니다. 전도하고 선교하는 일에 더 많이 투자하는 교회가 아름다운 교회입니다.

존 스토트는 "성경의 하나님은 파송하시는 하나님이다"라고 했습니다. 하나님을 만난 사람은 가만히 있을 수가 없습니다. 스스로 자신을 파송하는 사람이 됩니다. 존 스토트의 말을 빌리면 '원심적인 인간'이 되어야 합니다. 주님을 만나게 되면 자기도 모르게 세상 속으로 나아갑니다. 복음을 듣지 못하고 있는 이웃에게로 가서 내가 만난 메시아를 전하게 됩니다. 그래서 아브라함도 갔습니다. 모세도 고통받는 자기 민족에게로 갔습니다. 사도들도 갔습니다. 죄가 있는 세상 속으로 나아갔습니다.

성경의 수가 성 우물가의 여인의 발은 아주 지저분한 발이었습니다. 동네 남자들의 집을 찾아다니는 더러운 발이었습니다. 그러나 주님을 만난 다음에 그 발이 변화되었습니다. 아름다운 발이 되어 "내가 메시아를 만났다"라고 고백하면서 많은 사람들을 주님 앞으로 인도하는 아름다운 발이 되었습니다.

미국 워싱턴에 있는 링컨 동상의 발은 반질반질합니다. 그의 발이 아름다운 발이었기 때문입니다. 흑인 노예들에게 해방을 주었던 발입니다. 지금까지도 많은 흑인들이 링컨 동상 발에 입을 맞추고 있기 때문에 반질반질한 것입니다.

어떤 발이 아름답습니까? 하나님의 보냄을 받은 발이 아름답습니다. 사명감을 가진 발이 아름답습니다. 내가 복음을 전해 주어야 할 그 사람을 찾아 나서는 발이 아름다운 발입니다.

　미국의 레이건 대통령이 취임하고 처음 각료회의를 열었습니다. 그 때까지 미국이 가지고 있던 수많은 문제들을 해결하기 위해 여러 가지 계획들을 세웠습니다. 회의가 진행되면서 일부 각료들의 입에서 이 계획들에 대하여 회의를 품는 소리가 나오기 시작했습니다. 이럴 때 레이건 대통령은 각료들을 쳐다보면서 간단하게 질문을 했다고 합니다. "우리가 아니면 누가 하겠습니까? 지금이 아니면 언제 하겠다는 말입니까?"

　영원한 지옥의 형벌로 달려가는 우리의 이웃들에게, 우리가 아니면 누가 복음을 전파하겠습니까? 지금이 아니면 언제 우리가 복음을 전파하겠습니까? 생명의 복음을 뜨겁게 전하는 아름다운 발이 되시기를 축복합니다.

## 니느웨를 사랑하라

요나 4:1-11

요나가 매우 싫어하고 성내며 여호와께 기도하여 이르되 여호와여 내가 고국에 있을 때에 이러하겠다고 말씀하지 아니하였나이까 그러므로 내가 빨리 다시스로 도망하였사오니 주께서는 은혜로우시며 자비로우시며 노하기를 더디하시며 인애가 크시사 뜻을 돌이켜 재앙을 내리지 아니하시는 하나님이신 줄을 내가 알았음이니이다 여호와여 원하건대 이제 내 생명을 거두어 가소서 사는 것보다 죽는 것이 내게 나음이니이다 하니 여호와께서 이르시되 네가 성내는 것이 옳으냐 하시니라 요나가 성읍에서 나가서 그 성읍 동쪽에 앉아 거기서 자기를 위하여 초막을 짓고 그 성읍에 무슨 일이 일어나는가를 보려고 그 그늘 아래에 앉았더라 하나님 여호와께서 박 넝쿨을 예비하사 요나를 가리게 하셨으니 이는 그의 머리를 위하여 그늘이 지게 하며 그의 괴로움을 면하게 하려 하심이었더라 요나가 박 넝쿨로 말미암아 크게 기뻐하였더니 하나님이 벌레를 예비하사 이튿날 새벽에 그 박 넝쿨을 갉아먹게 하시매 시드니라 해가 뜰 때에 하나님이 뜨거운 동풍을 예비하셨고 해는 요나의 머리에 쪼이매 요나가 혼미하여 스스로 죽기를 구하여 이르되 사는 것보다 죽는 것이 내게 나으니이다 하니라 하나님이 요나에게 이르시되 네가 이 박 넝쿨로 말미암아 성내는 것이 어찌 옳으냐 하시니 그가 대답하되 내가 성내어 죽기까지 할지라도 옳으니이다 하니라 여호와께서 이르시되 네가 수고도 아니하였고 재배도 아니하였고 하룻밤에 났다가 하룻밤에 말라 버린 이 박 넝쿨을 아꼈거든 하물며 이 큰 성읍 니느웨에는 좌우를 분변하지 못하는 자가 십이만여 명이요 가축도 많이 있나니 내가 어찌 아끼지 아니하겠느냐 하시니라

❀ **주제**: 하나님의 마음을 알게 한다.
❀ **목적**: 어려운 사람들에게 복음을 전하게 한다.
❀ **구성**: 4. page

**1, page**

우리나라 사람들이 제일 싫어하는 사람은 일본 사람들입니다. 역사적으로 그럴 수밖에 없도록 우리나라를 너무나 많이 침범하여 괴롭혔기 때문입니다. 임진왜란 같은 전쟁도 있었습니다. 일제 36년의 만행은 지금도 우리를 가슴 아프게 합니다. 더구나 지금은 아베 정권이 지나친 우경화로 빠지면서 지난 역사의 만행을 부정하려 합니다. 위안부 문제도 부정하려고 합니다. 독도 문제는 심각합니다. 이처럼 국가적으로 문제가 있는 일본을 여러분은 사랑할 수 있을까요? 사랑할 수 없을 것입니다. 저도 그들을 사랑할 수 없습니다.

본문에 나오는 요나가 그런 마음이었습니다. 니느웨는 앗수르의 도시 중 하나입니다. 요나에게 앗수르는 오늘 우리의 일본과 같은 나라입니다. 그 당시 앗수르는 이스라엘 백성들을 항상 괴롭혔습니다. 그러니 국가적으로나 개인적으로 어떻게 니느웨를 사랑할 수 있을까요? 그런 마음을 개인적으로 가지고 있던 요나에게 하나님은 니느웨로 가서 복음을 전하라고 하십니다. 그러자 요나는 열이 받칩니다. 그래서 그는 니느웨로 가는 배를 탄 것이 아니라 다시스로 가는 배를 탔습니다.

그런데 갑자기 풍랑이 일어납니다. 배가 요동을 칩니다. 다 죽게 되었습니다. 그 이유를 찾기 위하여 제비를 뽑았습니다. 요나가 뽑혔습니다. 결국 요나는 바다에 던져집니다. 그러나 하나님은 큰 고기를 준비하여 요나를 삼키게 하십니다. 고기 뱃속에서 요나는 회개를 합니다. 그때 하나님은 요나를 고기 뱃속에서 꺼내십니다. 다시 니느웨로 보내셔서 하나님의 복음을 전하게 하십니다.

**2, page**

　일본과 우리는 영원한 숙제를 안고 있습니다. 일본은 침략이 한국의 근대화를 만들었다고 합니다. 위안부 사건을 부정합니다. 일본이 이렇게 하고 있는 한 대화의 장을 열 수가 없습니다. 며칠 전 설문에서 일본과 대화를 해야 한다고 하는 사람들이 55%를 넘었습니다. 대화를 하라고 말하기는 쉽습니다. 그러나 현실은 그렇게 쉬운 것이 아닙니다. 미안하다는 마음이라도 가지고 나와야 다음으로 진행이 될 수 있습니다. 근본을 부정하는데 어떻게 다음으로 한 단계 나아갈 수 있을까요? 그렇게 하기가 참으로 힘든 것이 외교정치입니다.

　우리는 과거 일제 36년 통한의 역사를 잊지 말고 기억해야 합니다. 일제가 얼마나 우리를 잔혹하게 짓밟았나를 잊지 말아야 합니다. 일본은 우리의 소중한 주권과 자유를 빼앗았습니다. 심지어 우리의 성과 이름까지 빼앗고, 언어와 정신까지 짓밟았습니다.

　일본의 만행 중에 당시 고종 황제는 자신을 독살하려는 것을 느낍니다. 식사할 때마다 항상 개를 옆에 두고 식사를 했다고 합니다. 왕의 음식을 먼저 개에게 먹여서 확인하고 식사를 해야 했습니다. 실제로 일본은 국모였던 명성황후를 칼로 무참히 살해했습니다. 그것도 모자라서 시체를 녹지원으로 끌고 가서 기름을 붓고 태워 버렸습니다. 한 나라의 왕과 왕비를 이렇게 비참하게 살해한 이들이 바로 일본인들입니다.

　이런 한일 감정이 온 국민의 가슴에 남아 있습니다. 경기를 하면서도 "일본만은 이겨야 한다. 일본만은 이겨야 한다"는 것입니다. 그래서 일본 선수들이 한국 선수들과의 경기는 피하려고 한답니다. 운동을 하려고 덤비는 것이 아니라 죽이려고 덤비는 선수 같다고 합니다. 옆을 스치면 칼바람 소리가 난다고 합니다. 일본에 받은 상처의 감정 때문입니다.

그러나 우리는 분노만 가지고 있어서는 안 됩니다. 유대인들이 히틀러를 향해 한 말이 있습니다. "그들을 용서는 하되 잊지는 말자." 그렇습니다. 그리스도인은 누구보다도 나라를 사랑하는 사람들입니다. 3·1운동에 앞장선 33인 중에 16명이 기독교인입니다. 나라를 위해서 특별히 기도해야 합니다. 우리가 기도하지 않으면 누가 내 민족을 위해 기도하겠습니까?

1967년에 이스라엘은 아랍과의 300대 1의 전쟁에서 6일 만에 승리했습니다. 전쟁이 일어났을 때 아랍 유학생들은 도망을 갔습니다. 그러나 이스라엘 유학생들은 전쟁의 소식을 듣고 오히려 조국으로 돌아왔습니다. 한 신문기자가 질문을 했습니다. "당신의 나라는 지금 전쟁의 불바다에 있는데, 돌아가면 죽을지도 모를 텐데, 왜 돌아가느냐?" 그때 이스라엘 유학생이 이렇게 말합니다. "1967년 내 조국이 전쟁의 휩싸여 있을 때 아빠는 어디에 있었느냐고 자녀들이 묻는다면 역사 앞에 무엇이라 대답할 수 있겠는가? 내가 내 조국을 위해 싸우지 않으면 누가 싸워 주겠는가?"라고 하면서 전쟁터인 조국으로 돌아갔습니다. 이것이 바로 오늘날의 이스라엘 민족성입니다.

그들은 600만 명이 히틀러에게 학살된 것을 잊지 않으려고 600만

그루의 소나무를 눈물로 심으며 민족의 혼을 간직하고 있습니다. 유대인들은 이렇게 말합니다. "우리는 히틀러를 용서하지만 잊지는 않는다." 그렇습니다. 우리도 일본을 용서하지만 일본의 만행을 잊지는 말아야 합니다.

일본은 지금도 독도를 자기 땅이라고 생떼를 부리고 있습니다. 위안부 자체를 부인합니다. 보상을 외면하고 있습니다. 일본의 오늘의 경제 회생도 우리나라의 6·25전쟁으로 인한 수혜임을 잊지 말아야 합니다. 내가 내 나라를 사랑하지 않으면 누가 내 조국을 사랑하겠습니까? '내가 아니라도 누군가 책임지겠지'라는 안일함을 버려야 합니다. 무엇이든지 '네가' 아니라 '내가'라고 생각해야 합니다. 그때에 모든 문제가 풀릴 수 있습니다.

### 3, page

요나서 3장을 보면 물고기 배에서 나온 요나에게 하나님의 말씀이 두 번째 임합니다. "일어나 저 큰 성읍 니느웨로 가서 내가 네게 명한 바를 그들에게 선포하라." 요나는 이 하나님의 말씀에 그대로 순종을 합니다. 요나는 니느웨로 가서 소리칩니다. "앞으로 40일이 지나면 니느웨가 무너집니다." 그러자 이상한 일들이 벌어집니다. 니느웨 사람들이 하나님을 믿습니다. 금식기도를 합니다. 높은 사람이나 낮은 사람들을 막론하고 굵은 베옷을 입습니다. 그리고 재 위에 앉아서 회개합니다. 사람이나 동물까지 물도 먹지 않고 회개합니다. 하나님께서 니느웨 사람들이 악한 길에서 떠나는 것을 보십니다. 그래서 그들에게 내리려고 하였던 악한 재앙들을 내리지 않으십니다.

이런 모습을 보면서 요나는 정말 기분이 나빴습니다. 화가 났습니다. 요나는 니느웨가 망하기를 바라기 때문입니다. '저런 족속들, 저런 인간들은 심판을 받아 마땅해' 하는 마음이 밑바닥에 깔려 있었습니다. 그런데 자기가 전하는 복음을 듣고 그 사람들이 회개하고 돌아오자 하나님이 그들을 용서하셨습니다. 요나는 입으로는 살고 싶으면 회개하라고 외쳤습니다. 하지만 속으로는 '이놈들 망해라. 회개하지 마라' 하고 돌아다녔습니다.

요나는 하나님을 자기에게 맞추어서 축소시키려고 했습니다. 오늘 우리의 실수가 무엇입니까? 하나님을 나의 생각 안에 가두는 것입니다. 그러나 하나님은 이 세상에서 가장 악하고 잔인한 사람들이라도 다 품고 용서해 주시는 자비의 하나님이십니다. 요나는 그것을 이해하지 못했습니다. 때문에 하나님의 마음을 자기의 마음과 맞추려고 애를 썼습니다. 그것은 자신의 생각으로 하나님을 오해하는 것입니다. 이런 요나에게 하나님은 특별한 교육을 시키셨습니다. 그래서 하나님의 뜻을 알게 하셨습니다.

요나는 니느웨 성 동쪽의 조그마한 언덕 위에 초막을 지었습니다. 그 자리에 앉아서 성을 내려다보고 있었습니다. 앗수르가 있던 지금의 이라크 지역은 사막성 기후입니다. 낮이면 이글이글 타는 햇살이 사람을 반쯤 죽여 놓습니다. 너무나 고통스럽습니다. 저녁이 되어서 하나님이 박 넝쿨 하나를 그 초막 옆에서 자라게 하셨습니다. 아침에 일어나 보니 박 넝쿨이 초막을 다 덮고 있었습니다. 햇살이 안 들어오니 너무나 시원합니다. 어찌나 좋았던지 요나는 어린아이처럼 기뻐했습니다. 그런데 그날 저녁에 하나님께서 벌레로 박 넝쿨을 씹어 먹게 하셨습니다. 아침에 일어나니 박 넝쿨이 다 말랐습니다. 요나는 하나님을 물고 늘어졌습니다. "하나님, 죽여 주세요. 죽여 주세요." 요나는 조금만 비위가 상하면 죽는다는 말을 잘 하는 사람이었습니다.

성을 내면서 죽고 싶다고 하는 요나를 보시고 하나님께서 아주 중요한 말씀을 하십니다. "요나야, 네가 박 넝쿨을 키운다고 수고한 것이 있느냐? 하룻밤에 자연스럽게 났다가 하룻밤에 망한 이 박 넝쿨을 네가 그렇게 아끼느냐? 그것이 말랐다고 그렇게 네 마음이 아프냐? 네 마음이 그렇다면 내 마음을 좀 이해해다오. 이 큰 성읍, 니느웨에는 좌우를 분변치 못하는 어린애만 해도 12만 명이다. 육축까지 많이 있느니라. 내가 이 성을 불쌍히 여기고 아끼는 것이 잘못이냐? 너는 박 넝쿨 하나를 놓고도 그렇게 애가 타서 못 견디는데 나는 이 성에 있는 수십만 명의 영혼을 놓고 애가 안 타겠느냐? 그대로 두면 망하는 악인들이다. 그들을 어떻게 망하게 내버려 두겠느냐? 그래서 내가 너를 보내려고 한 것이 아니냐?"고 하십니다.

하나님은 이렇게 자비하십니다. 긍휼이 무궁하십니다. 하나님에게는 이스라엘만 소중한 것이 아닙니다. 니느웨 사람도 소중했습니다. 하나님의 눈에는 오늘 예배드리는 우리만 소중한 것이 아닙니다. 아직도 하나님을 모르고 세상 밖에서 악한 짓을 다 하는 저들도 사랑하십니다. 온갖 더러운 짓을 하면서 그 속에서 썩어가는 저 사람들도 불쌍히 여기십니다. 이것이 요나서가 주는 중요한 교훈입니다. '하나님의 생각과 우리의 생각은 다르다'는 것이 요나서가 주는 교훈입니다.

하나님의 이 놀랍고 무궁한 자비를 성경은 이렇게 말합니다. "하나님이 세상을 이처럼 사랑하사 독생자를 주셨으니 이는 그를 믿는 자마다 멸망하지 않고 영생을 얻게 하려 하심이라"(요 3:16). 여기서 중요한 말씀이 나옵니다. '세상'이라는 말입니다. 이 '세상'이라는 말 속에는 빈부귀천, 남녀노소의 차별이 전혀 없습니다. 성공한 자나 실패한 자의 차별이 없습니다. 하나님은 피부색을 가지고 구별하지 않으십니다. 모두를 똑같이 불쌍히 여기신다는 말입니다. 이것이 위대한 하나님의 자비입니다. 긍휼입니다. 하나님의 긍휼에서 제외되는 사람은 아무도 없습니다. 어떠한 조건도 하나님의 사랑을 받지 못하게 할 수 없습니다. 그만큼 하나님의 자비는 온 우주를 가득히 채우고도 남는 풍성한 자비입니다.

오늘도 하나님의 이 자비 앞에 나오지 못할 사람은 없습니다. 예수 못 믿을 사람이 없습니다. 용서받지 못할 사람이 없습니다. 하나님의 이 자비 앞에서는 하나도 예외가 없습니다. 다 똑같이 사랑받고 구원받는 은혜를 입을 수 있습니다. 혹시나 우리의 마음 밑바닥에 요나의 심보를 숨기고 있지는 않습니까? 전도할 때도 골라잡아 전도하는 버릇이 있습니다. 그리고 우리 눈에 '정말 저런 인간은 안 되겠어. 저런 인간이 인간이야?' 하고 욕을 하는 사람에게는 아예 복음을 전할 생각도 하지 않습니다.

달라스 윌라드라는 남가주 대학의 교수가 있습니다. 이분이 팔복을 이야기하면서 이런 말을 했습니다. "외모가 눈에 거슬리는 자는 복이 있나니, 악취가 나는 자 복이 있나니, 몸이 뒤틀린 자 복이 있나니, 보기 흉한 자 복이 있나니, 기형인 자 복이 있나니, 비만중에 걸린 자 복이 있나니, 난쟁이 복이 있나니, 헛소리 하는 자 복이 있나니, 뚱보가 복이 있나니, 늙은이는 복이 있나니, 모두가 예수의 잔치에서 요란한 축하를 받을 수 있는 주인공이 될 것이기 때문이니라." 하나님 앞에서 구별할 사람은 없습니다.

우리가 조금만 눈높이를 낮추고 사회의 그늘진 곳들을 찾아보면 니느웨 사람들이 많이 있습니다. 극빈자가 있습니다. 미혼모가 있습니다. 이런 사람들이 오늘의 니느웨 사람들이라는 말입니다. 하나님이 이런 사람들을 불쌍히 여기고 계십니다. 하나님은 "너는 가서 그들에게 예수의 복음을 전해라. 나 하나님이 그들을 사랑한다고 말 좀 전해 주어라"고 말씀하십니다. 이런 사람들은 망가진 사람들입니다. 소망이 없는 사람입니다. 그러나 하나님의 눈에는 참으로 중요하고 소중한 존재들입니다.

우리 한국 교회는 130년 전에 복음을 처음 받을 때의 우리 모습을 잊어버리면 안 됩니다. 강대국에서 온 선교사들 눈에 비친 그 당시 우리의 모습은 짐승보다 조금 나을 정도였습니다. 1890년대에 세워진 이화학당이 있습니다. 이화여대의 전신입니다. 그 이화학당을 처음 시작한 분이 메리 스크랜턴 선교사입니다. 여자들이 눈물 나게 가난합니다. 남자들 밑에 짓눌려서 숨도 제대로 쉬지 못합니다. 개나 돼지처럼 취급을 받던 이 땅의 여성들입니다. 그들에게 예수 그리스도를 만나 새 삶을 시작하게 합니다. 소망을 갖게 합니다. 사람 구실을 하게 만들어 이 사회 지도자로 세워야겠다는 꿈을 가지고 문을 연 것이 이화학당이었습니다.

그런데 학생을 모집하려고 보니 학생이 없는 것입니다. 그래서 강제로 학생들을 끌어들였습니다. 그들 대부분이 가난해서 굶어 죽을 것 같습니다. 부잣집에라도 팔려고 하니 나이가 어려서 사갈 사람이 없는 그런 여자아이들을 받아들였습니다. 모두가 어찌할 수 없어서 학생이 된 신분들입니다. 초기 이화여대생이 찍은 사진을 보았는데 너무나 초라한 소녀들이었습니다.

알렌 선교사가 세운 광혜원이라고 하는 우리나라의 첫 서양식 병원이 있었습니다. 그 병원에서 치료를 받은 대부분의 사람들이 치료비를 낼 수가 없었습니다. 치료비 대신에 가지고 오는 것들이 달걀 몇 개입니다. 꿩 한 마리입니다. 혹은 돼지 한 마리 등이었습니다. 이런 사람들이 환자들이었습니다. 존경받을 것이 아무것도 없었습니다. 몰골이 보잘것없는 천한 존재들이었습니다. 그렇게 가난하고, 그렇게 천했습니다. 하지만 하나님의 눈에는 우리 조상들이 너무도 소중했던 것입니다.

가난하고 무식했던 이 대한민국을 사랑하셨기 때문에 하나님은 선교사들을 한반도로 보내신 것입니다. 그 덕분에 우리 조상들이 복음을 받았습니다. 그래서 오늘의 우리가 존재하는 것입니다. 복음을 받아들여서 오늘 세계에서 경제 10국 안에 드는 나라가 되었습니다. 우리 조상들이 그렇게 천했습니다. 그때에 하나님이 불쌍히 여겨서 우리로 복음을 듣게 하셨습니다. 그리고 구원받도록 하신 것을 우리는 잊지 말아야 합니다.

**4, page**

그럼에도 오늘날 한국 교회를 보십시오. 벌써부터 배가 불렀습니다. 너무나 교만해졌습니다. 그래서 전도를 하지 않으려고 합니다. 전도를 해도 내 신분에 맞는 사람들만 찾아다니는 사람들이 되었습니다. 하나님이 찾고 계시는 망가진 사람들에 대해서는 애정도 없습니다. 기도할 마음도 없습니다. 우리 마음에 있는 요나의 심보를 우리는 주님 앞에 내어놓고 회개해야 합니다.

〈쿼바디스〉라는 영화를 보았습니다. 베드로가 핍박을 견디지 못해서 로마를 빠져나올 때 예수님을 만났습니다. 베드로는 주님의 옷자락을 붙들고 "주여, 어디로 가시나이까?" 하고 물었습니다. 그때 예수님이 이렇게 말씀하십니다. "나는 네가 버리고 나온 로마의 양 떼들을 위해서 그리로 가느니라." 베드로가 그 말을 듣고 충격을 받았습니다. 그리고는 예수님을 따라 로마로 들어가서 십자가에 못 박혀 순교했습니다.

오늘 여러분이 주님의 옷자락을 붙들고 물어보십시오. "주여, 어디로 가시나이까?" 주님은 이렇게 대답하실 것입니다. "너희들이 무시하고 멸시하고 찾아가지 아니하는 저 불쌍한 오늘의 니느웨 사람들을 내가 찾아가노라." 틀림없이 이렇게 말씀하실 것입니다.

하나님은 우리와 다릅니다. 하나님을 우리의 생각 안에 가두지 마시기 바랍니다. 하나님은 오늘의 니느웨 사람들이 구원받기를 원하십니다. 하나님의 자비 때문에 오늘날 우리가 예수 안에서 복을 누리고 산다는 것을 결코 잊지 마시기 바랍니다. 그래서 오늘도 우리 주변에 있는 니느웨 사람들을 찾아가시기를 축복합니다.

## 예수님처럼 영혼을 사랑하는 교회

마태복음 9:35-38

예수께서 모든 도시와 마을에 두루 다니사 그들의 회당에서 가르치시며 천국 복음을 전파하시며 모든 병과 모든 약한 것을 고치시니라 무리를 보시고 불쌍히 여기시니 이는 그들이 목자 없는 양과 같이 고생하며 기진함이라 이에 제자들에게 이르시되 추수할 것은 많되 일꾼이 적으니 그러므로 추수하는 주인에게 청하여 추수할 일꾼들을 보내 주소서 하라 하시니라

🍀 **주제**: 예수님이 이 땅에 오신 이유가 무엇인가를 알게 한다.
🍀 **목적**: 교회의 본질은 영혼을 건지는 것임을 알게 한다.
🍀 **구성**: 2, 대지

여러분은 신앙의 본질이 무엇이라고 생각하십니까? 당장 몸이 아픈 사람에게는 병을 고치는 것이 본질입니다. 지금 돈 때문에 고생하시는 분에게는 돈 문제 해결이 본질일 수 있습니다. 지금 자녀 문제 때문에 고민하시는 분에게는 자녀 문제가 교회에 다니는 본질일 수 있습니다.

그러나 인간에게 중요한 본질은 죽고 사는 문제입니다. 죽고 사는 문제는 그렇게 단순하지 않습니다. 인간에게는 '육신'이 있습니다. '정신'이 있습니다. 더 소중한 '영혼'이 있습니다. 이 세 가지를 가지고 사는 것이 인간입니다. 육신은 죽으면 땅으로 들어가서 흙이 됩니다. 육신이 죽으면 우리의 정신도 끝입니다. 그러나 영혼은 하나님과의 관계이기 때문에 영원합니다. 영혼의 문제를 가장 소중하게 여기는 것이 신앙의 본질입니다.

오늘 본문을 보면 예수님께서 이 땅에 계시면서 하신 일들을 말씀하고 있습니다. 많은 사람들을 가르치셨습니다. 모든 병과 모든 약한 것들을 고치셨습니다. 예수님이 행하신 이것은 신앙의 본질이 아닙니다.

신앙의 본질은 그다음에 말씀하십니다. "무리를 보시고 불쌍히 여기시니 이는 그들이 목자 없는 양과 같이 고생하며 기진함이라 이에 제자들에게 이르시되 추수할 것은 많되 일꾼이 적으니 그러므로 추수하는 주인에게 청하여 추수할 일꾼들을 보내 주소서 하라 하시니라." 이 말씀에서 가장 중요한 것이 무엇입니까? 영혼을 불쌍히 보고 사랑하시는 예수님의 마음입니다. 영혼을 천국에 보내는 것이 신앙의 본질입니다. 지옥에 갈 사람들을 전도하여 천국에 보내는 것이 교회의 본질입니다.

우리는 예수를 믿고 구원받아서 교회를 다닙니다. 이제는 다른 사람의 영혼을 불쌍히 여기는 예수님의 마음을 가져야 합니다. 그것이 신앙의 본질이기 때문입니다. 만약에 교회를 다니면서도 구원받지 못한 사람의 영혼에 대하여 애정과 연민을 느끼지 못한다면 그는 본인의 신앙만으로 사는 사람입니다. 그는 사명감이 없는 사람입니다.

우리가 먼저 예수를 믿었다는 것은 '나는 사명의 사람'이라는 말입니다. 지옥에 갈 다른 사람의 영혼에 대하여 책임이 있는 사람이라는 말입니다. 오늘 여러분에게 사명을 주셨다고 성경은 말합니다. 그것은 죄로 죽어가는 영혼들을 사망의 길에서 구해 내라는 것입니다. 주님은 사람들을 바라보며 사망의 길로 달려가는 저들을 안타까이 여기십니다. 하나님은 먼저 사망의 길에서 벗어난 우리에게 저들을 살려 내라고 하십니다. 오늘 우리는 이 시대의 영혼을 구원하는 추수꾼이 되어야 한다고 말씀하십니다. 하나님의 형상으로 지음받은 영혼을 건지는 것이 신앙의 본질입니다.

우리가 어떻게 해야 영혼을 구원하는 추수꾼이 될 수 있을까요?

**1. 세상 사람을 보는 눈이 변해야 합니다.**

사람은 자신이 바라보는 눈에 따라서 인생을 살아갑니다. 저는 주님의 일이 소중하다고 생각하기 때문에 목사가 되었습니다. 신앙인이 되었다는 것은 하나님의 눈으로 세상을 바라본다는 말입니다.

본문은 이렇게 말하고 있습니다. "무리를 보시고 불쌍히 여기시니 이는 그들이 목자 없는 양과 같이 고생하며 기진함이라." 이 말씀에서 다음과 같은 것을 알 수 있습니다. 우리가 영혼을 구원하는 추수꾼이 되기 위해서는 세상을 바라보는 눈이 예수님처럼 변해야 합니다. 예수님은 찾아오는 무리들을 보고 다음과 같은 것을 느끼셨습니다.

첫째, '고생하며'라고 하였습니다. '고생'이란 단어의 원뜻은 '추운 겨울에 발가벗겨진 나무'를 의미합니다. 더 나아가 '껍질 또는 가죽을 벗기다, 난도질하다, 갈기갈기 썰다, 자기를 괴롭게 하다'는 의미가 있습니다. 이것은 염려와 근심으로 마음이 초조한 상태를 말합니다. 이 세상의 모든 사람들이 염려와 근심으로 마음이 바짝 말라 버린 상태를 표현한 것입니다.

둘째, '목자 없는 양'이라고 하였습니다. 우리가 이 땅을 살아갈 때 수없이 많은 사람들이 우리 곁을 스쳐 지나갑니다. 이런 무리들을 볼 때 여러분은 무엇을 생각하십니까? 정치가들에게는 한 표로 보일지도 모릅니다. 장사하는 사람에게는 돈으로 보일지도 모릅니다. 예술 하는 사람에게는 작품의 대상일지 모릅니다. 그러나 우리 예수님은 무리들을 볼 때에 그들을 목자 없이 고생하며 방황하는 양으로 느끼셨습니다.

양은 매우 특이한 동물입니다. 양은 방향감각이 없습니다. 자신이 어디로 가는지도 모릅니다. 나라는 존재가, 내 운명이, 내 인생이 지금 어디로 가고 있는지 아시나요? 그리고 양은 아주 겁이 많습니다. 우리가 지금 당당하게 앉아 있지만, 병원에 가서 진찰을 받아 보았는데 의사 선생님이 "암 같네요"라고 말한다면 그 한순간에 내 존재가 무너져 내리도록 두려워하고 연약한 존재가 바로 우리입니다. 또한 양은 아주 더럽습니다. 겉으로 볼 때는 다 신사 숙녀 같지만 너무나 쉽게 환경 속에 오염되고 세속화되기 쉬운 존재들이 우리입니다. 그래서 성경은 말하기를, "우리는 다 양 같아서"라고 한 것입니다.

그러나 양의 이런 모든 문제들은 하나만 있으면 다 해결됩니다. 목자입니다. 목자만 있으면 방향을 잡아 줍니다. 앞서 갑니다. 양들을 든든하게 지켜 줍니다. 양들을 깨끗이 씻어 줍니다. 예수님은 말씀하시기를 "나는 선한 목자라…나는 양을 위하여 목숨을 버리노라"(요 10:14-15)고 말씀하셨습니다.

예수님은 세상 사람들에게서 수많은 근심과 걱정, 잘못된 가치관으로 삶의 방향을 잃어버린 모습을 보셨습니다. 그리고 영혼이 완전히 바짝 말라 버린 장작같이 세상이라는 불에 활활 타오르는 그들의 상태를 보셨습니다. 양들이 푸른 초장을 찾아 헤매다가 찾지 못하고 완전히 지쳐 버린 상태로 있는 것을 보셨습니다. 이것이 여러분의 주위에 있는 사람들의 모습입니다.

그런데 아직도 선한 목자이신 예수님을 만나지 못하고 살아가는 인생들이 너무나 많이 있습니다. 그들이 주님의 눈에는 목자 없는 양으로 보였던 것입니다. 목자 없는 양들을 보시고 민망히 여기셨습니다. 본문에서 말하는 '민망하다'는 말은 '함께 느낀다, 함께 고통한다'는 의미입니다. 예수님은 양들의 고통을 자신의 고통처럼 느끼셨습니다. 양들의 방황을 자신의 방황처럼 느끼셨습니다. 양들의 아픔을 자신의 아픔처럼 느끼셨습니다. 양들의 눈물을 자신의 눈물처럼 느끼셨습니다. 그들의 방황과 두려움, 아픔과 좌절을 자신의 좌절처럼 아파하셨다는 말입니다.

성경에 수가 성의 사마리아 여인 이야기가 나옵니다. 우물가에서 예수님이 그 여인을 만나셨습니다. 그 여인은 쾌락의 푸른 초장을 찾아서 다섯 남자와 결혼했습니다. 그 남자들은 이미 다 떠났습니다. 지금 살고 있는 남자는 남편이 아니고 동거생활을 하고 있는 사람입니다. 돈 있는 남자를 만나면 자기 인생이 푸른 초장이 될 줄 알았습니다. 멋있는 남자를 만나면 정열적인 삶을 살 줄 알았습니다. 하지만 모두 아니었습니다. 영혼은 점점 더 갈증이 납니다. 인생이 허무합니다. 그때 예수님이 그녀를 찾아가셨습니다. 그녀에게 있는 것은 고생과 유리함과 정처 없는 방황뿐입니다. 예수님은 이것을 보셨습니다. 이런 사람을 찾아서 그들의 영과 육을 치료하시는 것이 예수님의 사역이었습니다. 예수님처럼 사람의 영혼을 불쌍하게 보는 영적인 눈이 열리기를 축복합니다.

**2. 추수할 것은 많은데 일꾼이 적다는 것을 알아야 합니다.**

생각해 보세요. 예수 믿는 사람이 더 많습니까, 아니면 예수 안 믿는 사람이 더 많습니까? 예수 모르는 사람들이 아주 많습니다. 예수님의 말씀대로 추수할 영혼들이 너무나 많습니다. 그런데 추수할 일꾼이 적습니다.

본문은 이렇게 말하고 있습니다. "이에 제자들에게 이르시되 추수할 것은 많되 일꾼이 적으니 그러므로 추수하는 주인에게 청하여 추수할 일꾼들을 보내 주소서 하라 하시니라." 구원받아야 할 영혼들이 너무나 많습니다. 본문은 전도할 영혼에게 추수하라고 하십니다. 이 말은 지금 수확할 것을 말합니다. 지금 전도하여 구원받을 영혼들이 너무나 많이 있습니다. 지금 나가서 전도하기만 하면 전도될 사람들이 많이 있습니다.

그런데 문제가 무엇입니까? 추수할 일꾼들이 적다는 것입니다. 영혼을 전도하려는 사람이 적습니다. 영혼을 사랑하는 사람들이 적습니다. 하나님의 나라를 확장하려는 사명감을 가진 사람들이 너무 적다는 말입니다. 이런 급박한 상황에 예수님은 말씀하십니다. "일꾼들을 보내 주소서 하라"고 하십니다.

영혼을 구하는 일은 영적인 일입니다. 영적인 일에는 악한 사탄의 세력들이 역사합니다. 그래서 기도하라고 하시는 것입니다. 기도하기만 하면 악한 세력들이 물러갑니다. 그리고 반대로 전도하려는 사람들이 여기저기서 나타나기 시작합니다. '내가 이렇게 잠자고 있을 때가 아니다. 한 영혼이라도 건져야 한다' 이런 마음을 성령께서 사람들의 마음에 부어 주십니다. 그래서 생각하지도 않은 헌신자들이 생긴다는 것입니다. 그리고 그들에게 능력을 부어 주십니다.

마태복음 10장 1절을 보십시오. "예수께서 그의 열두 제자를 부르사 더러운 귀신을 쫓아내며 모든 병과 모든 약한 것을 고치는 권능을 주시니라." 너희는 전도하러 나가기만 하라고 하십니다. 그러면 전도에 필요한 권능은 주님이 주실 것이라고 하십니다. 너희는 가기만 하라고 하십니다. 가서 사탄의 손에서 처형을 기다리는 영혼들을 살려내라고 하십니다. 죽음의 길에 있으면서도 그것을 알지도 못하는 저 불쌍한 영혼들을 향해 가라고 애타게, 간절하게 요구하십니다.

　우리는 영혼을 구원하는 추수꾼이 되기 위해 주님의 말씀에 헌신해야 합니다. '영혼을 향해 가라'는 말씀에 헌신하여 제자들이 나가서 전파하였을 때 그들은 주님께서 자신들에게 주신 능력을 체험하였습니다. 사람들이 구원받는 것을 체험하였습니다. 그들이 돌아와서 보고합니다. "칠십 인이 기뻐하며 돌아와 이르되 주여 주의 이름으로 귀신들도 우리에게 항복하더이다"(눅 10:17). 그러자 예수님이 말씀하십니다. "사탄이 하늘로부터 번개같이 떨어지는 것을 내가 보았노라 내가 너희에게 뱀과 전갈을 밟으며 원수의 모든 능력을 제어할 권능을 주었으니 너희를 해칠 자가 결코 없으리라 그러나 귀신들이 너희에게 항복하는 것으로 기뻐하지 말고 너희 이름이 하늘에 기록된 것으로 기뻐하라 하시니라"(눅 10:18-20). 이런 놀라운 역사는 지금도 일어납니다. 기도하고 나가기만 하면 됩니다. 내가 영혼의 추수꾼이 되기만 하면 놀라운 성령의 능력으로 축복해 주시는 것입니다.

　어떤 나이 많은 전도사님이 기독교서점에서 많은 전도지를 주문했습니다. 그러면서 점원에게 힘없이 말했습니다. "내가 오늘 전도지를 사가는 것이 어쩌면 마지막이 될지도 모르겠어요. 나는 이제 너무 늙어서 전도지를 들고 다니며 전도할 만큼 기력이 남아 있질 않아요. 그동안 수도 없이 많은 전도지를 나누어 주었는데, 아직까지 내가 준 전도지를 보고 예수님을 믿게 되었다는 사람을 한 사람도 못 만났어요. 그동안 헛수고만 한 것은 아닌지 그것이 못내 아쉬워요."

　그때 서점의 한쪽에서 책을 고르고 있던 어떤 젊은이가 다가왔습니다. 그리고 나이 많은 전도사님을 유심히 보더니 반갑게 아는 체를 했습니다. "어르신께서는 저를 잘 모르시겠지만 저는 어르신을 잘 압니다. 10년 전 6월 25일 오후 6시 30분쯤 어르신께서 안산역 앞에서 저에게 전도지를 주셨지요. 전 그 전도지를 읽고 예수님을 영접했습니다. 그리고 제 가족들도 모두 저 때문에 예수님을 믿게 되었습니다. 제 동생은 선교사가 되어 인도에 가 있습니다. 저는 방금 전 어르신께서 하시는 말씀을 듣고 어르신을 알아볼 수 있었습니다. 하나님께서 오늘 저를 이곳으로 보내신 것은 아마 어르신께서 나누어 주신 전도지 중 적어도 한 장을 어떻게 축복하셨는가를 알려주시려고 하신 것 같습니다."

그렇습니다. 전도는 공짜가 없습니다. 우리는 복음의 씨를 뿌립니다. 열매를 거두시는 분은 하나님입니다. 영혼을 사랑하는 진정한 전도자가 필요합니다. 시간도 있습니다. 건강도 있습니다. 물질도 있습니다. 다만 불타는 사명감이 없을 뿐입니다. 주님의 말씀처럼 추수할 것은 많은데 추수할 일꾼이 없습니다. 우리 금천의 모든 성도님들은 우리 주님의 이 애타는 마음을 나의 마음으로 받아들여야 합니다. 그래서 오직 영혼을 건지는 일에 올인해야 합니다. 그것이 오늘 우리를 향하신 하나님의 절대적인 뜻입니다. 전도는 바로 오늘 내가 먼저 예수를 믿은 이유입니다. 전도는 교회가 존재하는 이유입니다.

오늘날 교회 성도들을 일반적으로 세 가지로 분류할 수 있습니다. 첫째, 다수의 사람들로 관망하는 성도입니다. 둘째, 본인은 하지도 않으면서 불평과 원망을 하는 자입니다. 셋째, 소수의 적극적인 헌신자입니다. 이 소수의 헌신자들 때문에 오늘의 교회가 운영되고 있는 것입니다.

오늘도 하나님이신 우리 주님께서 눈물겹고 애타게 호소하시는 음성을 들을 수 있기를 바랍니다. "추수할 것은 많이 있는데 추수할 일꾼은 적다. 내 마음이 너무나 아프다. 금천교회 성도들아, 너희가 오늘 영혼의 추수꾼이 되어라"고 말씀하십니다.

라디오를 통하여 한 의사의 간증을 들었습니다. 이분은 개인병원을 하는 분입니다. 하루 일과를 마치고 집에 돌아오면 항상 하는 일이 그날 진료받은 사람의 카드를 매일 밤마다 확인하였습니다. 그리고 그날의 수입을 계산하곤 했습니다. 이런 일과를 계속하던 어느 날입니다. 그날도 돈을 계산하는데 성령께서 그의 마음을 감동하셨습니다. "너는 매일 환자의 카드나 보면서 돈이나 계산하다가 네 일생을 끝낼 것이냐? 왜 환자의 영혼은 한 번도 생각하지 않느냐? 네가 교회 집사냐?" 하는 음성이었습니다. 그 순간 눈물이 왈칵 쏟아졌습니다. 그는 순간 무릎을 꿇었습니다. "주님, 용서하소서. 나는 매일같이 육신의 병을 치료하는 의사요, 돈만 버는 장사꾼이었습니다."

그는 그다음 날부터 찾아오는 환자의 영혼을 돌보는 의사가 되기 시작했습니다. 정성껏 환자의 병을 치료하면서 환자의 영혼을 위해 기도하고, 일과가 끝나면 구원의 영혼 카드 수부터 점검하였습니다. 그는 그때부터 사는 것이 즐겁고 행복해지기 시작했습니다. 사랑이 넘치는 친절한 의사로 소문이 나고, 병원도 엄청나게 축복을 받게 되었다고 고백합니다.

전도에는 두 가지 의미가 있습니다. 하나는 '뿌린다'는 의미가 있습니다. 다른 하나는 '거둔다'는 의미가 있습니다. 우리 주님이 생명의 피를 뿌리셨습니다. 순교자들이 이 땅에 그들의 목숨과 함께 복음을 뿌렸습니다. 이제는 뿌린 것을 거두어야 할 때입니다. 거두려는 열심이 있어야 합니다.

우리는 지옥으로 달려가는 영혼을 보시고 슬퍼하시는 주님의 마음을 알아야 합니다. 영혼을 건지고 싶어서 가장 미련스러운 전도를 원하시는 주님의 마음을 알아야 합니다. 지옥으로 달려가면서도 그곳이 어떤 곳인지를 전혀 모르고 웃고 있는 슬픈 사람들의 모습을 볼 수 있어야 합니다. 조금 있으면 저들이 타고 있는 열차는 지옥으로 떨어집니다. 그런데도 전혀 모르고 웃으면서 세상 기차를 타고 가는 슬픈 사람들을 믿음의 눈으로 볼 수 있어야 합니다. 올 한 해는 주님의 마음을 가진 영혼의 추수꾼들이 되시기를 축복합니다.

## 저주를 받을지라도
로마서 9:1-3

내가 그리스도 안에서 참말을 하고 거짓말을 아니하노라 나에게 큰 근심이 있는 것과 마음에 그치지 않는 고통이 있는 것을 내 양심이 성령 안에서 나와 더불어 증언하노니 나의 형제 곧 골육의 친척을 위하여 내 자신이 저주를 받아 그리스도에게서 끊어질지라도 원하는 바로라

🍀 **주제**: 영혼을 위하여 몸부림치는 한 사도를 소개한다.
🍀 **목적**: 전도를 하게 한다.
🍀 **구성**: 원 포인트

저는 암에 걸리면서 한 가지 중요한 사실을 알았습니다. 사람에게 가장 중요한 것이 생명이라는 것입니다. 생명을 살리기 위하여 그렇게 많은 돈을 들입니다. 생명을 살리기 위하여 못할 것이 없습니다. 그렇게 볼 때에 사람에게 가장 중요한 것이 생명입니다. 그래서 생명을 어떻게 해서라도 살리는 것입니다.

성경은 "사람이 만일 온 천하를 얻고도 제 목숨을 잃으면 무엇이 유익하리요 사람이 무엇을 주고 제 목숨과 바꾸겠느냐"(마 16:26)라고 말합니다. 이 말씀은 목숨보다 더 소중한 것은 없다는 것입니다. 목숨은 명예나 돈보다도 소중합니다. 목숨과 바꿀 수 있는 것은 아무것도 없습니다.

**목숨에는 두 가지가 있습니다.**
첫째, 육적인 목숨이 있습니다. 우리가 육신의 목숨이 붙어 있기 때문에 지금 이 자리에 있는 것입니다. 이 육신의 목숨은 언젠가 다할 날이 있습니다. 성경은 "한 번 죽는 것은 사람에게 정해진 것이요 그 후에는 심판이 있으리니"(히 9:27)라고 말합니다. 한 번 죽는 것은 하나님께서 정하신 일입니다. 이 땅에 태어난 사람치고 죽지 않는 사람은 아무도 없습니다. 불로초를 찾았던 진시황도 49세에 죽었습니다. 이건희 회장도 무엇이 부족해서 지금 누워 있는 것입니까? 하나님이 정하신 육신의 죽음 때문입니다.

둘째, 영적인 목숨이 있습니다. 인간만 하나님의 형상으로 지음을 받았습니다. 그렇기에 인간만 영혼이 있습니다. 인간이 제사를 지낸다는 것은 영적으로 신을 찾는 행위입니다. 그러나 동물에게는 영혼이 없습니다. 하나님께서는 사람을 흙으로 만드시고 하나님의 생령을 불어 넣으셨습니다.

인간에게는 죽음이 두 번 있습니다. 먼저 육적인 죽음입니다. 그리고 영적인 죽음입니다. 성경은 "사망과 음부도 불못에 던져지니 이것은 둘째 사망 곧 불못이라 누구든지 생명책에 기록되지 못한 자는 불못에 던져지더라"(계 20:14-15)고 말합니다. 둘째 사망이 있다고 말합니다. 둘째 사망은 지옥에 우리의 영이 던져지는 것입니다. 사람이 살다가 육적인 죽음을 맞이하는 것도 얼마나 가슴이 아픕니까? 그런데 영혼이 지옥에 떨어진다고 한다면 그것은 너무나 큰 고통입니다.

그러므로 무엇보다 시급한 것이 영혼을 구원하는 일입니다. 이것을 알았던 빌리 그레이엄 목사는 집회할 때마다 '구원으로의 초대'를 합니다. 처음 나온 사람을 앞으로 불러내는 일을 합니다. 어떤 교인이 "목사님은 왜 매시간 이렇게 하십니까?" 그러자 빌리 그레이엄 목사는 "저 영혼들이 천당과 지옥, 생명과 멸망의 갈림길에 서 있는 모습을 보기 때문입니다. 그들을 보면 마치 나이아가라 폭포의 절벽 난간에 서 있는 철부지 어린아이를 보듯이 아찔한 느낌이 듭니다. 그렇기 때문에 매시간 구원으로 초청을 안 할 수가 없습니다"라고 대답했습니다.

우리는 십자가의 구원과 부활을 믿는 하나님의 자녀입니다. 예수 안 믿다가 영원히 돌이킬 수 없는 지옥으로 떨어질 것을 생각해 보십시오. 영혼 구원보다 더 시급한 일이 어디 있겠습니까? 성경은 "하나님이 그 아들을 세상에 보내신 것은 세상을 심판하려 하심이 아니요 그로 말미암아 세상이 구원을 받게 하려 하심이라"(요 3:17)고 말합니다.

그렇습니다. 예수님께서 사람이 되셔서 이 땅에 오신 이유는 오직 한 가지입니다. 모든 사람을 구원하여 천국에 보내기 위해서입니다. 우리를 너무나 사랑하시기 때문입니다. 사람은 하나님의 형상을 닮은 가장 존귀한 피조물이기 때문입니다. 하나님과 친밀한 사랑의 교제를 나눌 수 있는 인격적인 존재로 지으셨기 때문입니다. 하나님께서 아들을 십자가에 달려 죽게 하실 만큼 너무나 존귀한 존재입니다. 그러므로 우리가 하나님의 사랑을 믿고 십자가의 구원을 믿는다면 영혼 구원을 소중하게 생각해야 합니다.

본문 말씀은 바울이 한 영혼에 대하여 얼마나 심각하게 생각했는지를 잘 말해 주고 있습니다. 본문을 보면 "나의 형제 곧 골육의 친척을 위하여 내 자신이 저주를 받아 그리스도에게서 끊어질지라도 원하는 바로라"라고 말합니다. 이 말은 자신의 형제가 구원받는 일을 바울이 얼마나 간절하게 원하는가를 잘 보여줍니다. 바울 자신이 저주를 받아서 그리스도에게서 끊어질지라도 원한다고 말합니다. 여기서 '저주를 받는다'는 말은 '파멸로 넘겨지는 것'을 말합니다. 말 그대로 자신이 멸망을 당한다 할지라도 형제들이 구원받기를 원한다는 말입니다. 그만큼 구원에 대한 뜨거운 열망이 가득했습니다.

또 이렇게 말합니다. "그리스도에게서 끊어질지라도." 바울이 사는 것은 오직 그리스도를 위하여 사는 것입니다. 그리스도가 바울이 사는 이유입니다. 그리스도가 없다면 바울이 이 땅에 살아갈 이유가 없습니다. 그런데 바울에게 그렇게 소중한 그리스도에게서 끊어질지라도 형제들이 구원받기를 원한다는 것입니다. 바울은 그렇게 영혼 구원을 자신의 삶에서 가장 소중하게 생각한다는 것을 말하고 있는 것입니다.

잃어버린 영혼이 구원을 받지 못하여 지옥의 불에서 영원히 고통받게 될 것을 생각해 보십시오. 그래서 일찍이 성령의 뜨거운 은혜를 받은 사람들은 모두 시급하게 영혼 구원에 힘썼습니다. 웨슬리 목사는 "언제, 어디서나 영혼 구원"이라고 했습니다. 그래서 항상 "세계는 나의 교구다"라고 외치면서 쉬지 않고 전도했습니다. 화이트 필드 목사는 "나에게 영혼을 주옵소서. 그렇지 않으면 나의 영혼을 가져가시옵소서"라고 기도했습니다. 친첸도르프 백작은 성령을 받은 후 "이제부터 복음이 필요한 나라는 다 내 나라이다"라고 하면서 영혼 구원에 힘썼습니다.

레일리 목사가 헤밀튼에서 부흥회를 인도하는 중에 한 젊은이가 일어나 간증을 했습니다. 타이타닉 호가 빙산에 부딪쳐 침몰할 때 존 하퍼 목사는 침몰하는 배 안에서 그 젊은이에게 "청년, 구원받았습니까?"라고 물었습니다. 그때 그는 "아니오"라고 대답했습니다. 그러자 존 하퍼 목사는 "예수 그리스도를 지금 믿으시오. 그러면 구원을 받습니다"라고 하고는 잠시 후 물 밑으로 가라앉았습니다. 젊은이는 그 이야기를 하면서 "나는 하퍼 목사님의 마지막 전도를 받고 구원받은 사람입니다"라고 간증했습니다. 영혼 구원을 얼마나 시급하고 중요하게 생각했으면 배가 침몰되어 죽는 순간에도 전도했을까요? 이것이 진정 거듭난 성도의 태도입니다.

바울 사도는 자신이 '저주를 받을지라도'라고 말합니다. 바울 사도는 자신이 "그리스도에게서 끊어질지라도"라고 말합니다. 이 말은 일

가친척이나 유대의 모든 영혼 구원을 위하여 몸부림치는 것을 보여줍니다. 영혼 구원이 얼마나 가치 있는 일인가를 말합니다. 영혼 구원이 얼마나 소중한가를 말합니다. 내가 먼저 구원을 받은 다음의 가장 소중한 일은 오직 영혼 구원이라는 것을 말하고 있습니다. 그리스도인들이 왜 돈을 벌고 있습니까? 왜 공부를 하여 높은 지위에 있어야 하나요? 그것은 오직 영혼을 건지기 위해서라는 것을 말하고 있습니다.

바울이 이렇게 영혼을 구원하기 원하는 것은 영혼의 가치를 알았기 때문입니다. 십자가에서 죽으셨던 예수님이 다메섹 도상에서 부활하신 모습으로 나타나셔서 바울을 만나 주셨기 때문입니다. 이후에 바울은 영혼 구원을 위하여 그의 일생을 헌신했습니다. 오직 영혼을 구원하는 일이라면 못할 일이 없었습니다. 자신이 그렇게 좋아하는 그리스도에게서 끊어질지라도 영혼을 구원하는 것이 바울이 사는 이유였던 것입니다. 그만큼 영혼의 소중함을 말하는 것입니다.

주님은 누가복음 15장에서 영혼 구원에 대하여 세 가지로 설명하셨습니다.

첫째, 잃어버린 양 한 마리를 찾는 말씀입니다. 찾을 때까지 찾다가 결국 찾아 가지고 어깨에 메고 돌아옵니다. 그리고는 큰 잔치를 베풀고 기뻐합니다. 이에 예수님께서 말씀하십니다. "이와 같이 죄인 한 사람이 회개하면 하늘에서는 회개할 것 없는 의인 아흔아홉으로 말미암아 기뻐하는 것보다 더하리라"(7절).

둘째, 잃어버린 은전 하나를 찾는 말씀입니다. 여인은 등불을 들고 온 방 안을 쓸며 찾습니다. 결국 잃었던 은전을 찾은 후 이웃과 벗을 청하여 잔치를 베풀고 기뻐했습니다. 이에 예수님께서 말씀하십니다. "이와 같이 죄인 한 사람이 회개하면 하나님의 사자들 앞에 기쁨이 되느니라"(10절).

셋째, 잃어버린 아들을 찾는 말씀입니다. 작은아들이 아버지의 재산을 다 탕진해 버립니다. 그런데도 그 아들이 돌아오기를 밤낮 기다리는 아버지입니다. 아들이 돌아오자 얼싸안고 입을 맞추며 기뻐합니다. 살진 송아지를 잡아 잔치를 베풀며 기뻐했습니다. 그런 아버지의 모습을 불평하는 큰아들에게 아버지가 말합니다. "이 네 동생은 죽었다가 살아났으며 내가 잃었다가 얻었기로 우리가 즐거워하고 기뻐하는 것이 마땅하다"(32절).

이런 이야기를 세 번이나 반복하여 하시는 이유가 무엇입니까? 멸망 받을 영혼 하나를 전도하여 구원하는 것이 얼마나 가치 있는 일인가를 말씀하시려는 것입니다. 이미 구원받은 신자 100명을 인하여 기뻐하는 것보다 죽을 영혼을 건지는 일을 더 기뻐하신다는 것을 말씀하시는 것입니다. 그러므로 영혼을 구원하는 일을 우선순위에 놓고 신앙생활을 해야 합니다.

성경은 "하나님은 모든 사람이 구원을 받으며 진리를 아는 데에 이르기를 원하시느니라"(딤전 2:4)라고 말하고 있습니다. 요한복음 6장에서도 예수님이 이 땅에 오신 목적은 오직 영혼 구원이라는 것을 말씀하고 있습니다. 십자가에서 죽으시고 부활하신 목적도 죄인을 구원하는 것이라고 하십니다.

예수님은 "나를 보내신 이의 뜻은 내게 주신 자 중에 내가 하나도 잃어버리지 아니하고 마지막 날에 다시 살리는 이것이니라 내 아버지의 뜻은 아들을 보고 믿는 자마다 영생을 얻는 이것이니 마지막 날에 내가 이를 다시 살리리라"(요 6:39-40)라고 말씀하셨습니다. 이런 말씀을 보면 영혼 구원보다 더 시급한 일은 없습니다. 영혼 구원보다 더 하나님을 기쁘시게 하는 일도 없습니다.

바울은 본문을 통해 영혼 구원의 소중함을 이렇게 말합니다.
"내가 그리스도 안에서 거짓말을 하지 않고 참말을 한다."
"내게 그리스도 안에서 그치지 않는 고통과 근심이 있다."
"내가 그리스도 안에서 이런 양심을 성령 안에서 증언한다."

이것이 바울의 영혼에 대한 솔직한 고백이었습니다. 바울은 이런 마음으로 영혼에 대한 열정이 식지 않았습니다.

1971년 12월 25일 충무로에 있는 대연각호텔에 불이 났습니다. 저는 그때 옆에서 모든 것을 보았습니다. 200명 가까운 사람들이 불에 타 죽고 질식해 죽었습니다. 그야말로 지옥을 연상하게 하는 장면입니다. 그런데 화재가 난 바로 옆에 비상줄이 있다고 합시다. 제가 용케 그 비상줄을 타고 내려왔습니다. 그런데 그 후에 다른 사람들에게 알려 주지 않는다면 하나님이 어떻게 보실까요?

여러분에게는 가족과 친척이 있습니다. 날마다 만나는 이웃들이 있습니다. 그들이 예수를 믿지 아니하면 영원한 지옥 불에 들어간다는 것을 여러분은 알고 있습니다. 그런데도 복음을 증거하지 않으면 여러분은 악한 자입니다. 우리는 죽어가는 사람들을 살릴 수 있는 영혼의 구조대가 되어야 합니다.

　부활과 영생하는 천국과 지옥을 전하지 않는다면 예배당은 지어서 무엇을 하는 것입니까? 이렇게 좋은 예배당을 지어 놓고 영혼을 구원하지 못한다면 이 예배당이 무슨 소용이 있겠습니까? 오늘날 어떤 교회는 사람 낚는 어부가 아니라 수족관을 지키는 데만 급급합니다. 전도는 하지 않고 남의 수족관에서 서로 고기를 훔치는 것과 다르지 않습니다. 십자가의 구속이나 부활을 전하지 않습니다. 천국과 지옥도 전하지 않습니다. 뜨겁게 기도도 하지 않습니다. 이것이 오늘날 교회의 안타까운 현실입니다.

　캐나다의 한 세일즈맨이 죽었습니다. 그 사람의 수첩을 보니 고객 명단 100명이 빼곡하게 적혀 있었습니다. 다른 쪽에는 전도해야 할 명단이 332명 있었습니다. 전도된 날짜가 옆에 적혀 있었습니다. 그리고 기도하기 시작한 날짜도 있었습니다. 그 옆에는 그 사람이 교회에 나오기 시작한 날짜도 있었습니다. 그런데 200여 명이 전도되었습니다. 그래서 목사님이 장례식 설교를 하면서 "이 사람 때문에 200명가량이 천국 백성이 되었습니다. 얼마나 큰 영광입니까? 왜 전도를 통한 영혼 구원이 시급합니까? 지옥과 천국이 있기 때문입니다"라고 호소했다고 합니다.

　교회가 존재하는 목적은 두 가지입니다.
　하나는 하나님께 예배를 드리는 일입니다. 다른 하나는 지옥에 갈 영혼을 구원하는 일입니다.

교회는 이미 믿는 사람들만의 교회가 되지 말아야 합니다. 믿지 않는 사람들로 날마다 채워지는 교회가 되어야 합니다. 그것은 오직 전도하는 일로만 될 수 있습니다. 그래서 예수님은 전도하라고 하십니다. 하나님은 영혼 구원을 우선순위에 두고 시급하게 전도에 힘쓰라고 하십니다. 예수의 보혈로 죽어가는 영혼을 살려야 합니다. 천하보다 귀한 영혼을 구원해야 합니다. 때가 너무나 급합니다. 내일 일을 아무도 모르기 때문입니다.

오늘부터 우리 교회가 가장 좋아하는 전반기 전도가 시작됩니다. 바울처럼 저주를 받을지라도 영혼 구원에 뜨거운 열정으로 임하기를 축복합니다.

## 빚진 자의 심정으로

로마서 1:13-17

형제들아 내가 여러 번 너희에게 가고자 한 것을 너희가 모르기를 원하지 아니하노니 이는 너희 중에서도 다른 이방인 중에서와 같이 열매를 맺게 하려 함이로되 지금까지 길이 막혔도다 헬라인이나 야만인이나 지혜 있는 자나 어리석은 자에게 다 내가 빚진 자라 그러므로 나는 할 수 있는 대로 로마에 있는 너희에게도 복음 전하기를 원하노라 내가 복음을 부끄러워하지 아니하노니 이 복음은 모든 믿는 자에게 구원을 주시는 하나님의 능력이 됨이라 먼저는 유대인에게요 그리고 헬라인에게로다 복음에는 하나님의 의가 나타나서 믿음으로 믿음에 이르게 하나니 기록된 바 오직 의인은 믿음으로 말미암아 살리라 함과 같으니라

- **주제**: 복음의 빚을 진 자임을 자각하게 한다.
- **목적**: 복음을 전하여 영혼을 구원하게 한다.
- **구성**: 3. 대지

오늘은 우리 교회가 창립된 지 31주년이 되는 주일입니다. 31년 동안 지켜 주시고 인도하신 하나님의 은혜가 너무나 큽니다. 그리고 아무 말 없이 묵묵하게 충성하신 장로님들과 모든 성도님들에게도 감사를 드립니다. 생각할 때마다 감사의 눈물만 흐를 뿐입니다. 마치 빚진 자의 심정으로 하나님께 더욱더 충성해야 한다는 마음뿐입니다.

빚진 자의 심정이 어떤 것인가를 지난 4월 20일에 있던 사건을 보면서 더 절실히 알게 되었습니다. 전주 완산경찰서 소식에 따르면, 네 가족이 함께 자살을 선택했습니다. 이유는 빚에 시달리다가 극단적인 선택을 한 것입니다. 이들 부부는 초등학교에 다니는 두 아들과 행복하게 살았습니다. 그러나 10여 년간 다니던 직장을 잃자 남편은 막노동을 하면서 여기저기서 돈을 빌렸습니다. 그 빚은 눈덩이처럼 불었습니다. 생활이 궁핍해지자 부부 싸움은 잦아졌습니다. 급기야 남편은 부부 싸움의 원흉이 빚이라며 가족을 목졸라 살해하였습니다. 그리고 자신도 스스로 목숨을 끊었습니다.

빚에 시달려 본 사람은 빚의 무게가 얼마나 무거운가를 압니다. 우리 한국에서는 빚 해결사들이 폭력을 동원하여 해결해 주는 일이 있습니다. 미혼의 자매는 인터넷에 이런 광고를 냈습니다. "빚 갚아 주는 남자라면 아무것도 묻지 않고 시집가겠다." 빚에 시달린 고통이 너무 커서 낸 발상입니다. 빚은 사람을 너무나 고통스럽게 합니다. 그래서 빚지고는 살 수가 없습니다.

그런데 우리는 많은 빚을 지고 사는 사람들입니다. 부모님과 형제들에게 빚을 지고 있습니다. 직장이나 이웃에게도 빚을 지고 있습니다. 나라에도 빚을 지고 있습니다. 이웃들에게도 빚을 졌습니다. 시골의 교회들에게도 빚을 졌습니다. 우리가 시골 출신이기 때문입니다.

이러한 빚들은 조금 깊이 생각하면 정말 무거운 것입니다. 그러나 무겁게 느끼지 않을 뿐입니다. 당장 빚을 갚아야 할 의무를 느끼지 못하기 때문입니다. 이런 은혜의 빚을 얼마나 크게 느끼느냐 하는 것이 오늘을 어떻게 살아가는가를 결정하게 됩니다.

바울은 본문에서 자신은 모든 사람들에게 '다 내가 빚진 자'라고 말합니다. 빚이 너무나 많아서 갚을 길이 없다며 탄식합니다. 그리고 오직 빚을 갚으려는 마음으로만 살았습니다.

그러면 바울은 왜 빚을 갚으려 했을까요?

**1. 바울은 복음에 빚진 자였습니다.**

바울은 다메섹에서 예수님을 만납니다. 그때 두 가지 복을 받았습니다. '구원의 복'과 '사명의 복'입니다. 사실 바울은 죄인 중에 괴수였습니다. 예수님을 믿는 많은 사람들을 박해하였기 때문입니다. 그런 바울을 예수님께서 아무런 공로 없이 은혜로 구원하여 주셨습니다. 바울은 사망에서 생명으로 옮겨 주신 복음에 빚진 사람입니다.

바울은 이 빚을 많은 사람들에게 졌다고 고백합니다. 본문에 "헬라인이나 야만인이나 지혜 있는 자나 어리석은 자에게 다 내가 빚진 자라"고 말합니다. 이 말은 잘난 자나 못난 자나 있는 자나 없는 자에게도 빚을 졌다는 것입니다. 바울은 복음의 빚이 얼마나 큰지를 알았습니다. 바울은 이 복음의 빚을 갚기 위해 두 가지를 하고 있습니다.

첫째, 로마에 있는 연약한 성도들을 세워주는 것입니다. 본문을 보면 "너희 중에서도 다른 이방인 중에서와 같이 열매를 맺게 하려 함이로되 지금까지 길이 막혔도다"라고 하였습니다. 이 말은 로마 교회의 성도들을 견고한 신앙으로 세우고자 함입니다. 바울은 이렇게 견고하게 신앙이 세워진 성도들과 함께 로마에 있는 다양한 계층의 사람들에게 복음을 전하기를 바랐습니다.

둘째, 로마에 있는 불신자들에게 복음을 전하는 것입니다. 본문을 보면 "헬라인이나 야만인이나 지혜 있는 자나 어리석은 자에게 다 내가 빚진 자라 그러므로 나는 할 수 있는 대로 로마에 있는 너희에게도 복음 전하기를 원하노라"고 말합니다. 바울이 복음이 무엇인지 모르는 로마 사람들에게 복음을 전하는 것은 예수님께 빚을 갚기 위해서입니다.

세상에는 갚을 수 있는 빚과 갚을 수 없는 빚이 있습니다. 누구에게 돈이나 물건을 차용한 경우엔 그것을 갚아 주면 됩니다. 누군가에게 도움을 받았으면 그 사람에게 도움을 주면 갚는 것입니다. 그러나 부모님이나 다른 사람들에게 받은 사랑의 빚은 갚을 수 없는 빚입니다.

무엇보다도 영원히 갚을 수 없는 빚이 있습니다. 그것은 십자가로 구원받은 빚입니다. 바울은 죄 사함의 은혜를 통하여 구원을 받았습니다. 동시에 천지와 만물의 주인이신 하나님께서 이방인을 구원하라는 사명을 주셨습니다. 바울은 자신을 은혜로 구원해 주시고 사명을 주신 축복을 한시도 잊어 본 적이 없습니다. 생명을 다하는 날까지 빚을 갚기 위해 애를 썼습니다.

여러분은 부모님에게 빚진 것을 얼마나 갚아가고 계신가요? 영원히 갚을 수 없는 예수님의 십자가의 빚을 어떻게 갚아가고 계신가요? 여러분이 바울처럼 빚진 마음을 갖고 있다면 복음의 빚을 갚기 위해 한 영혼이라도 전도하려고 동분서주하는 마음을 가져야 합니다. 지금 여러분의 마음에 스쳐 지나가는 그분을 찾아가 복음을 전하여 빚을 갚으시기를 축복합니다.

## 2. 이 복음에는 능력이 있기 때문입니다.

복음을 듣지 못한 사람들은 영원한 지옥으로 떨어집니다. 그러나 내가 복음을 전할 때 듣는 자들에게는 생명을 구원하는 능력이 됩니다.

본문에 "이 복음은 모든 믿는 자에게 구원을 주시는 하나님의 능력이 됨이라"라고 말하고 있습니다. 복음은 기쁘고 행복하게 하는 구원의 능력입니다. 사람들이 정말 듣고 싶어 하는 복된 소식입니다. 복음은 영생을 전하는 정말 좋은 소식입니다. 복음의 더 큰 능력은 사람을 변화시키는 능력입니다.

바울이 사역하던 시대는 도덕적으로 부패한 시대입니다. 이러한 위기의 시대에 기독교는 경멸의 대상이었습니다. 그러므로 바울이 복음을 전하는 것은 두려운 일입니다. 하지만 바울은 두렵거나 부끄럽지 않았습니다.

바울이 사역하던 시기는 현대 한국사회와 비슷한 것 같습니다. 터져 나오는 뉴스마다 부끄러운 소식들입니다. 내가 기독교인이라 말할 수 있는 사회적 환경이 점점 악화되어 가고 있습니다. 그럼에도 불구하고 바울과 같이 우리는 복음을 부끄러워하지 않고 오히려 자랑해야 합니다. 세상 모든 사람들은 목적지를 찾지 못하고 방황하며 달려가는 사람들입니다. 이처럼 길 잃은 사람에게는 처참한 죽음의 길만이 기다리고 있을 뿐입니다. 이런 사람들을 찾아서 구원하는 것입니다.

구원은 온갖 죄와 악으로부터 구원받는 것입니다. 세상은 온통 부패한 생각과 도덕적인 타락으로 가득합니다. 악한 행동과 통제할 수 없는 죄악으로 가득한 사회에서 자유와 해방을 맞게 하는 것이 구원입니다. 한마디로 말하면, 죄인들을 예수님의 십자가 보혈로 변화시키는 것이 구원입니다.

남아프리카에서 실제로 있었던 일입니다. 이 마을은 식인종 부락이었습니다. 선교사가 목숨을 내놓고 복음을 증거해서 식인종 마을이었던 사람들이 돌아와 예수를 믿었습니다. 그 후 영국의 고고학자가 연구하러 왔습니다. 추장을 만났습니다. 불신자인 고고학자가 추장에게 이런 말을 하였습니다. "추장님, 이곳을 보니 너무 아름다운 일들이 많습니다. 그런데 한 가지 아쉬운 점이 있네요. 그것은 기독교가 이곳에 들어와 여러분 고유의 문화를 다 말살시킨 것입니다. 여러분이 기독교인이 된 것이 참으로 애석하군요."

그러자 추장이 이런 말을 하였습니다. "저기 저 높은 산에 있는 바위가 보이십니까? 저 바위는 적과 싸울 때 사람들을 잡아 그 뼈를 갈아서 우리의 신에게 바쳤던 제단입니다. 그리고 그 옆에 있는 커다란 나무는 우리가 잡았던 사람들의 살을 우리의 신에게 바치고 나머지를 음식으로 먹었던 장소입니다. 만약에 우리가 예수 그리스도를 믿지 않았다면 오늘 저녁 밥상에 당신의 시체가 올라왔을 것입니다."

그렇습니다. 복음은 모든 사람들을 변화하게 하는 능력입니다. 복음은 죄악된 환경과 저주에서 구원하는 능력입니다. 그리고 삶의 변화를 받는 능력이 있습니다. 여러분이 정말 복음 되신 예수님을 만나 보시기 바랍니다. 변하기 싫어도 변하게 되는 것이 복음의 능력입니다. 복음은 사람을 변하게 하는 능력의 원천이 되기 때문입니다.

그러므로 이 복음을 전해야 합니다. 나의 이웃과 친구와 부모형제에게 전해야 합니다. 내가 복음을 전함으로 복음의 빚을 갚을 수 있습니다. 사람을 살리고 변화시키는 능력 있는 복음을 전하시기를 축복합니다.

### 3. 이 복음을 전하는 이유가 있습니다.

먼저 복음은 믿음을 갖게 하기 때문입니다. 인간에게는 자신을 의롭다고 생각하는 병이 있습니다. 이 정도 삶이면 충분히 선하다고 생각하며 살아가고 있습니다. 그러나 성경은 말합니다. "내가 죄악 중에서 출생하였음이여 어머니가 죄 중에서 나를 잉태하였나이다"(시 51:5). 이것이 인간입니다. 모든 인간은 죄악으로 인해 사망의 길을 향하여 가고 있습니다.

　인간은 죄인이지만 하나님은 완전하신 분입니다. 그러므로 죄인인 인간은 하나님에게 받아들여질 수 없습니다. 이런 죄인인 인간이 하나님의 나라에 들어갈 수 있는 유일한 방법은 십자가 복음으로만 되는 것입니다. 인간이 의롭고 완전한 자가 될 수 있는 방법은 믿음뿐입니다. 본문을 보면 "복음에는 하나님의 의가 나타나서 믿음으로 믿음에 이르게 하나니"라고 말하고 있습니다. 사람이 의로운 자가 될 수 있는 것은 오직 복음 되시는 예수님을 믿을 때에만 인정되는 것입니다.

　그리고 인간은 오직 예수님을 믿어야 죄를 용서받습니다. 예수님은 대속의 십자가에 달려 죽으시고 삼 일 만에 부활하셨습니다. 그 예수님은 세상에 다시 오실 것입니다. 이 예수님을 믿으면 죄 사함을 받습니다. 이 죄가 사해질 때에 하나님과의 관계 회복이 이루어집니다. 내 마음에 예수님을 믿을 때에 하나님이 제일 싫어하시는 죄가 내 안에서 없어집니다. 그러면 하나님께서 우리를 의롭다고 하시며 죄 없는 자로 인정해 주시는 것입니다.

　이렇게 복음은 사람들에게 믿음을 갖게 합니다. 이 믿음을 가질 때에 하나님과의 관계가 회복되는 것입니다. 사람에게 복음이 받아들여지면 믿음이 생깁니다. 이 믿음이 하나님께 의로운 자로 받아들여지는 믿음입니다.

　본문에 "믿음으로 믿음에"라는 말씀이 있습니다. 그리고 "의인은 믿음으로 말미암아 살리라"는 말씀이 있습니다. 이 말씀은 믿는 자들의 삶

전체가 믿음의 삶이어야 한다는 것을 말합니다. 이렇게 우리의 삶이 믿음의 삶이 되면 하나님께서 우리를 의롭다고 인정하시면서 완전한 자로 받아주십니다. 우리를 받아주신다는 것은 하나님 자신과의 약속 때문입니다.

성경을 보면 "아브람(아브라함)이 여호와를 믿으니 여호와께서 이를 그의 의로 여기시고"(창 15:6)라고 말합니다. 아브라함이 의로운 것이 아닙니다. 하나님을 믿기 때문에 의롭다고 인정하시는 것입니다. "아브라함이 여호와를 믿으니"는 현재진행형입니다. 그러므로 아브라함은 하나님께로부터 아들 이삭을 번제로 드리라는 명령을 받고 순종할 때까지 지속적인 믿음의 성장과 변화가 있었습니다.

이러한 믿음의 변화가 인생의 목적을 변화시킵니다. 즉 인생을 사는 목적을 하나님을 영화롭게 하는 것과 영원토록 하나님을 즐거워하는 삶으로 변화되게 하는 것입니다.

이러한 삶이 진행되는 과정에서 성경은 '아브라함이 아들 이삭을 하나님께서 살리실 줄을 믿었기에 번제로 드렸다'고 말합니다. 그러므로 우리가 하나님께 받아들여지는 삶을 위해 사는 목적과 목표가 변해야 합니다. 믿는 자들의 삶을 복음적으로 만들어가는 것이 복음의 목적이며 목표입니다.

바울은 이 복음의 빚을 갚기 위해서 일생을 믿음으로 살았습니다. 하나님께서 오늘 우리 교회를 복되게 하신 이유가 무엇입니까? 여러분에게 건강을 주시고 물질을 주신 이유가 무엇입니까? 잘 먹고 잘살다가 죽으라고 복을 주신 것이 아닙니다. 구원의 은혜의 빚을 갚도록 하기 위해서 우리에게 복을 주셨습니다.

그러므로 축복은 또 다른 사명입니다. 여러분 중에 스스로 자신이 하나님께 복을 받았다는 생각이 드는 분이 있을 것입니다. 그러면 그것은 또 다른 영혼을 건지라는 특별한 사명입니다.

이 은혜의 빚을 갚기 위해서 여러분의 심장에 십자가의 보혈이 지금도 줄줄 흘러내려야 합니다. 십자가 보혈의 은혜의 감격에 목이 메어야 합니다. 그래서 어떻게 해서라도 빚을 갚으려는 빚진 자의 심정으로 다시 돌아가야 합니다. 그때 복음의 빚을 갚으려는 뜨거운 마음이 다시 살아날 것입니다.

## 미친 자의 행복

사도행전 26:24-32

바울이 이같이 변명하매 베스도가 크게 소리 내어 이르되 바울아 네가 미쳤도다 네 많은 학문이 너를 미치게 한다 하니 바울이 이르되 베스도 각하여 내가 미친 것이 아니요 참되고 온전한 말을 하나이다 왕께서는 이 일을 아시기로 내가 왕께 담대히 말하노니 이 일에 하나라도 아시지 못함이 없는 줄 믿나이다 이 일은 한쪽 구석에서 행한 것이 아니니이다 아그립바 왕이여 선지자를 믿으시나이까 믿으시는 줄 아나이다 아그립바가 바울에게 이르되 네가 적은 말로 나를 권하여 그리스도인이 되게 하려 하는도다 바울이 이르되 말이 적으나 많으나 당신뿐만 아니라 오늘 내 말을 듣는 모든 사람도 다 이렇게 결박된 것 외에는 나와 같이 되기를 하나님께 원하나이다 하니 왕과 총독과 버니게와 그 함께 앉은 사람들이 다 일어나서 물러가 서로 말하되 이 사람은 사형이나 결박을 당할 만한 행위가 없다 하더라 이에 아그립바가 베스도에게 이르되 이 사람이 만일 가이사에게 상소하지 아니하였더라면 석방될 수 있을 뻔하였다 하니라

❀ **주제**: 미쳤다는 소리를 듣는 것이 정상적인 신앙이다.
❀ **목적**: 영혼을 사랑하게 한다.
❀ **구성**: 2, 대지

어느 집사님이 노방 전도를 하면서 "예수 믿고 천국 가세요" 하고 소리쳤습니다. 그러자 평소에 잘 알고 지내는 동네 사람이 이렇게 말했습니다. "집사님! 저는 교회에 나가지 않아도 장인어른 백으로 천국에 갈 수 있습니다." 집사님은 그 사람의 말이 하도 엉뚱해서 의아한 눈빛으로 그에게 물었습니다. "아니, 당신 장인어른이 누구이기에 그런 말씀을 하십니까?" 그러자 그가 하는 말이 걸작입니다. "집사님! 우리 집사람이 매일 기도를 할 때마다 '하나님 아버지! 하나님 아버지!'라고 기도합니다. 그러니 저는 장인어른이 하나님이지요. 장인이신 하나님이 저를 지옥으로 보내겠어요? 저는 천국에 갈 수 있다고 확신합니다." 웃자고 하는 말입니다.

천국에 가는 것은 예수님을 믿는 신앙고백이 확실해야 합니다. 첫째로 '나는 죄인'이라는 것을 고백해야 합니다. 둘째로 나의 죄를 예수님의 보혈로 씻었다는 신앙고백이 분명해야 합니다. 셋째로 예수님이 나의 구원주가 되심을 확실하게 믿어야 합니다.

우리가 예수님을 믿습니다. 여러분은 지금 내가 죽어도 천국에 간다는 확신이 있습니까? 예수님이 나의 구주가 되신다고 확실하게 신앙고백을 할 때에 천국을 소유하게 되는 것입니다.

우리가 교회를 다니는 이유는 크게 세 가지입니다. 첫째는 예수님을 믿어서 지옥에 갈 사람이 천국에 가는 것입니다. 둘째는 예수님을 바르게 믿어서 영과 육의 복을 받는 것입니다. 셋째는 예수님을 모르는 사람에게 예수님을 전하여 믿게 하는 것입니다. 이 세 가지 축복이 여러분에게 충만하기를 축복합니다.

오늘 읽은 본문을 보면 바울은 3차 선교여행 후에 예루살렘에서 체포당합니다. 본문은 베스도 총독과 아그립바 왕 앞에서 바울이 심문을 받으면서 자기를 변론하는 마지막 부분입니다. 바울은 로마로 이송되기 전에 베스도 총독과 아그립바 왕 앞에서 전도할 기회를 얻었습니다. 비록 바울이 죄수일지라도 하나님은 바울의 고통을 복음 전하는 기회로 삼으셨습니다. 바울은 죄수의 몸으로 베스도 총독과 아그립바 왕 앞에서 전도하였습니다. 그런데 그 전도의 핵심적인 단어가 나오는데 '미쳤다'는 말입니다.

본문 말씀을 통하여 다음과 같은 은혜를 받았으면 합니다.

**1. 미쳤다는 것이 무엇인가를 알아야 합니다.**

바울은 로마 시민권자입니다. 그래서 로마의 가이사 황제에게 심판받기를 호소했습니다. 아그립바 왕은 베스도 총독과 자신을 직접 임명한 가이사 황제에게 고소하는 이 사람이 누구인지 궁금하여 바울을 보고자 합니다. 그래서 바울이 왕과 총독 앞에 서 있는 것입니다.

바울은 총독이 배석한 가운데 왕 앞에서 전도를 합니다.

> 왕이여, 나는 유대인입니다.
> 나는 교회를 핍박하던 사람입니다.
> 그러나 다메섹에서 예수님을 만나고 회개했습니다.
> 나는 예수님의 피로 죄 사함을 입었습니다.
> 그래서 나는 그 예수님을 만민에게 증거하는

이방인의 사도로 부름을 받았습니다.
나는 예수님을 증거한 죄밖에 없습니다.
그 죄 때문에 오늘 이렇게 묶여서 왕 앞에 왔습니다.
왕이여, 내가 믿는 예수님을 믿으시기 바랍니다.

바울은 이렇게 왕과 총독 앞에서 전도를 했습니다.

그러자 이 말을 들은 베스도 총독은 이렇게 말합니다.

바울이 이렇게 변호하니,
베스도가 큰소리로 "바울아 네가 미쳤구나.
네 많은 학문이 너를 미치게 하였구나" 하고 말하였다.

바울이 전한 말을 들은 베스도가 바울에게 미쳤다고 소리칩니다.

그렇습니다. 바울은 예수에게 미친 사람입니다. 예수에게 미치면 바르게 미친 것입니다. 그러나 많은 사람들이 바른 것에 미치지 않았기 때문에 문제가 생기는 것입니다. 예수에게 미쳤다는 말은 나쁜 말이 아닙니다. 믿음으로 보면 복된 말입니다. 우리는 미쳤다는 말을 들을 수 있을 정도로 믿음으로 살아야 합니다. 우리 모든 성도들이 예수에게 미치는 은혜를 받으시기 바랍니다. 예수에게 미치는 것은 아주 정상적인 신앙이기 때문입니다. 오늘 우리의 문제가 무엇인 줄 아십니까? 아직도 예수에게 덜 미친 것입니다.

사실 요즘 주변을 보면 미친 사람들 세상입니다. 돈에 미친 사람이 많습니다. 권력에 미친 사람이 한두 사람이 아닙니다. 도박에 미친 사람들도 너무나 많습니다. 그래서 정선 카지노 도박장에서 사는 사람들이 많다고 합니다. 잘못된 사상에 미친 사람들도 많습니다. 북한의 공산당이 무엇이 좋아서 미치는지 이해할 수가 없습니다. 육체적인 쾌락에 미친 사람들도 많습니다. 이런 사람들은 도덕이나 윤리도 없습니다. 이웃들을 생각하지도 않습니다. 자기들만 좋으면 좋다는 것입니다. 이런 것들은 잘못되게 미친 것입니다.

일상생활 속에서 많은 사람들이 '미치겠다'라는 말을 자주 합니다. 이 말은 자기 마음에 안 들면 미치겠다는 것입니다. 자신이 이해가 안 되면 미치겠다고 합니다. 미치겠다는 말을 본인 중심적으로 합니다. 사실 '미쳤다'는 말은 본인이 하는 말이 아닙니다. 다른 사람들이 미쳤다고 해야 합니다. 그런데 이 말을 본인이 하면 불신앙을 표시하는 말입니다. 다른 사람들이 나를 보고 예수에게 미쳤다고 해야 합니다.

바울은 총독으로부터 미쳤다는 말을 들었을 때 어떻게 반응을 합니까?

> 바울이 대답하였다.
> "짧거나 길거나 간에, 나는 임금님뿐만 아니라,
> 오늘 내 말을 듣고 있는 모든 사람이,
> 이렇게 결박을 당한 것 외에는
> 꼭 나와 같이 되기를 하나님께 빕니다."

자기를 보고 미쳤다고 말하는 총독 앞에서 바울은 왕에게 정중히 말합니다. "내가 미친 것이 아닙니다. 나는 지금 정신 차린 말을 하는 것입니다." 바울은 담대하게 항변하고 있습니다. 바울은 복음에 미쳤습니다.

여기서 미쳤다는 것에 대하여 중요한 것을 알 수 있습니다. 바울이 베스도 총독으로부터 미쳤다는 소리를 들었던 그 내용도 예수님의 십자가 사건을 말합니다. 바울이 정신 차린 말을 하는 것도 예수의 십자가 사건을 말하는 것입니다. 예수님의 십자가 사건을 가지고 베스도와 바울이 각기 자신의 입장에서 미쳤다고 말하는 것입니다. 사실 예수님의 십자가 사건을 말하는 것은 미친 것이 아닙니다. 오히려 올바른 정신이 있다는 증거입니다. 바울이 듣고 있는 미쳤다는 말은 예수님이 바르게 바울의 신앙에 살아 있는 믿음을 가지고 있다는 증거입니다.

그리스도인은 무엇을 하든지 그 중심에 예수님이 있어야 합니다. 예수님이 내 생각 속에도 있어야 합니다. 내 인격 속에도 있어야 합니다. 예수님이 내 가정과 직업 한가운데 계실 때 정신을 차린 자로 산다는 것을 말하는 것입니다. 예수님이 없는 권력이나 재물은 정신을 잃고 허우적거리는 미친 것입니다.

오늘 이 세상에는 올바른 것이 거의 없습니다. 그런데도 사람을 잘못 감동시키는 세상적인 이야기들이 있습니다. 이슬람의 극단적인 테러분자들이 저지르는 일들은 인간으로서 할 수 있는 일들이 아닙니다. 그런데도 어떤 사람들은 감동을 받습니다. 그래서 자기 발로 악의 소굴로 걸어 들어가는 사람들이 있습니다. 그것은 사람 안에 죄가 있기 때문에 죄 된 것으로도 감동을 받는 것입니다. 인간들이 사악해졌기 때문입니다.

그러나 우리는 이 악한 세상에서 예수에게 미친 바울처럼 되어야 합니다. 예수에게 미친 것은 가장 올바르게 정신이 들어 있는 것입니다. 바르게 미친 것이 얼마나 행복한가를 아는 여러분이 되시기를 축복합니다.

**2. 기적이 무엇인가를 알아야 합니다.**

본문에서 바울이 왕 앞에서 이렇게 말했을 때에 아그립바 왕은 어떻게 반응을 했습니까?

> 그러자 아그립바 왕이 바울에게 말하였다.
> "그대가 짧은 말로 나를 설복해서 그리스도인이 되게 하려고 하는가?"

그러자 바울이 다시 말합니다.

> 바울이 대답하였다.
> "짧거나 길거나 간에,
> 나는 임금님뿐만 아니라,
> 오늘 내 말을 듣고 있는 모든 사람이,
> 이렇게 결박을 당한 것 외에는 꼭 나와 같이 되기를 하나님께 빕니다."

바울의 이런 전도에 아그립바가 예수님을 영접했다는 말은 어디에도 없습니다. 그것은 복음을 막고 있는 사탄의 역사 때문입니다. 우리가 복음을 전할 때에 얼마나 사탄이 방해하는가를 알아야 합니다. 그러므로 우리는 사탄의 방해를 물리치는 영적인 힘이 있어야 합니다. 그래서 늘 기도로 깨어 있어야 합니다. 말씀의 검으로 무장을 해야 합니다. 예수님처럼 사탄이 시험을 걸어올 때에 "사람이 떡으로만 살 것이 아니요 하나님의 입으로부터 나오는 모든 말씀으로 살 것이라"(마 4:4) 하며 물리칠 수 있는 영적인 힘을 가지고 있어야 합니다. 말씀을 외우고 마음에 간직하는 것이 얼마나 신앙생활에 도움이 되는가를 알아야 합니다.

우리는 본문을 통해 중요한 것을 알아야 합니다. 예수님을 믿게 하는 것은 성령의 역사라는 것입니다. 성령이 믿게 하지 않으시면 예수님이 나의 죄를 위하여 십자가에 죽으셨다가 사흘 만에 살아났다고 하는 것을 믿을 수 없습니다. 예수님이 나의 죄를 사하기 위하여 십자가에 죽으셨다가 사흘 만에 살아났다는 사실이 믿어지는 것이 얼마나 큰 은혜인가를 알아야 합니다.

이 세상에는 기적이 참으로 많이 있습니다. 저처럼 암으로 죽었다가 살아난 것도 기적입니다. 자동차가 산 아래로 굴렀는데도 죽지 않고 살아난 것도 기적입니다. 총알이 빗발치는 전쟁터에서 왼쪽 가슴 주머니에 작은 성경책을 넣고 다녔는데 거기를 총알이 뚫지 못하여 살아난 것도 기적입니다.

그러나 이런 기적보다 가장 큰 기적은 여기 계신 여러분의 믿음입니다. 보지도 않았습니다. 듣지도 못했습니다. 그런데도 전능하신 하나님이 믿어지는 것입니다. 나를 위하여 십자가에 죽으시고 사흘 만에 살아나신 예수님이 믿어지는 것이 기적입니다. 예수님께서 재림하실 때에 성경대로 예수 믿는 사람들이 부활한다는 것이 믿어지는 것이 기적입니다.

성경은 이렇게 말합니다. "성령으로 아니하고는 누구든지 예수를 주시라 할 수 없느니라"(고전 12:3). 이 말씀은 예수님을 믿는 것은 내가 믿는 것이 아니라는 말입니다. 그 많은 사람들 중에 나를 선택하여 예수님을 믿게 하시기 때문에 믿는 것입니다.

그러므로 기적 중에서도 가장 큰 기적은 예수님을 믿는 것입니다. 나 같은 죄인이 예수님을 통하여 하나님을 믿을 수 있는 자리에 있다는 것이 내 안에 일어난 가장 크고 놀라운 기적입니다. 여러분은 신앙생활을 합니다. 그때 세상 사람들로부터 미쳤다는 소리를 듣는 그 모욕의 주제가 예수 때문이라면 정말 행복한 사람입니다. 예수님 때문이라면 어떤 모욕이든지 다 들으시기 바랍니다. 그것이 축복이 되기 때문입니다. 하늘의 상급이 있기 때문입니다.

예수 외에는 그 어떤 욕도 듣지 말아야 합니다. 그런 것이 바르게 신앙생활을 하는 것입니다. 내 편에서는 항상 정신 차린 말을 하는 사람으로 살아야 합니다. 내가 당당하게 말할 수 있는 그 중심에 예수님이 자리 잡고 있어야 합니다. 그것이 아니면 우리도 정신 차린 말을 할 수가 없습니다.

미친 자의 행복 | 105

바울이 본문에서 말하는 가장 중요한 것이 무엇입니까? 당신들도 나처럼 되기를 원한다는 것입니다. 다른 사람들에게 예수님에게 미쳤다는 소리를 들어야 합니다. 바울이 예수님을 믿는 것이 얼마나 행복했으면 자신처럼 되기를 원했는지를 알아야 합니다. 우리의 신앙생활에 바울이 가졌던 기쁨과 행복이 있는지 자신에게 물어보시기 바랍니다. 나도 다른 사람들에게 "당신도 나처럼 되기를 정말 소원합니다"란 말을 자신 있게 할 수 있는 확신이 있어야 합니다.

빌리 그레이엄의 집회에서 50대의 사업가가 예수님을 영접하고 다음과 같이 간증하였습니다. "나는 오랜만에 교회 예배에 출석했습니다. 그런데 뜻밖에도 내가 존경하던 선배가 그 교회의 장로라는 것을 알았습니다. 나는 그에게 '형님은 어째서 나하고 23년 동안이나 교제를 나누면서 한 번도 나에게 예수를 믿으라고 말하지 않았습니까?'라고 물었습니다. 나는 그분이 행실이 정직하고 양심적이었기 때문에 예수를 안 믿어도 그 선배처럼 훌륭하게 살 수 있다고 생각해 왔습니다. 그 선배가 예수님을 믿는다는 말 없이 훌륭하게 살았기 때문에 예수님을 안 믿어도 그렇게 될 수 있는 것으로 생각했습니다."

이 이야기에서 두 가지를 알 수 있습니다. 하나는 이 장로님은 예수님의 삶이 있는 신앙생활을 했다는 것입니다. 그러나 안타까운 것은 십자가 복음을 입술로 전하지 않았다는 것입니다.

하나님께서 우리에게 원하시는 것이 무엇입니까? 예수님의 삶이 있는 신앙을 원하십니다. 다른 사람들에게 미쳤다는 소리를 들을 정도로 열심히 예수님을 믿어야 합니다. 복음이 우리의 삶으로 나타나야 합니다. 그리고 우리의 입술로 나타나야 합니다. 우리의 삶으로 보여주는 복음과 입술로 전하는 복음이 미칠 정도로 나타나야 합니다. 그것이 진정한 예수님의 제자로 사는 것입니다. 바울처럼 미쳤다는 소리를 들을 정도로 예수님을 전하는 여러분이 되시기를 축복합니다.

## 천하를 어지럽게 하는 사람들

사도행전 16:19-34, 17:6

여종의 주인들은 자기 수익의 소망이 끊어진 것을 보고 바울과 실라를 붙잡아 장터로 관리들에게 끌어갔다가 상관들 앞에 데리고 가서 말하되 이 사람들이 유대인인데 우리 성을 심히 요란하게 하여 로마 사람인 우리가 받지도 못하고 행하지도 못할 풍속을 전한다 하거늘 무리가 일제히 일어나 고발하니 상관들이 옷을 찢어 벗기고 매로 치라 하여 많이 친 후에 옥에 가두고 간수에게 명하여 든든히 지키라 하니 그가 이러한 명령을 받아 그들을 깊은 옥에 가두고 그 발을 차꼬에 든든히 채웠더니 한밤중에 바울과 실라가 기도하고 하나님을 찬송하매 죄수들이 듣더라 이에 갑자기 큰 지진이 나서 옥터가 움직이고 문이 곧 다 열리며 모든 사람의 매인 것이 다 벗어진지라 간수가 자다가 깨어 옥문들이 열린 것을 보고 죄수들이 도망한 줄 생각하고 칼을 빼어 자결하려 하거늘 바울이 크게 소리 질러 이르되 네 몸을 상하지 말라 우리가 다 여기 있노라 하니 간수가 등불을 달라고 하며 뛰어 들어가 무서워 떨며 바울과 실라 앞에 엎드리고 그들을 데리고 나가 이르되 선생들이여 내가 어떻게 하여야 구원을 받으리이까 하거늘 이르되 주 예수를 믿으라 그리하면 너와 네 집이 구원을 받으리라 하고 주의 말씀을 그 사람과 그 집에 있는 모든 사람에게 전하더라 그 밤 그 시각에 간수가 그들을 데려다가 그 맞은 자리를 씻어 주고 자기와 그 온 가족이 다 세례를 받은 후 그들을 데리고 자기 집에 올라가서 음식을 차려 주고 그와 온 집안이 하나님을 믿으므로 크게 기뻐하니라
발견하지 못하매 야손과 몇 형제들을 끌고 읍장들 앞에 가서 소리 질러 이르되 천하를 어지럽게 하던 이 사람들이 여기도 이르매

🍀 **주제**: 전도의 중요성을 알게 한다.
🍀 **목적**: 한 영혼을 건지게 한다.
🍀 **구성**: 원 포인트

옛날 영국 런던에 갔을 때의 일입니다. 저는 관광보다 교회들이 얼마나 잘 운영되고 있는가에 더 관심을 갖고 있었습니다. 그런데 제대로 된 교회를 찾기가 어려웠습니다. 대부분의 큰 교회들은 관광지로 전락했을 뿐입니다. 한마디로 기독교의 핵심 역할인 복음을 전하는 교회가 거의 사라지고 없었습니다.

얼마 전 영국 총리가 "영국은 기독교 국가다"라는 말을 했다가 국민들로부터 그런 말 하지 말라며 질책을 받았습니다. 국민들은 더 이상 영국이 기독교 국가가 아니라고 생각합니다. 이제 기독교의 영향력은 거의 없습니다. 프랑스는 훨씬 더합니다. 더 일찍 기독교가 사라졌습니다. 이제는 모슬렘이 우후죽순처럼 퍼지고 있는 실정입니다. 유럽의 기독교는 죽었습니다.

다행히 기독교의 힘이 미국으로 옮겨와 그나마 기독교가 살아 있습니다. 미국은 주일마다 교회에 나오는 사람들이 많습니다. 하나님을 사랑하고 예수 중심의 삶을 사는 사람들이 많습니다. 복음을 받아들이는 사람들이 많습니다.

이런 와중에 미국 기독교에 경종을 울리는 책이 발간되었습니다. 미국의 작가이며 영성가이며 목회자인 마크 부케넌이 지은 《당신의 교회, 너무 안전하다》라는 책입니다. 이 책에서 저자는 미국의 교회는 전성기를 맞아 예수 그리스도와 행복을 누리고 있지만 위험하다고 합니다. 지금 교회가 왕성하다고 하여 그것을 즐기고만 있으면서 세상을 향해 복음을 전하지 않으면 교회는 무너진다는 것을 경고하는 것입니다.

성경을 보면 예수께서 세 명의 제자들을 데리고 변화산으로 올라가셨습니다. 베드로가 변화산에서 예수님이 변모하신 상태에서 율법의 대표자인 모세와 선지자의 대표자인 엘리야와 함께 대화하시는 것을 봅니다. 이에 베드로는 감동이 되어 '여기가 좋사오니 초막 셋을 짓되 하나는 주를 위하여, 하나는 모세를 위하여, 하나는 엘리야를 위하여' 짓고 살고 싶다고 합니다. 너무나 황홀한 반응을 했습니다. 하지만 베드로가 이런 반응을 하고 난 뒤에 예수님과 함께 마을로 내려오니 한 아비가 간질병 들린 자식을 고쳐 달라 합니다. 이미 제자들이 이 아이를 고치려고 애를 썼지만 소용이 없었습니다. 결국 예수님이 고쳐 주셔서 그 가정에 기쁨과 평강이 임했습니다.

이 이야기는 하나님의 사람들은 스님들처럼 산속에서 도나 닦으면서 살아야 할 존재가 아니라는 것입니다. 세상에 내려와서 세상 사람들의 필요를 채워 주며 영생의 길을 알려줘야 한다는 것을 가르칩니다. 베드로가 있어야 할 곳은 적막한 산속이 아니라 고통과 갈등 문제가 산적한 이 세상에서 복음을 증거하며 영혼들을 구원해야 함을 가르치고 있습니다.

복음 안에서 안주하며 나만 행복하게 평안함을 누리며 세상을 향하여 복음을 증거하지 않으면 기독교는 쇠퇴의 길을 걷게 됩니다. 한국 교회를 보면 미국의 교회 상황보다 훨씬 심각합니다.

한국에 기독교가 들어온 지 130여 년이 되었습니다. 6·25를 거치면서 80년대까지 30여 년간 한국 교회는 성장했습니다. 그런데 90년대에 들어와 정체되더니 지금 한국 교회는 내리막길을 걷고 있습니다. 부흥기는 약 30년 정도였습니다. 그러고 나서 쇠퇴기는 너무 빨리 왔습니다.

지금 한국의 대형 교회는 안주하고 있습니다. 소형 교회는 벌써부터 불안합니다. 그래서 교회 성장을 위하여 이것저것을 하고 있지만 별 뾰족한 수가 없습니다. 한국 교회는 쉽게 뜨거웠다가 너무 쉽게 식어 버리고 있습니다. 거기다가 한국에서의 모슬렘은 빠른 속도로 발전하여 한국에 들어온 지 30년 동안 벌써 30만이 되었습니다. 놀라운 성장입니다. 다른 신흥종교나 이방종교들은 빠르게 성장하는데 우리 한국 교회들은 쇠퇴기로 접어들었습니다. 이것은 너무나 안타까운 일입니다. 어느 미래학자는 말하길 "한국 교회가 21세기 말에는 하나도 남지 않을 것"이라 했습니다. 정말 충격적입니다.

이런 불안하고 절망스러운 한국 교회의 미래를 바꾸는 길은 오직 하나뿐입니다. 우리 모든 성도들이 복음 전파를 위하여 분연히 일어나는 것입니다. 그리고 지역사회의 소외된 분들을 위하여 정말 마음과 사랑으로 정성을 다하여 도와야 합니다. 초대교회의 정신으로 다시 돌아가는 길뿐입니다.

### 복음 전도의 중요성

예수님은 복음 전파를 위하여 이 땅에 오셨습니다. 그리고 복음의 핵심인 십자가를 지기 위하여 이 땅에 오셨습니다. 수많은 사람들을 만나며 병자를 고치셨습니다. 귀신 들린 자를 낫게 하셨습니다. 죽은 자를 살리는 수많은 기적을 일으키셨습니다. 그러자 예수님 당시에만 해도 예수님 한 분으로 시작된 복음은 놀랍게 퍼져 나갔습니다.

그런데 이 모든 기적을 행하며 사람들을 고치신 이유가 있습니다. 기적을 통해 당사자를 이롭게 하기 위함도 있습니다. 그러나 무엇보다도 그들이 복음을 받아들이길 원하셨습니다. 환자들도, 그 가족들도, 예수님을 만나는 사람들마다 예수 복음을 듣고 주님을 믿고 구원을 받았습니다. 그 결과로 믿는 사람들이 끊임없이 늘어났습니다.

그리고 주님은 십자가 위에서 죽임을 당합니다. 그리고 3일 만에 부활 사건이 일어났습니다. 주님 승천 사건이 일어났습니다. 그러자 복음 전파는 폭발력을 가지고 세계로 뻗어 나갑니다. 복음은 예루살렘에서 유대와 이스라엘 전체, 그리고 아프리카, 중동, 유럽 등으로 퍼져 나갔습니다.

예수께서 하늘로 승천하실 때에 이렇게 말씀하셨습니다.

> 하늘과 땅의 모든 권세를 내게 주셨으니
> 그러므로 너희는 가서 모든 민족을 제자로 삼아
> 아버지와 아들과 성령의 이름으로 세례를 주고
> 내가 너희에게 분부한 모든 것을 가르쳐 지키게 하라.
> 볼지어다. 내가 세상 끝 날까지 너희와 항상 함께 있으리라.

이 말씀을 듣고 나서 제자들은 복음 전파에 목숨을 걸었습니다. 목숨을 아끼지 아니하였습니다. 시간을 아끼지 아니하였습니다. 물질을 아끼지 아니하였습니다. 오직 복음을 전파하는 데에 온 힘을 쏟았습니다.

사도행전은 그 폭발적인 전도의 역사를 모두 담고 있습니다. 이스라엘의 3대 절기 중 하나인 오순절에 성령이 임하였을 때 예루살렘 사람들에게 베드로는 이렇게 외쳤습니다. "너희가 십자가에 못 박아 죽인 예수를 하나님이 살아나게 하셨다. 너희는 회개하고 주 예수를 믿으라." 이미 주님의 부활하신 모습을 본 사람도 있었습니다. 소문을 들어 알고 있었던 사람들은 가슴을 치며 회개하며 예수님을 영접하여 하루에 3,000명이 하나님께 돌아왔습니다.

이것만이 아닙니다. 베드로가 나면서부터 앉은뱅이 되어 40년을 살아온 환자를 예수의 이름으로 낫게 하는 일도 있었습니다. 그런 후에 자신을 주목하는 군중들을 향해서 이렇게 소리칩니다. "너희들은 왜 나를 주목하느냐? 이 사람을 낫게 하신 분은 너희가 십자가에 못 박았던 바로 그 예수니라. 이 환자가 믿음으로 예수를 바라볼 때 예수가 이 사람을 낫게 하였느니라. 예수는 죽지 않고 지금 살아 계시느니라." 이 말을 듣고 사람들의 마음이 찔려서 회개하고 복음을 받아들였습니다. 그날만 5,000명이나 예수님을 믿었습니다. 한 번 전도할 때에 수천 명씩 예수를 영접한, 인류 역사에 찾아볼 수 없는 폭발적인 전도 결실이었습니다.

베드로는 복음 전파를 방해하는 사람들 앞에서는 더 큰 소리로 외쳤습니다. "다른 이로써는 구원을 받을 수 없나니 천하 사람 중에 구원을 받을 만한 다른 이름을 우리에게 주신 일이 없음이라." 사람들이 베드로와 요한이 담대하며 기탄없이 말하는 것을 봅니다. 그리고 병 낫게 하는 기적의 사건들을 봅니다. 성경은 그런 기적을 본 사람들이 하나님께 영광을 돌렸다고 말하고 있습니다.

반대하는 사람들에게 제재를 받습니다. 감옥에 갇힙니다. 그래도 초대교회 사도들의 복음 전파를 어느 누구도 막을 수가 없었습니다. 그들은 복음을 전파하는 데 있어서 아무도 길들일 수 없는 야생마와 같았습니다. 아무리 핍박해도 광야에서 살아남는 생명력이 강한 들풀 같았습니다. 그들은 복음 증거하는 데 사기가 충천했습니다. 그 복음을 통해 수많은 사람들이 예수님을 영접하게 되었습니다.

오늘 본문은 아주 특이합니다. 바울과 실라가 복음을 증거하다가 감옥에 갇혔습니다. 이들을 감옥에 가둔 사람들은 간수에게 옥문을 든든히 지키라고 당부했습니다. 그런데 바울과 실라는 감옥에 갇혀 있으면서도 전혀 기가 죽지 않았습니다. 오히려 감옥에서 하나님께 감사하며 찬송하며 기도하였습니다.

그런데 감옥 터가 흔들리고 죄수들의 매인 쇠고랑이 벗겨졌습니다. 잠을 자던 간수가 옥문이 열린 것을 보고 '큰일 났구나! 그렇게 신신당부하는 소리를 들었는데 죄수들을 지키지 못했구나! 난 죽었다! 차라리 죽는 것이 낫다' 하며 칼을 빼들고 자살을 하려 했습니다. 그때에 바울이 큰 소리로 "네 몸을 상하지 말라. 우리가 다 여기 있노라" 하고 소리쳤습니다. 간수는 바울 일행을 보고 무서워 떨며 말합니다. "선생들이여, 내가 어떻게 하여야 구원을 받으리이까?"

여러분! 한번 이 간수의 입장에서 생각해 보십시오. 로마 병정이라면 그는 희랍의 신보다 더 뛰어난 신은 없다고 믿고 살았을 것입니다. 그런데 희랍 신을 믿었지만 옥문이 열리는 기적은 한 번도 본 적이 없었습니다. 간수는 희랍 신보다 더 뛰어난 신이 존재한다는 사실을 알게 된 것입니다.

그래서 바울 앞에 엎드려 "내가 어떻게 하여야 구원을 받으리이까?" 하며 마음 문을 열고 바울과 실라에게 물은 것입니다. 그때에 바울이 말합니다. "주 예수를 믿으라. 그리하면 너와 네 집이 구원을 받으리라." 이 예수 복음을 접한 간수는 예수님을 받아들였습니다. 그리고 바울 일행을 자기 집으로 초청하여 온 가족이 세례를 받고 음식을 먹으며 크게 기뻐하였습니다.

바울은 빌립보 감옥에서도 복음을 전했습니다. 마가의 다락방에서도 복음을 전했습니다. 성전 미문에서도 예수 복음을 전했습니다. 자기들을 잡아 가두는 사람들 앞에서도 거침없이 복음을 전했습니다. 그 결과 기적들이 나타났습니다. 수많은 사람들이 예수님을 믿었습니다. 그야말로 예수 복음이 세상을 흔들었습니다. 이러한 기세는 꺾일 줄 모른 채 계속되었습니다. 데살로니가에 가서 전도할 때에는 사람들이 바울 일행에 대해 "천하를 어지럽게 하던 이 사람들"(행 17:6)이라고 했습니다.

바울 일행은 성령의 능력 안에서 잠자는 영혼들을 흔들어 깨웠던 것입니다. 조용했던 사회가 예수 복음으로 난리가 난 것입니다. 그래서 사람들이 복음 전도자들을 향해 천하를 어지럽히는 사람들이라고 별명을 붙였습니다. 그들이 얼마나 복음을 열정적으로 전했으면 이런 평가를 받았는지 알 수 있습니다. 그들의 복음 전도는 참으로 대단했습니다. 세상이 소란할 정도였습니다. 그리고 이러한 복음 전파 운동은 17장 이하에서 계속되었습니다.

초대교회 성도들이 복음 전파에 목숨을 걸었던 이유는 간단합니다.

> 예수는 우리를 위하여 대신 십자가에 못 박혀 죽으셨다.
> 그리고 삼 일 만에 부활하셨다. 하늘로 승천하셨다.
> 그 예수님은 다시 재림하신다.
> 회개하고 이 영생하는 예수를 믿으라. 그리하면 구원받는다.

이것이었습니다. 모두 그들이 목격하거나 체험한 것을 전하고 있습니다. 이 예수를 믿을 때 구원받아 생명 얻고 영원히 산다는 내용입니다.

이 복음으로 그들은 미쳐 있었습니다. 이 복음에 생명을 걸었습니다. 이 복음에 시간과 물질과 모든 것을 쏟아 부었습니다. 살해 위협이나 방해 공작이 있어도 상관하지 않고 복음을 전했습니다. 그 결과 세계를 지배했던 로마가 300여 년 만에 기독교를 국가의 정식 국교로 정하게 되었습니다. 이것은 기독교의 승리입니다. 복음의 승리입니다. 우리 예수님의 승리입니다.

우리가 바로 이런 신앙의 후예들입니다. 이제는 전도의 미친 짓을 우리가 보여줄 차례입니다. 우리가 믿는 복음이 구원을 주었습니다. 우리 예수님이 영생을 주셨습니다. 예수 안에 죄 용서와 영원한 생명과 평안이 있음을 우리는 믿습니다. 교회는 복음 전파의 사명이 있습니다. 지옥에 갈 영혼을 천국으로 보내야 하기 때문입니다. 이 일을 위하여 교회마다 목숨을 걸어야 합니다. 이제 저와 여러분은 복음 전파에 미쳐야 합니다. 복음 전파에 생명을 걸어야 합니다. 이 복음을 전하는 일에 전심전력해야 합니다.

'삼손골드'라는 금은방을 경영하는 문은섭 장로님은 복음 전파에 미친 분입니다. 문 장로님은 자기 사비를 털어 농어촌 선교를 시작했습니다. 다섯 사람을 채용하여 그들에게 월급을 주고 농어촌 전도를 다니기 시작했습니다. 선교단체를 창립하여 전도방송과 예수 영화 상영으로 농촌을 돌면서 복음을 전하고 있습니다. 대형 스피커를 장착한 15인용 버스와 영화상영이 가능한 스크린 탑 차로 전국 각지를 돌며 전도활동을 펼쳤습니다. 경로잔치를 열어 사람을 모으고 성경책을 나눠 주고 영화를 보여주며 복음을 전했는데, 어느 마을에서는 512명이 예수님을 영접했습니다. 한 해 동안 200개 마을 6,000호를 돌며 전도활동을 펼쳐 예수 영화를 상영하고 경로잔치를 열었습니다.

문 장로님은 이렇게 말합니다. "내 목적은 돈을 버는 데 있지 않아요. 영혼을 주 앞으로 인도하는 데 있습니다." 그렇습니다. 우리의 본업은 전도하는 데 있습니다. 부업이 우리의 직업이 되어야 합니다. 그래야 초대교회 성도들의 뒤를 이어갈 수 있습니다.

우리도 결단하기 바랍니다. '내가 이 빈자리를 채우겠습니다' 이런 믿음으로 세상을 향해 일어나야 합니다. 복음을 들고 일어나야 합니다. 만나는 사람마다 예수님을 자랑해야 합니다. 그래야만 한국 교회가 다시 살아날 수 있습니다. 한국 교회에 다시 예수의 계절이 오게 해야 합니다. 우리 모두는 초대교회 제자들의 심장으로 이식 수술을 해야 합니다. 사도들의 심장을 가지고 우리 주위를 둘러보아야 합니다. 그러면 죽어가는 영혼이 눈에 보일 것입니다. 예수 자랑으로 세상을 흔들어 봅시다. 오늘부터 전도대상자를 찾아봅시다.

그리고 전도에 총력을 기울이시기를 바랍니다. 정말로 우리 한번 복음을 전하여 한 영혼을 건져 봅시다. 한 사람이라도 지옥에 가게 할 수는 없습니다.

## 복음 전하는 일에 참여합시다

빌립보서 1:3-11

내가 너희를 생각할 때마다 나의 하나님께 감사하며 간구할 때마다 너희 무리를 위하여 기쁨으로 항상 간구함은 너희가 첫날부터 이제까지 복음을 위한 일에 참여하고 있기 때문이라 너희 안에서 착한 일을 시작하신 이가 그리스도 예수의 날까지 이루실 줄을 우리는 확신하노라 내가 너희 무리를 위하여 이와 같이 생각하는 것이 마땅하니 이는 너희가 내 마음에 있음이며 나의 매임과 복음을 변명함과 확정함에 너희가 다 나와 함께 은혜에 참여한 자가 됨이라 내가 예수 그리스도의 심장으로 너희 무리를 얼마나 사모하는지 하나님이 내 증인이시니라 내가 기도하노라 너희 사랑을 지식과 모든 총명으로 점점 더 풍성하게 하사 너희로 지극히 선한 것을 분별하며 또 진실하여 허물 없이 그리스도의 날까지 이르고 예수 그리스도로 말미암아 의의 열매가 가득하여 하나님의 영광과 찬송이 되기를 원하노라

❃ **주제**: 복음 전하는 일에 참여하게 한다.
❃ **목적**: 가장 값진 일이 무엇인가를 알게 한다.
❃ **구성**: 원 포인트

아주 의미 있는 책이 있습니다. 《모리와 함께한 화요일》입니다. 모리는 미국의 브랜다이스 대학의 사회학 교수입니다. 이분이 루게릭병에 걸려 시한부 인생을 살아갑니다. 그런 그가 인생과 의미 있는 죽음이 무엇인가에 대해서 정리한 책이 《모리와 함께한 화요일》이란 책입니다. 루게릭병은 근육이 무기력해지는 병입니다. 손끝에서 발끝까지 근육이 힘을 못쓰는 것입니다. 정신은 말짱합니다. 그런데 고통이 점점 위로 번지면서 몸이 말을 듣지 않는 것입니다. 너무나 힘든 병입니다.

한번은 모리의 동료 교수가 갑자기 심장마비로 세상을 떠나서 장례식에 참석을 했습니다. 휠체어를 타고 장례식에 참석하고 돌아오면서 그 장례식이 너무나 허망하다는 생각을 합니다. 장례식에 참석한 사람이 돌아가신 분에 대해서 좋은 말로 이야기를 합니다. 그런데 정작 그 이야기를 들어야 할 분은 세상을 떠나서 듣지 못합니다. 듣지도 못하는 말을 계속하니까 허망한 마음이 들게 되었습니다.

그래서 자기는 살아 있을 때 장례식을 해야겠다고 생각합니다. 친척과 친구들, 자녀들에게 살아 있는 동안에 하고 싶은 얘기들을 해보자고 장례식을 먼저 하기를 제안했습니다. 장례식을 하면서 조시나 조사도 하고 조가도 부르면서 하고 싶은 이야기를 하였습니다. 모리는 그 이야기를 들으면서 같이 울고 웃으면서 진정한 사랑을 같이 느낄 수가 있었습니다.

여러분이 오늘 장례식을 한다면 찾아온 사람들이 무엇이라고 말할 것 같습니까? 자기 자신에게 물어보시기 바랍니다. "참으로 좋은 사람이다. 믿음이 정말 좋고 부지런한 사람이다. 보고 싶은 사람이다"라고 할 것 같습니까? 아니면 "그 사람 골치 아픈 사람이야. 가까이하고 싶지 않은 사람이야. 인정머리도 없어서 만날까봐 겁나는 사람이야. 이제 말하지만 교회는 오래 다녔어도 믿음은 정말 없는 사람이었어. 어차피 죽을 것, 잘 죽었어"라고 할 것 같습니까? 양심껏 자신을 평가해 보시기 바랍니다.

사람은 만남이 있으면 이별이 있습니다. 태어날 때가 있으면 죽을 때도 있습니다. 솔로몬은 인생을 살면서 때가 있다는 말로 인생을 결론지었습니다. 지금 주어진 때를 최선을 다하여 살아가라고 합니다. 자기 이름을 더럽히지 않는 사람으로 살아가야 합니다.

영국의 웨슬리 목사는 항상 세 가지 준비를 하고 살았다고 합니다. 첫째는 설교 준비입니다. 둘째는 이사 갈 준비입니다. 셋째는 죽음의 준비입니다.

그중에 저는 설교 준비를 한다는 말이 실감 있게 느껴집니다. 저는 설교할 때마다 조금 더 준비를 잘했으면 좋았을 텐데, 하는 마음이 있습니다. 그리고 누구에게나 좋은 사람으로 기억되는 삶이었으면 하는 마음뿐입니다. 부탁합니다. 누구에게나 좋은 사람으로 기억되시기를 축복합니다.

사도행전 16장을 보면 바울이 한밤중에 환상을 봅니다. 유럽에 있는 마게도냐에 와서 도와달라는 모습입니다. 그래서 바울과 실라가 빌립보 강가에서 기도하는 여인들을 만나 복음을 전합니다. 주님은 루디아의 마음을 열어 복음을 받아들이게 하십니다. 그리고 그의 집에서 교회가 시작되었습니다. 그렇게 교회가 세워진 지 몇 년이 지나기까지 빌립보 교인들은 변함없이 바울과 사랑의 교제를 가집니다. 특히 바울을 위해서 선교헌금을 보내준 일을 감사하면서 로마 지하 감옥에서 나이 많은 바울이 서신을 써 보낸 것입니다. 이것이 빌립보서의 배경입니다.

바울은 본문에서 "너희 안에서 착한 일을 시작하신 이가 그리스도 예수의 날까지 이루실 줄을 우리는 확신하노라"며 격려와 위로를 하고 있습니다.

먼저 바울 사도는 "너희 안에서 착한 일을 시작하신 이가"라고 말합니다. 여기서 말하는 '너희'는 빌립보 교인들을 가리킵니다. 루디아를 통하여 세워진 빌립보 교회의 교인들은 바울이 볼 때에 너무나 착한 사람들이었습니다. 하나님은 착한 사람들을 통하여 착한 일을 하십니다. 그러므로 우리 안에서 성령님이 일하시도록 착한 믿음의 사람이 되어야 합니다. 하나님은 언제나 착한 사람들을 통하여 하나님의 일을 이루어 가십니다.

빌립보 교회의 교인들은 바울이 칭찬할 정도로 착한 사람들이었습니다. 그래서 바울은 빌립보 교인들을 생각할 때마다 감사했습니다. 그리고 매일 빼놓지 않고 하나님께 기쁨과 감사함으로 기도했습니다.

그러면 무엇이 착한 일이었습니까?
복음을 전하는 데 참여하는 일이었습니다. 본문을 보면 "너희가 첫 날부터 이제까지 복음을 위한 일에 참여하고 있기 때문이라"고 말합니다. 빌립보 교회는 바울이 전한 복음을 받아들였습니다. 그래서 빌립보 교회가 세워졌습니다. 그런데 이제는 바울이 복음을 전하도록 뒤에서 많은 기도의 후원자가 되었습니다.

빌립보 교인들은 정말 능력 있는 종이 되어 복음을 전하도록 기도했습니다. 더 나아가 물질로 많은 후원을 했습니다. 사실 빌립보 교회도 힘들었습니다. 그러나 힘든 중에도 그들은 자신들이 덜 쓰면서 바울에게 물질적인 후원을 했습니다. 이것을 바울 사도는 매우 감사하게 생각하고 있었습니다. 그리고 이것을 '착한 일'이라고 말하고 있는 것입니다.

여러분은 어떤 것으로 복음 전하는 일에 참여하는가 생각해 보시기 바랍니다. "나는 정말 시간이 없습니다." 너무나 바쁘게 살다 보면 몸으로 복음에 참여하기가 힘듭니다. 그런 분은 기도와 물질로 참여할 수 있습니다. 어떤 분은 시간은 없지만 물질은 있습니다. 그러면 물질로 복음 전하는 일에 참여할 수 있습니다. 어떤 분은 물질이나 시간도 없습니다. 그러면 기도로 참여할 수 있습니다. 자신의 형편대로 복음에 참여하면 되는 것입니다.

우리가 예수님의 십자가 보혈로 구원을 받았습니다. 십자가 보혈의 은혜는 말로 다할 수 없을 정도로 큰 것입니다. 그것을 알기 때문에 자신의 이익이나 손해를 따지지 않고 복음 전하는 일에 참여하는 것입니다. 자신의 이익이나 손해를 따지지 않는 이런 마음을 하나님께서 정말 기뻐하십니다. 계산만 하는 신앙은 바른 믿음이 아닙니다.

성경은 먼저 그의 나라와 그의 의를 구하라고 하십니다(마 6:33). 모든 것에서 '먼저 하나님'입니다. 어떤 것에서도 '먼저 하나님'입니다. 좋을 때나 나쁠 때에도 하나님이 먼저입니다. 그런 신앙이 하나님이 기뻐하시는 좋은 신앙입니다.

바울은 복음 전하는 일에 참여한 빌립보 교인들에게 이렇게 말합니다. "내가 너희 무리를 위하여 이와 같이 생각하는 것이 마땅하니 이는 너희가 내 마음에 있음이며 나의 매임과 복음을 변명함과 확정함에 너희가 다 나와 함께 은혜에 참여한 자가 됨이라."

이 말씀을 보면 바울이 얼마나 빌립보 교인들을 뜨겁게 사랑하는가를 알 수 있습니다. 바울은 "내가 너희 무리를 위하여 이와 같이 생각하는 것이 마땅하니"라고 말합니다. 마땅한 것이 무엇입니까? '너희가 내 마음에 있다'고 말합니다. 빌립보 교인들이 바울의 마음에 항상 있었습니다. 그만큼 바울의 마음을 감동하도록 복음 전하는 일에 참여했기 때문입니다. 바울이 감옥에 갇혀서 힘들 때에도 함께 참여했습니다. 먹을 음식도 보내주었습니다. 입을 옷도 보내주었습니다. 모든 것들을 함께했습니다. 그러니 빌립보 교인들이 바울의 마음에 도장을 찍은 것처럼 새겨져 있었습니다.

저는 우리 교회 많은 분들에게 항상 감사를 드립니다. 우리 교회가 오늘에 이르기까지 저와 함께 울어 주고 웃어 주신 분들이 많이 있기 때문입니다. 저는 우리 장로님들의 마음 깊은 교회 사랑을 잊을 수 없습니다. 우리 권사님들과 집사님들의 뜨거운 교회 사랑을 잊을 수 없습니다. 항상 그런 분들을 위하여 감사한 마음으로 기도하지 않을 수 없습니다.

특히 건축을 할 때에 헌금을 한 어린아이들을 잊을 수 없습니다. 돈이 많아서가 아닙니다. 저금통을 털어서 건축헌금 한 것을 어찌 하나님이 잊으시겠습니까? 이제 여러분의 이름을 이 건물에 새겨 볼까 합니다. 새겨진 이름에 빠지지 않는 여러분이 되시기를 바랍니다.

특히 어느 분은 뒤에서 선교에 쓰라고 눈물어린 물질을 주시기도 했습니다. 그런 분들은 물질이 많아서 주신 것이 아닙니다. 믿음으로 주신 것입니다. 그런 분들을 생각하며 기도할 때마다 눈물을 훌쩍거리게 됩니다. 왜 그렇습니까? 복음에 참여하신 분들이기 때문입니다.

바울은 또 이렇게 말합니다. "나의 매임과 복음을 변명함과 확정함에 너희가 다 나와 함께 은혜에 참여한 자가 됨이라." 바울은 한두 번 감옥에 갇힌 사람이 아닙니다. 죄를 짓고 감옥에 갇힌 것이 아닙니다. 복음을 전하다가 갇힌 것입니다. 그때마다 "너희가 다 나와 함께 은혜에 참여한 자가 됨이라"고 말하고 있습니다. 힘들고 어려울 때마다 바울과 함께 했기 때문에 잊을 수가 없습니다. 기도할 때마다 감사하였습니다. 그러니 바울도 행복했습니다. 복음에 참여한 빌립보 교인들도 행복했습니다.

그러면서 이렇게 말합니다. "내가 예수 그리스도의 심장으로 너희 무리를 얼마나 사모하는지 하나님이 내 증인이시니라." 바울이 말하는 '그리스도의 심장'이라는 말은 '인간의 감정의 자리인 심장이나 영혼이나 마음'을 말합니다. 주님의 마음과 감정으로 빌립보 교인들을 얼마나 생각하는가를 말하는 것입니다. 빌립보 교인들의 헌신과 사랑의 봉사가 있기 때문입니다.

이런 빌립보 교인들을 위하여 바울은 이런 기도를 했습니다. "내가 기도하노라 너희 사랑을 지식과 모든 총명으로 점점 더 풍성하게 하사 너희로 지극히 선한 것을 분별하며 또 진실하여 허물 없이 그리스도의 날까지 이르고 예수 그리스도로 말미암아 의의 열매가 가득하여 하나님의 영광과 찬송이 되기를 원하노라"는 고백의 기도를 합니다.

**바울은 다음과 같은 기도를 하고 있습니다.**
첫째, 사랑을 지식과 모든 총명으로 더 풍성하게 해주시기를 기도했습니다. 사랑이 풍성하기를 기도했습니다. 지식과 총명이 풍성하기를 기도했습니다. 사랑과 지식과 총명이 풍성하면 그 사람은 복 있는 사람입니다. 사랑할 줄 아는 지식이 있는 사람은 은혜로운 사람입니다. 은혜로운 사람은 모든 사람의 사랑을 받습니다. 빌립보 교인은 감사한 사람들이었습니다.

둘째, 지극히 선한 것을 분별하도록 기도했습니다. 선과 악을 분별하는 축복이 있어야 합니다. 선악과를 따 먹은 아담과 하와처럼 선과 악을 구별하지 못한다면 그것은 정말 큰 불행입니다. 제발 선한 것만 말하고 악한 것은 입에도 담지 마시기를 바랍니다. 하나님이 싫어하시는 악을 쫓는다면 그것은 신앙이 아닙니다. 선을 쫓는 여러분이 되시기를 바랍니다.

셋째, 진실하여 허물 없이 그리스도의 날까지 이르도록 기도했습니다. 무엇보다도 성도에게는 진실과 정직함이 가장 큰 재산입니다. 그래서 바울 사도는 빌립보 교인들이 진실하도록 기도했습니다. 여러분도 모든 것에서 정직하시기 바랍니다. 진실하시기 바랍니다. 그것이 한두 번이 아니라 죽는 날까지 지속되어야 합니다. 그것이 축복임을 알아야 합니다. 진실과 정직함은 성도의 큰 덕목입니다. 더 진실하려고 애쓰시기를 바랍니다.

넷째, 예수님으로 의의 열매가 가득하여 하나님의 영광과 찬송이 되기를 기도했습니다. 예수님의 은혜로 축복이라는 좋은 열매가 가득해야 합니다. 잘되는 열매가 가득해야 합니다. 나쁜 열매가 가득하면 불행입니다. 하나님의 영광과 찬송이 되도록 기도를 했습니다. 나를 볼 때에 다른 사람들이 예수 믿고 복을 받았다는 말을 할 수 있도록 신앙생활을 해야 합니다. 복을 받도록 사람을 사랑하는 신앙생활을 하시기를 바랍니다.

헤르만 헤세가 쓴 〈어거스터스〉라는 작품이 있습니다. 어거스터스가 세상에 태어났을 때 어느 노인이 찾아왔습니다. 그 노인은 '아기를 위한 소원 하나를 말하면 들어주겠다'고 합니다. 어머니는 말했습니다. "우리 아기가 누구에게나 사랑받는 사람이 되게 해주세요." 그는 자라서 모든 사람들의 사랑을 받습니다. 그런데 사랑받는 것을 당연한 것으로 여겼습니다. 그는 결국 교만해졌습니다. 다른 사람을 사랑하지 않았습니다. 인생 말년에 다른 사람들로부터 버림을 받았습니다. 그는 정말 비참했습니다.

그러던 어느 날 늙은 어거스터스를 노인이 또 찾아왔습니다. 노인은 "어떤 사람이 되고 싶은지 한 번 더 소원을 들어주겠소"라고 어거스터스에게 말했습니다. 그때 늙은 어거스터스는 "누구에게나 사랑받는 사람이 아니라, 누구나 사랑할 수 있는 사람이 되게 해 주십시오"라고 말했다고 합니다.

사랑을 받는 것은 행복한 일입니다. 그러나 정말 행복한 것은 누구나 사랑하는 것입니다. 주님이 사랑할 수 있는 사람으로 살아야 합니다. 십자가의 보혈로 구원받은 사람은 사랑을 받는 사람이 아니라 사랑을 하는 사람이 되어야 합니다. 성령으로 충만하여서 사람들을 사랑하시기를 바랍니다.

테레사 수녀 밑에서 일하는 부잣집 출신의 수녀가 있었습니다. 성령이 충만한 그는 이런 고백을 했습니다. "저는 오늘 그리스도의 몸을 만지는 영광을 맛보았습니다." 그녀가 만진 것은 병상에 홀로 누운 몸에 구더기가 들끓는 비참한 남자였습니다. 그녀는 그 환자를 만지면서 주님의 몸을 만지는 것으로 생각한 헌신이 있었습니다. 성령의 이끌림을 받을 때 병든 거지가 그리스도처럼 느껴지는 마음이 착한 마음입니다.

지난주 어느 권사님께서 저의 방에 찾아오셨습니다. 기도를 하시더니 봉투 하나를 내어놓으면서 복음을 위해서 써달라고 하시는 것입니다. 저는 그 권사님의 형편을 너무나 잘 알고 있습니다. 정말 어렵고 힘들게 사시는 분입니다. 그래서 이러면 안 된다고 말렸습니다. 그런데 본인이 기도하고 하는 일이라고 하면서 완곡히 거절하셨습니다. 할 수 없이 눈물 어린 기도를 해서 보냈습니다. 저는 정말 회개하는 마음으로 눈물을 흘렸습니다. 쓸 곳이 많은데도 복음을 위하여 드리는 그 헌신이 하나님을 감동하게 하신 것으로 생각했습니다.

그렇습니다. 하나님은 설명으로 이해를 시켜드려야 할 분이 아닙니다. 하나님께 감동을 드려야 합니다. 감동을 드리려면 헌신과 희생이 있어야 합니다. 오늘날 우리 신앙의 문제가 무엇인 줄 아십니까? 설명을 하는 것입니다. 이것은 이래서 안 됩니다, 저것은 저래서 안 되는 것이니 하나님도 이해해 주시기 바랍니다. 하나님은 이런 우리의 설명을 원하시지 않습니다. 100살에 낳은 이삭을 드리는 감동 있는 아브라함의 믿음 있는 신앙을 원하십니다. 희생과 헌신으로 하나님을 뜨겁게 감동시키는 여러분이 되시기를 바랍니다.

우리 금천의 공동체는 그리스도의 보혈의 공동체입니다. 우리 안의 착한 일인 복음 전하는 데 참여하는 일, 그 일을 시작하신 분이 우리 주님이십니다. 우리 주님이 가장 기뻐하시는 착한 일인 복음에 참여하는 여러분이 되시기 바랍니다.

그것은 자기 형편대로 참여하는 것입니다. 기도로 참여할 수도 있습니다. 몸으로 참여할 수도 있습니다. 물질로 참여할 수도 있습니다. 우리를 부르시는 그날까지 복음 전하는 일에 참여하는 행복이 여러분에게 있기를 축복합니다.

## 와서 보라

요한복음 1:43-51

이튿날 예수께서 갈릴리로 나가려 하시다가 빌립을 만나 이르시되 나를 따르라 하시니 빌립은 안드레와 베드로와 한 동네 벳새다 사람이라 빌립이 나다나엘을 찾아 이르되 모세가 율법에 기록하였고 여러 선지자가 기록한 그이를 우리가 만났으니 요셉의 아들 나사렛 예수니라 나다나엘이 이르되 나사렛에서 무슨 선한 것이 날 수 있느냐 빌립이 이르되 와서 보라 하니라 예수께서 나다나엘이 자기에게 오는 것을 보시고 그를 가리켜 이르시되 보라 이는 참으로 이스라엘 사람이라 그 속에 간사한 것이 없도다 나다나엘이 이르되 어떻게 나를 아시나이까 예수께서 대답하여 이르시되 빌립이 너를 부르기 전에 네가 무화과나무 아래에 있을 때에 보았노라 나다나엘이 대답하되 랍비여 당신은 하나님의 아들이시요 당신은 이스라엘의 임금이로소이다 예수께서 대답하여 이르시되 내가 너를 무화과나무 아래에서 보았다 하므로 믿느냐 이보다 더 큰 일을 보리라 또 이르시되 진실로 진실로 너희에게 이르노니 하늘이 열리고 하나님의 사자들이 인자 위에 오르락내리락 하는 것을 보리라 하시니라

❀ **주제**: 예수님이 하나님의 아들임을 알게 한다.
❀ **목적**: 전도를 하도록 한다.
❀ **구성**: 원 포인트

성경을 잘 보면 하나님의 관심은 사람이라는 것을 알 수 있습니다. 창세기에서 계시록까지 사람을 선택하여 부르시는 것입니다. 그리고 그 사람을 사용하시는 것입니다. 창세기에서는 아브라함과 이삭과 야곱을 선택하셔서 구원의 역사를 만들어 가셨습니다. 애굽에서 노예생활을 하고 있을 때 모세를 부르셨습니다. 가나안을 눈앞에 두고 여호수아를 부르셨습니다. 이스라엘의 목자로 목동 다윗을 부르셨습니다. 그리고 수많은 선지자들을 부르셨습니다. 이 말은 하나님은 사람을 통하여 하나님의 일을 하신다는 것입니다.

예수님도 마찬가지입니다. 예수님도 열두 제자를 부르시어 구원의 역사를 이루어 가셨습니다. 본문 말씀에서도 예수님의 사역의 출발은 사람을 부르시는 일이었습니다. 예수님의 사역의 초점은 사람이었습니다. 부르신 사람들을 통하여 영혼을 건지는 일을 하셨습니다.

예수님은 이 땅에 오신 목적을 밝히셨습니다. "예수께서 이르시되 내가 다른 동네들에서도 하나님의 나라 복음을 전하여야 하리니 나는 이 일을 위해 보내심을 받았노라 하시고 갈릴리 여러 회당에서 전도하시더라"(눅 4:43-44). 예수님의 관심은 언제나 복음을 전하는 것입니다. 예수님께서 행하신 수많은 기적의 목적도 사람을 구원하는 데 있었습니다. 예수님의 모든 관심은 언제나 사람을 구원하는 데 있었습니다.

예수님의 몸 된 교회가 해야 할 일이 무엇입니까? 잃어버린 영혼을 찾아 죄로 인하여 죽은 영혼들을 구원하는 일입니다. 영혼을 건지는 것이 교회의 사명입니다. 영혼을 건지는 것이 교회의 존재 이유입니다. 교회가 사람을 살리는 일보다 더 우선해야 할 것은 없습니다.

본문을 보면 예수님께서는 먼저 빌립을 부르셨습니다. 부름을 받은 빌립이 다시 나다나엘을 부릅니다. 그러면서 모세와 선지자들이 말한 사람이 바로 자기가 만난 예수라고 합니다. 그러자 나다나엘은 나사렛에서 무슨 선한 것이 날 수 있느냐고 반문합니다. 그때 빌립이 "와서 보라"고 말합니다. 그러자 나다나엘이 예수님을 만나러 갑니다.

나다나엘이 예수님을 만나자 예수님께서 이런 말씀을 하십니다. "보라, 이는 참 이스라엘 사람이라. 그 속에 간사한 것이 없다. 네가 무화과나무 아래 있을 때 너를 보았다."

이 말 한마디에 나다나엘은 지금까지 가졌던 자기 생각을 버립니다. 그리고 예수님께서 하나님의 아들이며 이스라엘의 임금이라는 고백을 합니다. 그리고 예수님을 따르게 됩니다. 이것이 본문의 이야기입니다.

여기서 '와서 보라'는 본문 말씀의 의미를 생각하려고 합니다.

**첫째, '와서 보라'는 말은 예수님에 대하여 확신에 찬 말입니다.**
신앙은 예수님에 대한 확신에서부터 시작하는 것입니다. 내가 믿는 예수님께서 하나님의 아들이라고 믿는 확신입니다. 죄인을 구원하려고 이 땅에 오신 하나님의 어린양이라는 확신에서부터 시작이 되는 것입니다.

본문에서 예수님이 빌립을 부르십니다. 빌립은 예수님을 만나자 '이분이 이제까지 기다렸던 메시아'라는 확신을 갖게 됩니다. 그 확신이 나다나엘에게까지 전도를 하게 만듭니다. 신앙의 확신이 있는 사람은 전도를 시작합니다.

자신의 신앙을 확인하여 보시기 바랍니다. 예수님은 여러분에게 어떤 분이십니까? 나의 죄를 위하여 십자가에서 죽으시고 사흘 만에 살아나신 나의 구주가 확실합니까? 그 예수님을 나의 구세주로 믿기 때문에 지금 죽는다고 해도 천국에 갈 수 있다는 확신이 있습니까?

신앙은 확신입니다. 예수님께서 나의 구세주라는 확신입니다. 나의 죄를 용서하시기 위해서 십자가에서 죽으셨다는 확신입니다. 그리고 사흘 만에 부활하셨다는 확신입니다. 그분이 부활하신 것처럼 우리도 부활할 것이라는 확신입니다. 그 부활하신 예수님께서 재림하실 것이라는 확신입니다. 이런 확신이 없는 신앙생활은 허공을 울리는 메아리에 불과합니다. 내가 지금 죽는다 해도 예수님을 믿기 때문에 하나님 나라에 갈 수 있다는 확신이 있어야 합니다. 확신이 없기 때문에 죽음에 대한 두려움이 있는 것입니다. 천국에 대하여 확신이 있다면 죽음에 대하여 두려움이 없어야 합니다. 가장 두려운 죽음을 확신으로 승리하는 삶을 사시기를 바랍니다.

소련의 의사인 콘필드라는 사람이 반체제 정치범으로 교도소에 수감되었습니다. 그는 의사이기에 감옥에서 병든 죄수들을 치료하는 일을 맡았습니다. 그런데 죽음을 앞둔 어느 중환자로부터 끊임없이 전도를 받았습니다. "당신은 어디에서 와서 어디로 가는 것입니까? 죽음이 인생의 종점이라고 생각하십니까? 영생의 소망을 품고 있으면 죽음도 두렵지 않습니다. 예수님을 구주로 믿으시기 바랍니다." 의사인 콘필드는 그분의 간곡한 전도를 받아들여 성도가 되었습니다. 그 이름 모를 중환자는 복음을 전하고 죽었습니다.

그로부터 얼마 후 콘필드는 어느 한 암 환자를 수술해 주면서 복음을 전했습니다. "내가 믿는 예수님을 구주로 믿으시기 바랍니다." 이런 전도를 한 후에 의사 콘필드는 어느 날 교도소에서 죽었습니다. 그런데 이 콘필드에게 수술을 받은 암 환자는 극적으로 회생하여 독실한 크리스천이 되었습니다. 이 암 환자의 이름이 바로 알렉산드르 이사예비치 솔제니친입니다. 그는 노벨문학상을 받아 조국 러시아에 영광을 돌리고, 세계가 그의 삶을 존경하는 사람이 되었습니다.

전도는 확신에 찬 사람이 할 수 있습니다. 비록 형편이 죄수라 할지라도 죽어가면서 복음을 전할 수 있는 확신이 있었습니다. 무명의 환자는 죽어도 천국에 간다는 확신이 있었습니다. 그래서 전도한 것입니다. 이런 확신으로 영혼을 건지는 여러분이 되시기를 축복합니다.

**둘째, '와서 보라'는 말은 가까운 사람에게 전도하라는 것입니다.**
전도는 가까운 사람에게 먼저 하는 것입니다. 알지도 못하는 사람에게도 전도하는 것은 힘든 일입니다. 가장 효과적인 전도는 내가 지금 알고 있는 가까운 사람들에게 먼저 전도하는 것입니다.

본문을 보면 이렇게 말하고 있습니다. "빌립은 안드레와 베드로와 한 동네 벳새다 사람이라." 빌립은 한 동네 사람들인 안드레와 나다나엘을 찾아서 전도했습니다. 이것은 전도전략에 매우 중요한 것입니다. 전도는 평상시 내가 알고 있는 사람들에게 먼저 전하는 것입니다. 가까운 친척이나 이웃들에게 먼저 전도하는 것입니다.

빌립은 자신이 만난 예수님을 가까운 나다나엘에게 전했습니다. 예수님을 믿는 감격이 있다면 전해야 합니다. 성경을 보면 예수님을 인격적으로 만난 사람치고 입을 조용하게 다물고 있었던 사람은 없습니다. 오히려 그들은 예수를 전하지 않고는 견딜 수 없었습니다. 빌립은 전도를 위해 특별한 교육을 받지 않았습니다. 그런데도 전도했습니다. 전도교육을 받지 않았기 때문에 전도하지 못한다는 말은 잘못된 것입니다.

마귀가 우리에게 심어 주는 것은 전도하지 않는 핑계들입니다. 전도를 어려운 것이라고 생각하게 하는 것입니다. 전도에 대해서 많이 배우고 난 뒤에 해야 한다고 생각하게 하는 것입니다. 그러나 그것은 전도를 막고자 하는 마귀의 술책입니다.

전도는 십자가를 전하는 것입니다. 복음을 모르는 사람에게 내가 믿은 예수님을 전하는 것입니다. 교회로 인도하는 것은 그다음 문제입니다. 교회로 인도하지 못했어도 복음을 전했다면 전도한 것입니다. 그러므로 전하면 됩니다. 교회로 인도하는 것에 대한 부담을 떨쳐 버리고 전하시기 바랍니다.

안드레가 복음을 전한 사람은 자기 형 베드로입니다. 다시 말하면 가족에게 최초로 예수님을 전한 것입니다. 다른 전도도 중요하지만 나와 함께 있는 가족과 가까운 이웃에게 전하는 것이 먼저입니다. 가족과 이웃에게 전도하는 것이 더 시급한 것입니다. 우리도 할 수만 있다면 가족에게 먼저 복음을 전해야 합니다. 가족 구원을 위해 애끓는 심정으로 하나님 앞에 매달려야 합니다. 우리의 가족을 지옥 가게 하면 안 됩니다. 가족과 이웃을 먼저 전도하시기를 축복합니다.

**셋째, '와서 보라'는 말은 예수님이 하나님의 아들이라는 것입니다.**
본문에서 나다나엘은 예수님이 하나님의 아들이라고 고백합니다. 이스라엘의 임금이라고 말합니다. 이 말은 예수님이 자기가 만난 메시아라는 말입니다. 자신이 체험한 그리스도라는 말입니다.

사실 예수님은 나다나엘에게는 정말 대단한 뉴스입니다. 그렇게 오랜 시간을 기다리던 메시아입니다. 나다나엘은 아주 흥분되어 우리가 메시아를 만났다고 외친 것입니다. 약간 이상한 사람처럼 보였을 정도입니다. 어떤 일에 너무 감격하면 제정신이 아닌 것처럼 보입니다.

사실 전도는 이상한 사람이 할 수 있습니다. 전도는 제정신이 아니라 예수 정신으로 하는 것입니다. 전도는 내 영이 아니라 예수의 영으로 하는 것입니다. 전도는 내 마음이 아니라 예수의 마음으로 하는 것입니다. 전도는 예수에게 미친 사람이 잘할 수 있습니다. 우리가 전도하지 못하는 이유는 아직도 예수에게 덜 미쳤기 때문입니다. 하루를 살면서 대화 중에 예수님을 생각하고 예수님을 말하는 것이 얼마나 되는가를 생각해 보면, 예수님께 미친 것인지 아닌 것인지를 알 수 있습니다.

그리스도인은 예수에 미쳐야 정상인이 된다는 사실을 알아야 합니다. 공부하려면 공부에 미쳐야 합니다. 에디슨이 얼마나 발명에 미쳤으면 끓는 물에 계란을 넣는다는 것이 자기 시계를 넣었겠습니까. 그렇게 미친 사람이 되었을 때에 발명왕이 되는 것입니다. 실제로 우리가 신앙생활을 할 때에도 예수에게 덜 미친 사람이 비정상인이 되는 것입니다. 여러분이 온전한 그리스도인이 되려면 예수에게 100% 미치기를 소원해야 합니다. 여러분이 성숙한 제자가 되길 원하신다면 예수에 완전히 미치기를 사모해야 합니다.

적당히 하는 사람이 어떤 결과를 만드는 것을 보았습니까? 그냥 과정만 진행이 될 뿐입니다. 적당히 죽으면 부활이 없습니다. 확실하게 신앙고백을 하고 죽어야 합니다. 적당히 믿으면 구원이 없습니다. 겨우 지옥 가는 것이나 면할 목적으로 예수 믿는다면 얄팍한 수단일 뿐입니다. 그런 믿음으로 구원 얻는다는 보장이 없습니다. 예수에게 100% 미친 최고의 믿음이어야 합니다.

예수에게 바르게 미친 사람은 전도할 베드로나 나다나엘을 많이 만들어야 합니다. 전도할 베드로가 가까이에서 수없이 여기저기 눈에 보여야 합니다. 그 사람들의 이름을 수첩에 적어 놓고 기도해야 합니다. 찾아가서 만나야 합니다. 천국과 지옥을 전해야 합니다.

성경을 보면 바나바는 바울을 세워 줍니다. 안드레는 베드로를 전도합니다. 이들 중 바울이 얼마나 큰 인물입니까? 하지만 바나바 없는 바울이 있을 수 없습니다. 바울은 일을 크게 했지만 바나바는 큰 사람을 세웠습니다. 베드로는 큰 사역을 했지만 안드레는 그 큰 사람을 인도했습니다. 그리스도인은 큰 사람을 전도해서 세울 줄 알아야 합니다.

내가 큰일이나 많은 일을 하는 것도 잘하는 것입니다. 그러나 큰일을 할 수 있는 사람을 키우는 것은 더 잘하는 것입니다. 나보다 많은 일을 할 수 있는 사람을 인도하는 것은 정말 잘하는 것입니다.

언제나 부흥은 한 사람으로부터 시작됩니다. 한 사람을 전도한다는 한 사람의 비전이 폭발적인 부흥을 일으킵니다. 다시 말하면, 내가 전도할 오늘 나의 베드로가 없이는 폭발적인 부흥은 없습니다. 내가 전도할 베드로를 찾으시기 바랍니다.

스포츠로 말하면 어떤 사람이 탁월한 감독입니까? 우승을 잘하는 감독입니다. 우승을 잘하는 사람은 탁월한 감독입니다. 그러나 우승만 잘한다고 탁월한 감독은 아닙니다. 더 탁월한 감독은 가능성 있는 선수를 발굴하여 탁월한 선수로 조련해 내는 사람입니다.

성경은 이렇게 말합니다. "묵시가 없으면 백성이 방자히 행하거니와"(잠 29:18). 여기서 '묵시'란 말은 '비전'을 말합니다. '비전이 없는 사람은 방자히 행한다'는 것입니다. 어떤 분은 '방자히 행한다'는 말을 '망할 짓만 골라가면서 한다'고 번역했습니다. 비전이 없으면 미래를 보지 못합니다. 현재밖에 보지 못하기 때문에 망하는 것이 확실하다는 말입니다.

비전의 사람이신 예수님은 시몬을 게바로 바꾸어 주셨습니다. 시몬이라는 말은 의미가 없는 시몬 사람이라는 말입니다. 게바, 베드로는 '반석'이라는 말입니다. 이 말씀은 오늘 우리에게도 가능성이 있다는 말입니다. 시몬을 반석이 되게 한 것이 무엇입니까? 예수님이 시몬의 인생에 개입하기 시작하셨을 때 흔들리는 갈대에서 견고한 반석 같은 인생으로 바뀔 수 있었습니다. 예수님께 그의 삶이 붙들렸을 때에 고기잡이에서 사람을 낚는 비범한 인생으로 바뀔 수 있었던 것입니다.

여러분이 지금까지 어떤 삶을 살아왔는가보다 더 중요한 것이 있습니다. 그것은 예수님께 나를 인격적으로 위탁하는 것입니다. 남은 삶을 하나님의 목적에 맞게 사는 것입니다. 우리는 그리스도 안에서 보배롭고 존귀한 인생입니다. 자신을 초라하고 볼품없는 존재로 여기는 것은 우리를 지으신 하나님을 모독하는 것입니다. 예수님의 보혈의 공로를 헛되게 하는 것입니다.

복음 안에서 나의 존재 목적이 무엇입니까? 내가 교회 안에서 장로가 되고 권사가 되는 것이 중요한 것이 아닙니다. 교회 안에서 얼마나 많은 이들이 나를 알아주고 나를 인정해 주는가 하는 것이 중요한 것이 아닙니다. 나의 존재 목적은 예수님처럼 영혼을 건지는 일을 하는 것입니다. 예수님이 이 땅에 오신 목적은 사람들이 예수님을 믿어서 영생을 얻게 하려는 것이었습니다. 오늘 우리 교회가 존재하는 목적은 빌립이나 안드레처럼 복음을 전하는 것입니다. 전도는 마땅히 해야 할 의무이며 사명입니다.

코카콜라 회사는 "전 세계 65억 인구가 코카콜라를 다 마시도록 하겠다"고 했습니다. 전 세계 모든 사람들의 혈관에 코카콜라가 흐르도록 만들겠다고 외쳐 온 대로 그들의 열정은 어느 정도 이루어졌다고 볼 수 있습니다. 전 세계에 코카콜라가 안 들어간 나라는 없기 때문입니다. 어떤 사람은 이렇게 말하기도 합니다. "2,000년 동안의 기독교 복음화보다 100년밖에 안 되는 코카콜라의 세계 점유율이 훨씬 더 높다." 이것은 우리가 부인할 수 없는 사실입니다.

생명을 살리는 예수 그리스도의 십자가 복음이 치아를 썩게 하고 건강을 나쁘게 하는 코카콜라만 못하다는 말입니까? 그러므로 전도는 오늘날에도 시급한 주님의 명령입니다. 우리의 최고 업무는 모든 수단을 동원하여 복음을 전하는 것입니다. "와서 보라"는 빌립의 외침은 오늘 우리에게서 계속 이어져야 할 뜨거운 하늘의 음성입니다.

## 예수님의 증인이 됩시다

### 사도행전 1:8

오직 성령이 너희에게 임하시면 너희가 권능을 받고 예루살렘과 온 유대와 사마리아와 땅 끝까지 이르러 내 증인이 되리라 하시니라

🍀 **주제**: 성령으로 충만하게 한다.
🍀 **목적**: 영혼을 건지는 것이 신앙인의 목표임을 알게 한다.
🍀 **구성**: 2, 대지

새가 흔들거리는 가느다란 나뭇가지 끝에 앉아서 재잘거리며 노래를 부릅니다. 이것을 본 프랑스의 세계적인 문호 빅토르 위고는 이런 말을 했습니다. "새는 나뭇가지가 흔들리는 것을 느끼면서도 자기에게 날개가 있다는 것을 알기 때문에 노래를 부를 수 있다." 그렇습니다. 새가 나뭇가지에서 흔들거리듯이 우리 한국 교회는 수많은 흔들거림에서도 오늘날 여기까지 왔습니다. 일제 36년의 아픔이 있었습니다. 6·25전쟁과 4·19라는 수많은 사회의 변혁기를 거치면서 오늘에 이르렀습니다. 그러나 날개가 되시는 성령님의 은혜로 한국 교회는 오늘날 여기까지 올 수 있었습니다.

우리는 교회를 다니는 사람으로 교회가 어떤 곳인가를 바르게 알아야 합니다. 교회는 건물이 아닙니다. 교회는 하나님의 백성이 되기 위해서 '부르심을 받은 사람들'을 말합니다. 하나님을 모르는 사람들을 불러내어 성령의 은혜로 주는 그리스도이심을 고백하게 합니다. 하나님의 아들이라는 신앙고백을 하는 구별된 사람들의 공동체를 교회라고 말하는 것입니다.

예수님이 이 땅에 사람의 몸을 입고 오신 것은 하나님의 교회를 세우기 위해서입니다. 본문은 하나님께서 세우신 교회가 하는 일에 대해 말하고 있습니다. "오직 성령이 너희에게 임하시면 너희가 권능을 받고 예루살렘과 온 유대와 사마리아와 땅 끝까지 이르러 내 증인이 되리라 하시니라." 주는 그리스도이십니다. 살아 계신 하나님의 아들이라는 신앙을 고백하는 사람들을 통하여 예수님의 몸인 교회를 세워 가시는 것입니다.

이렇게 신앙을 고백하는 무리들이 마가의 다락방에 모여서 열심히 기도했습니다. 그때 성령님께서 급하고 강한 바람과 불같이 임하셨습니다. 그 모임이 오늘의 예수님의 몸인 교회의 출발이 되었습니다. 교회는 예수님의 살아 있는 몸입니다. 교회는 사람들의 단순한 모임이 아닙니다. 예수님의 생명 공동체입니다. 교회는 언제나 살아 계신 예수님의 생명이 풍성하게 흘러야 합니다.

본문을 통하여 다음과 같은 은혜를 나누었으면 합니다.

**1. 교회는 성령으로 충만해야 합니다.**

교회의 올바른 신앙고백은 두 가지입니다.
하나는 '주는 그리스도'라는 고백입니다. 그리스도라는 말은 '기름 부음을 받은 자'라는 말입니다. 구약에서 기름 부음을 받은 사람은 왕과 선지자, 제사장이었습니다. 주님이 그리스도라는 말은 이 세 가지 직분을 한 몸에 가진 우리의 왕이시며, 선지자이시고, 제사장이시라는 말입니다.

다른 하나는 하나님의 아들이라는 고백입니다. 예수님은 살아 계신 하나님의 아들이십니다. 하나님의 아들이신 예수님께서는 인간들의 모든 죄를 한 몸에 짊어지기 위해서 십자가에서 죄인처럼 죽으시고 사흘 만에 살아나셨습니다. 이 두 가지 고백이 분명한 사람들의 모임이 교회입니다.

이런 신앙고백을 한 무리들은 성령으로 충만해야 합니다. 본문은

"오직 성령이 너희에게 임하시면 너희가 권능을 받고 예루살렘과 온 유대와 사마리아와 땅 끝까지 이르러 내 증인이 되리라 하시니라"고 말합니다. 여기서 말하는 '오직'이란 말은 다른 방법이 없다는 말씀입니다. 교회는 성령으로 충만한 사람들의 모임이 되어야 한다는 말입니다. 사람들의 모임이지만 사람의 냄새가 나면 안 됩니다. 오직 성령의 은혜가 나타나야 합니다.

예수님께서 부활 승천하신 후에 약속하신 성령님이 오순절 날 마가의 다락방에 임하셨습니다. 그래서 오늘도 예수님을 나의 구주로 믿는 사람들과 함께하십니다. 성령님은 하나님의 거룩한 영이십니다. 성령님이 함께하실 때에만 하나님의 깊은 뜻을 깨닫게 하십니다. 성령님은 우리로 아버지 하나님께 기도하게 하십니다. 모든 죄악을 깨닫고 회개하도록 인도하십니다. 우리는 기도하면서 죄를 깨닫습니다. 회개합니다. 성경 말씀을 깨닫습니다. 그러면 성령님이 함께하시는 것입니다.

흔히 교회를 사람들이 모여서 친교하는 곳으로 착각합니다. 그러나 성령님이 계시지 아니하면 교회가 아닙니다. 그리스도의 영이 계심으로 우리는 사람들 속에서 예수님을 만나는 것입니다. 교회는 하나님의 음성을 듣는 곳입니다. 교회는 말씀과 성령님의 역사가 있어야만 합니다. 교회는 사람에 의해 움직이는 것이 아닙니다. 어떤 철학이나 교리가 교회를 좌우하는 것도 아닙니다. 교회는 오직 성령님의 역사입니다. 성령님에 의하여 주도되어야 예수님의 교회입니다.

신앙생활을 하면서 가장 중요한 것이 바로 성령으로 충만해지는 것입니다. 그러기 위해서 해야 할 것이 있습니다.

첫째, 죄를 회개해야 합니다. 죄가 있는 곳에는 성령이 임하지 않습니다. 그러므로 모든 성도가 먼저 해야 할 것이 회개입니다. 하나님의 거룩하신 성령 앞에서 나의 죄를 회개하는 것이 먼저입니다. 사실 우리는 알게 모르게 수많은 죄를 날마다 짓고 사는 사람들입니다. 그런 죄를 하나님께 나는 죄인이라고 고백하면서 회개하는 것입니다. 초대교회가 제일 먼저 한 것은 회개하는 일이었습니다.

옛날 목사님들이 강단에서 외치던 회개의 복음은 살아 있었습니다. 그런데 오늘날은 회개의 복음이 많이 약해져 가고 있습니다. 설교만 약한 것이 아닙니다. 우리의 기도 속에서도 회개의 기도가 점차 사라지는 양상입니다. 복음의 시작은 회개에서 비롯되었습니다. 세례 요한이나 예수님도 "회개하라. 천국이 가까이 왔다"고 외치셨습니다. 사도들도 회개하고 복음을 믿으라고 설교했습니다. 회개는 기독교의 핵심 주제입니다. 복음의 기초가 되는 것입니다. 회개 없는 교회와 회개 없는 용서는 상상할 수가 없습니다.

오늘날 교회 안에는 회개하는 죄인을 찾아보기가 힘듭니다. 예수님은 의인을 부르러 오신 것이 아닙니다. 회개하는 죄인을 부르러 오셨습니다. 교회 안이나 세상 속에도 의인은 없습니다. 의인인 체 양의 탈을 쓰고 살아가고 있을 뿐입니다. 회개하지 않고 찌든 우리의 모습을 잘 보아야 합니다. 예수 믿고 죄 용서받아 이미 천국이 예약되었다고 생각하고 살고 있는 것이 우리들입니다.

그러나 분명한 것은 회개 없는 용서는 있을 수 없습니다. 회개 없는 천국은 꿈도 꾸지 말아야 합니다. 믿음의 전제는 반드시 회개가 우선이라는 것을 알아야 합니다. 사도행전 3장 19-20절을 현대인의 성경으로 쉽게 풀어서 보면, "그러므로 여러분은 회개하고 하나님께 돌아오십시오. 그러면 여러분의 죄가 씻음을 받고 주님 앞에서 새로워지는 때가 올 것입니다. 그리고 하나님은 여러분을 위해 미리 정하신 예수 그리스도를 다시 보내실 것입니다"라고 말하고 있습니다.

회개 없는 믿음은 믿음이 아닙니다. 회개를 해야만 예수님이 진정한 그리스도가 되십니다. 예수 믿는다는 것이 무엇입니까? 회개하고 새사람이 되어 죄와는 상관이 없는 사람이 되었다는 뜻입니다. 진정한 회개가 있을 때에 "하나님의 뜻은 이것이니 너희의 거룩함이라"(살전 4:3) 하신 성경 말씀이 이루어지는 것입니다. 여러분이 먼저 회개기도를 하시기 바랍니다.

둘째, 사모하면서 간절하게 기도하는 것입니다. 본문을 보면 마가의 다락방에 모여서 오직 기도에 힘썼습니다. 금식기도까지 했습니다. 그만큼 성령의 은혜를 사모했습니다. 그때 모든 사람들이 성령으로 충만해졌습니다. 그때에 방언과 병 고침의 기적 같은 일들이 수없이 일어났습니다.

이것은 하나님의 권능을 받았기 때문입니다. 권능이라는 것은 영적인 힘과 능력을 말합니다. 초자연적인 하나님의 성령의 능력을 말합니다. 초대교회의 성도들에게 권능으로 놀라운 표적들이 나타났습니다. 성전 미문에 앉아 구걸하던 앉은뱅이를 일으키는 기적도 일어났습니다. 중풍병자 애니아를 일으키기도 합니다. 죽은 다비다를 살리기도 했습니다.

특히 사탄의 역사를 제어하는 능력이 나타났습니다. 성경에서 뱀과 전갈은 사탄의 세력을 상징합니다. 성도는 사탄을 제어할 권능을 하나님께 받아야 합니다. 성령으로 충만하여 기도할 때에 하나님의 자녀들에게 놀라운 권능을 주십니다. 이 권능을 받아야 사탄을 이깁니다. 죄악된 세상을 이깁니다.

성령의 권능은 상품처럼 사고 팔 수 있는 것이 아닙니다. 사도행전 8장에 의하면 시몬이라는 사람은 그리스도를 따르기 전에는 사마리아의 마술사였습니다. 그가 사도들에게 "이 권능을 내게도 주어 누구든지 내가 안수하는 사람은 성령을 받게 하여 주소서"(행 8:19) 하고 간청했습니다. 이때 베드로가 말하기를, "네가 하나님의 선물을 돈 주고 살 줄로 생각하였으니 네 은과 네가 함께 망할지어다"(행 8:20)라고 합니다.

성령의 역사는 하나님의 선물입니다. 오직 믿음으로만 값없이 주어지는 것입니다. 하나님께서는 오직 하나님의 목적을 이루시기 위해서 하나님의 권능을 우리에게 주십니다. 이 권능은 사거나 흥정할 수 없는 것입니다.

이 권능은 바로 예수님의 이름입니다. 요한복음 16장 24절을 보면 "지금까지는 너희가 내 이름으로 아무것도 구하지 아니하였으나 구하라 그리하면 받으리니 너희 기쁨이 충만하리라"고 말씀하셨습니다. 예수님을 믿는 자들에게는 예수님의 이름으로 사탄을 제어할 수 있는 권능을 주십니다. 모든 것을 구하여 응답 받을 수 있는 권세가 있습니다. 하나님 외에 그 누구도 두려워하지 않는 담대함이 권능입니다.

1985년 미국 테네시 주 메이슨 마을에 사건이 생겼습니다. 감옥에서 탈출한 죄수가 어느 가정집에 침입하였습니다. 남편은 무서워서 입도 열지 못했습니다. 그러나 부인 루이스는 조금도 무서워하지 않고 손님처럼 대했습니다. "무거운 총을 내려놓으세요. 서 있지만 말고 거기 앉으세요. 내가 맛있는 요리를 해드릴 테니까요." 콧노래로 찬송을 부르기까지 하는 것이었습니다.

탈옥수는 이상해서 소리를 질렀습니다. "당신은 내가 무슨 짓이든 할 수 있는데 무섭지 않소?" 이때 루이스는 자신이 예수님을 믿어서 영생을 믿기 때문에 무서울 것이 없다고 말했습니다. 그리고 예수 믿는 기쁨과 새로운 인생에 대해 간증하였습니다. 탈옥수에게도 새로운 출발을 할 수 있다는 것을 분명히 말하였습니다. 새벽 3시에 침입하여 오전 10시가 되었을 때에 탈옥수는 예수님을 믿고 제 발로 교도소로 돌아갔습니다.

루이스는 성령의 충만함으로 권능을 가지고 있었습니다. 신앙의 힘은 세상의 어떤 힘도 극복하는 권능을 말합니다. 이런 힘이 주님께로부터 주어짐을 믿으시기 바랍니다. 우리에게는 예수 이름의 권능이 있습니다. 예수 이름의 권능으로 모든 일에 항상 승리하시기를 축복합니다.

**2. 교회는 예수님의 증인이 되어야 합니다.**

증인이란 사건의 목격자입니다. 내가 보고 들은 사건에 대하여 정직하게 할 말이 있는 사람입니다. 자기가 체험한 것을 사실대로 증언하는 사람입니다.

본문은 "오직 성령이 너희에게 임하시면 너희가 권능을 받고 예루살렘과 온 유대와 사마리아와 땅 끝까지 이르러 내 증인이 되리라 하시니라"고 말하고 있습니다. 모든 사람들 앞에서 예수님의 증인이 되겠다는 말씀입니다.

교통사고 현장에서 있었던 일입니다. "우리가 증인입니다. 우리가 다 봤습니다." 얼굴이 하얗게 된 어느 여자 운전자를 앞에 놓고 주변 사람들이 하는 말입니다. '우리가 증인이다. 우리가 다 보았다' 그러면 더 할 말이 없는 것입니다. 그것도 한 사람이 말하는 소리가 아닙니다. 여러 사람이 그렇게 말하고 있습니다.

성경의 제자들은 이런 말을 합니다. "우리가 이 일에 증인입니다. 우리가 다 보았습니다." 죽은 사람이 살아나는 그 현장에 제자들이 있었다는 것입니다. "우리는 사람들이 예수님을 죽이는 것을 보았다. 예수님이 무덤에 묻히는 것을 보았다. 하나님께서 그 무덤에서 예수님을 살리신 것을 보았다. 예수님이 살아난 것을 보았다." 그래서 우리가 이 일에 증인이라는 것입니다.

바로 예수 그리스도의 이야기입니다. 증인 된 예수님의 제자들이 가슴이 뜨거워져서 예수님을 증거하고 있는 것입니다. 우리가 십자가에서 죽고 살아나는 것을 확실하게 보았다는, 이 일에 증인이라는 것입니다.

사실 지금 이런 증인을 서는 베드로를 비롯한 모든 제자들은 겁쟁이였습니다. 비겁한 자였습니다. 그들은 죽기까지 따른다고 했다가 죽을 경우가 되자 도망친 자들이었습니다. 그런데 지금은 복음을 전하는 증인들이 되었습니다. "우리가 이 일에 증인입니다" 하는 제자로 바뀌었습니다. 성령님으로 충만했기 때문입니다. 성령님으로 충만하여서 확신을 가지고 증인이 됩니다. 누가 시켜서 된 것이 아닙니다. 말씀에 순종했습니다. 그래서 증인이 되었습니다.

사도행전 2장 22절을 보면, "이스라엘 사람들아 이 말을 들으라 너희도 아는 바와 같이 하나님께서 나사렛 예수로 큰 권능과 기사와 표적을 너희 가운데서 베푸사 너희 앞에서 그를 증언하셨느니라"고 담대히 외칩니다. 그 결과 사도행전 11장 21절을 보면, "주의 손이 그들과 함께하시매 수많은 사람들이 믿고 주께 돌아오더라"고 말하고 있습니다. 성령님이 함께하실 때에 많은 사람들이 믿고 주께로 돌아오는 것입니다. 성도는 성령으로 충만하여 이 세상의 믿지 않는 모든 사람들에게 예수님의 증인이 되어야 합니다.

서울 모교회 교인 가운데 장로님의 딸이 있었습니다. 믿지 않는 집안의 남자와 연애를 해서 부모님 반대를 무릅쓰고 결혼했습니다. 시집살이 10년에 아이도 둘을 낳았습니다. 그런데 도저히 살 수 없다고 합니다. 저들의 우상숭배와 시어머니를 견딜 수 없었습니다. 이제는 남편까지 방탕한 사람이 되어 버렸습니다. 그런 가운데 소망교회에 몰래 몇 주를 나왔습니다.

어느 날 곽선희 목사님께 와서 "교회에 나와 보니 이제는 살 것 같다"고 말했습니다. 이제 이혼하고 예수님만 열심히 믿으며 살겠다는 것입니다. 그러자 곽 목사님이 "이혼을 하라 마라 하는 것은 내가 관여할 바 못 됩니다. 그러나 한 달만 더 참고 살아보세요" 하고 말했습니다. "한 달쯤이야 더 살아 줄 수 있지 않습니까. 그 한 달 동안 부인 그 집에 보내진 선교사라는 마음으로 살아 보십시오. 그래도 10년 세월 동안이나 봉사했던 가정인데 그 사람들이 지옥 가도록 내버려둘 수야 없잖아요?" 이제 그 가정에 선교사로 파송한 것입니다. 부인은 각오를 단단히 하고 돌아갔습니다.

부인은 한 달 동안 잘 참고 웃으면서 견디어냈습니다. 시어머니가 잔소리를 해도 '나는 며느리가 아니고 선교사다. 저 할머니도 구원해야 한다'고 생각했습니다. 남편이 못마땅해도 선교사의 마음으로 인내했다고 합니다. '저 남자도 내가 구원해야 할 사람이다'라고 생각한 것입니다. 그런데 어느 날 남편이 이렇게 말합니다. "당신, 사람이 확 달라진 것 같아." 그런 남편에게 부인은 웃으면서 말합니다. "저는 당신의 아내가 아니라 예수님의 선교사입니다." 결국 성령의 능력으로 시어머니와 남편이 마침내 교회에 나오게 되었습니다.

교회의 존재 이유는 전도하여 영혼을 건지는 것입니다. 십자가에 피 흘려 죽으신 예수님의 생명을 전하는 것입니다. 지옥으로 던져질 영혼을 건져내서 천국으로 보내는 것입니다. 그래서 예수님은 요한복음 10장 10절에서 "도둑이 오는 것은 도둑질하고 죽이고 멸망시키려는 것뿐이요 내가 온 것은 양으로 생명을 얻게 하고 더 풍성히 얻게 하려는 것이라"고 말씀하셨습니다.

지금 내가 만나는 모든 사람이 전도의 대상입니다. 내가 지금 다니는 직장도 전도의 장소입니다. 우리 모두는 예수님의 선교사입니다. 우리는 그리스도의 증인입니다. 십자가에서 예수님이 죽으실 때 우리 또한 성령으로 죽었습니다. 예수님이 부활하실 때에 우리 또한 부활했습니다. 이제 나를 통하여 모든 사람이 영생하시는 그리스도를 만나야 합니다. 예수님을 믿는 사람들은 모두 예수님의 선교사입니다. 이 사명을 감당하라고 우리가 오늘을 살고 있는 것입니다. 이 사명을 잘 감당하셔서 많은 영혼을 건지시기를 축복합니다.

## 하늘나라의 스타
### 다니엘 12:1-4

그때에 네 민족을 호위하는 큰 군주 미가엘이 일어날 것이요 또 환난이 있으리니 이는 개국 이래로 그때까지 없던 환난일 것이며 그때에 네 백성 중 책에 기록된 모든 자가 구원을 받을 것이라 땅의 티끌 가운데에서 자는 자 중에서 많은 사람이 깨어나 영생을 받는 자도 있겠고 수치를 당하여서 영원히 부끄러움을 당할 자도 있을 것이며 지혜 있는 자는 궁창의 빛과 같이 빛날 것이요 많은 사람을 옳은 데로 돌아오게 한 자는 별과 같이 영원토록 빛나리라 다니엘아 마지막 때까지 이 말을 간수하고 이 글을 봉함하라 많은 사람이 빨리 왕래하며 지식이 더하리라

❀ **주제**: 구원받은 사람은 별이라는 것을 알게 한다.
❀ **목적**: 전도를 하게 한다.
❀ **구성**: 원 포인트

17세기 영국은 해가 지지 않는 나라로 유명했습니다. 이러한 영국의 황금시대는 청교도운동의 결과였습니다. 17세기 영국의 황금 시대는 믿음의 사람 엘리자베스 여왕 때였습니다. 엘리자베스 여왕 때 런던에만 청교도 목사님 20,000여 명이 교회를 담당하였습니다. 이때 목사님들의 뜨거운 영감의 설교를 듣기 위해서 교회마다 청중들이 가득 찼다고 합니다. 엘리자베스 여왕 말기에는 개신교 수가 영국의 모든 교회의 과반이 넘었다고 합니다.

18세기 영국의 부흥은 조지 화이트필드의 대각성운동으로 나타났습니다. 그는 청중을 완전히 사로잡은 당대의 가장 위대한 설교가였습니다. 그 설교의 중심은 어떤 군중 앞에서나 다음과 같은 내용이었습니다.

> 첫째는 죄를 용서하시는 하나님의 은혜입니다.
> 둘째는 그리스도를 믿음으로 받는 사죄의 은혜입니다.
> 셋째는 그리스도를 위한 봉사와 섬김의 삶입니다.
> 넷째는 그로 말미암아 얻는 그리스도인의 기쁨입니다.

화이트필드의 도움을 많이 받은 미국의 조나단 에드워즈는 화이트필드의 설교 부흥을 가리켜 "사람이 일반적인 시간과 공간 속에서 1년, 혹은 2년 동안에 할 일을 성령님이 임하셨을 때는 단 며칠 만에 할 수 있었다"라고 하였습니다. 그는 18세기 영국을 깨우는 대각성운동의 선구자였습니다.

**영국 교회 부흥의 원동력이 무엇일까요?**

첫째, 하나님 말씀에 대한 절대 신앙이었습니다. 성경 말씀을 하나님의 음성으로 받았습니다. 믿었습니다. 그리고 성경 말씀에 자신의 삶을 던졌습니다. 성경을 삶의 신앙과 행위의 유일무이한 법칙으로 삼았습니다.

둘째, 하나님의 절대주권 신앙과 인간의 책임이었습니다. 절대자이신 하나님을 믿는 것은 하나님이 요구하시는 인간의 책임이 무엇인가를 깨닫는 것에 있음을 알았습니다. 인간의 존재 목적을 하나님을 위한 삶으로 여겼습니다. 그래서 성도들의 신앙이 주일성수와 정직한 십일조, 전도, 봉사, 선교의 행동으로 나타났습니다.

셋째, 교회와 국가를 구분하는 엄격한 정교분리주의였습니다. 정부는 하나님이 세우신 일반은총의 사자들에 의하여 운영되고, 교회는 하나님이 선택하여 세우신 목사님에 의하여 다스려야 한다는 것입니다. 그래서 그 시대에 설교가 왕성했습니다. 그것은 하나님의 말씀이 그 시대 백성을 찾아왔기 때문입니다. 영국은 약 300년 동안 교회가 부흥하는 시대를 보냈습니다.

그런데 한국 교회도 영국 교회와 같은 그런 부흥의 시대가 있었습니다. 우리나라에 복음이 처음 들어온 것은 1866년 9월 3일이었습니다. 미국 상선인 제너럴셔먼 호를 타고 대동강의 쑥섬에서 평양성 군인들에게 칼을 맞으면서 성경을 건네주고 순교한 사람이 있습니다. 영국 웰스 출신으로 런던선교회의 보냄을 받은 토마스 선교사입니다. 그는 한국에 찾아왔던 최초의 개신교 순교자였습니다. 그것이 한국 개신교의 문을 열어 주는 전기가 되었습니다. 터툴리안 교부의 말대로 "순교자의 피는 결코 헛되지 않았습니다." 그로부터 130년을 넘어가는 지금 한국 교회는 세계 선교 사상 놀라운 성장과 부흥의 축복을 받았습니다.

그 후 한국 개신교의 역사는 1885년 4월 5일에 인천 제물포항에 언더우드와 아펜젤러 선교사가 복음을 가지고 이 땅을 찾아오면서 공식적으로 시작되었습니다. 벌써 134년이 되었습니다.

**한국 교회 부흥의 요인들은 여러 가지로 찾아볼 수 있습니다.**
첫째, 이 민족을 향한 하나님의 구원의 축복입니다. 이 민족을 향한 하나님의 특별하신 사랑이 있었기 때문입니다.

둘째, 초기 한국 선교사들의 정통적인 복음과 신학이 있었습니다. 특히 장로교 대부분의 선교사들이 미국 부흥의 뜨거운 은혜를 체험한 자들이었습니다. 평양신학교를 설립한 마포삼열 목사를 위시한 그 교수들이 예외 없이 바른 복음과 신학의 씨를 뿌린 데 있었습니다.

1890년 네비우스 박사가 내한하여 한국 선교사들에게 '네비우스 정책'을 선포했습니다. 이 정책은 한국 교회 부흥에 큰 공헌을 하였습니다.

네비우스 정책은 세 가지였습니다. 첫째는 자체적으로 선교한다는 것입니다. 둘째는 자체적으로 행정한다는 것입니다. 셋째는 자급자족한다는 것입니다. 이런 정책을 통해 한국이라는 밭에 좋은 복음의 종자가 뿌려졌던 것입니다.

셋째, 기독교 박해는 교회 부흥의 불길이 되었습니다. 한국 기독교 100년사에는 세 가지 큰 박해가 나타났습니다.

첫째는 초기 박해입니다(1884-1910). 불교, 유교, 그리고 무속신앙의 핍박이었습니다. 그래서 가족과 가문으로부터 죽음에 이르는 핍박을 받았습니다. 둘째는 일본 식민통치에서의 기독교 박해입니다(1910-1945). 박해의 정체는 신사참배였습니다. 36년간 50여 명의 지도자들이 순교당합니다. 200여 교회가 문을 닫습니다. 많은 신자들이 신앙의 압제를 받습니다. 셋째는 해방 이후 6·25 한국전쟁으로 인한 환난이었습니다. 이때 600여 명의 목사와 10,000여 명의 교계 지도자들이 인민군들에게 피살을 당했습니다. 그런데 놀랍게도 이때 교회는 영적으로 깨어 있었습니다. 한국전쟁 때문에 월남한 이북의 동포들(당시 500여 만 명) 중에 기독신자들로 말미암아 남한 전역에 많은 교회가 세워졌습니다. 환난 속에 부흥하는 한국 교회의 생명력이 오직 하나님의 역사뿐이었음을 느끼게 합니다.

넷째, 대부흥운동과 전도집회입니다. 1903년 원산에서 열린 부흥 사경회에 감리교 선교사 하디의 회개가 부흥의 불길을 점화하는 계기가 되었습니다. 이 부흥이 '원산부흥운동'이었습니다. 그다음 평양대부흥운동이 일어났습니다. 1907년 1월 평양 장대현교회에서 모인 부흥운동은 죄를 자백하는 역사와 함께 유명한 길선주 장로의 회개로 이어졌습니다. 평양의 부흥운동은 마침내 100만 전도운동으로 전국에 확산되었습니다. 그 결과 교세 확장을 위시하여 성경공부, 각종 기도회 바람이 폭풍처럼 일어났습니다. 해방 후 1973년 5월에 여의도에서 모인 빌리 그레이엄 전도대회에 200만의 군중이 모였습니다. 기독교 역사에 초유의 모임이 되었습니다.

다섯째, 영성운동의 폭발이었습니다. 원산, 평양 부흥 이후에 100만 인의 전도운동과 교회들마다 부흥사경회, 성경공부, 새벽기도회, 수요밤기도회 운동이 일어났습니다. 모든 지역에서 성경학교와 신학교 운동이 일어났습니다. 평양신학교는 한국의 유일한 신학교로 한국 교회 100년 역사의 초석 역할을 했습니다. 매년 수천 명의 신학생들을 배출했습니다. 도처에 자리 잡은 기도원은 한국 교회의 영성운동에 크게 이바지하였습니다.

여섯째, 전도운동과 선교운동입니다. 개 교회의 개척 전도는 말할 것도 없습니다. 군에서 일어난 군복음화운동은 전군신자화를 목표로 하여 합동세례식을 거행하는 놀라운 영적 장관들이 벌어졌습니다. 학교 안의 교목활동, 경목활동을 위시하여 교도소와 직장들에서 여러 복음전도운동이 전개되었습니다. 지금은 선교사의 수가 12,500명으로 세계 2위의 자리를 차지할 정도입니다.

일곱째, 민족과 국가 앞에 선구자적 역할을 하였습니다. 기독교의 복음은 실로 암울했던 이 땅에 새로운 역사의 새벽을 깨우는 개명의 종소리와도 같았습니다. 이 땅에 애국, 애족, 애민이란 말은 확실히 기독교적 산물이었습니다. 성경 번역이 한국 발전에 남긴 공헌은 대단했습니다. 기독교가 들어오기 전에는 학교라는 말이 없었습니다. 이 땅의 학교는 기독교로부터 시작되었습니다. 의료선교로 말미암은 국가적 공헌은 가히 기록적입니다. 이 땅의 수많은 병원들은 초창기에는 기독교 병원뿐이었습니다. 뿐만 아니라 교육 계몽운동, 생활의식 개선, 문화의식의 변혁을 기독교가 선도했습니다. 나라가 일본의 식민 통치에 들어갔을 때 애국, 애족으로 일어난 독립운동, 항일투쟁에 있어서 기독교의 공헌을 빠뜨리면 그 의미가 상실되어 버립니다.

이렇게 한국 교회는 한국 민족과 역사 앞에 선구자적 역할을 하였습니다. 특히 반공의식은 기독교 신앙이 핵심이었습니다. 나라를 사랑하는 마음이었습니다. 지금도 한국 기독교가 직접, 간접으로 국가에 공헌하는 사실을 소홀히 생각해서는 안 됩니다. 천만이 넘는 사람들이 담배를 안 피우고 술을 안 마시는 것은 국민의 건강과 경제에 크나큰 도움을 주고 있습니다.

이것이 한국 교회가 복음으로 이 땅에 심은 결과입니다. 복음은 사람을 살립니다. 영혼을 살립니다. 나라를 살립니다. 환경이나 모든 것들을 살리는 지름길입니다. 복음이 들어가면 죄를 더러워합니다. 부지런히 살아갑니다. 정직하고 성실하게 살아갑니다. 모든 것들이 정상적으로 돌아오게 하는 것이 복음입니다. 그래서 우리는 복음을 전해야 합니다. 사람을 살리는 길이 복음이기 때문입니다. 사람이 살면 나라가 살아나게 되는 것입니다.

본문을 보면 마지막 때에 있을 하나님의 심판을 이야기하고 있습니다. 오늘 말씀에서 다니엘은 이때까지 없던 환난이 일어날 것이라고 말합니다. 그러나 성경은 하나님께서 결코 의인을 악인과 같이 멸망시키지 않으신다고 말합니다. 아무리 힘든 환난이 우리를 덮친다 할지라도 반드시 그 가운데서 구원을 얻을 자가 있다는 것입니다.

본문 말씀에서 하나님께서는 미가엘 천사를 보내셔서 구원해 주신다고 말씀하십니다. 정말 놀라운 축복입니다. 이러한 심판과 환난 가운데서 우리 그리스도인들이 해야 할 것을 말씀하고 있습니다. 그것은 본문 3절입니다. "지혜 있는 자는 궁창의 빛과 같이 빛날 것이요 많은 사람을 옳은 데로 돌아오게 한 자는 별과 같이 영원토록 빛나리라."

이 말씀에서 가장 아름다운 최고의 지혜가 무엇인가를 말하고 있습니다. 최고의 지혜를 가진 사람은 궁창의 빛과 같이 빛날 것이라고 합니다. 본문에서 말하는 '궁창'이라는 말은 '펼쳐진 것, 확장된 것'이란 의미입니다. 다른 말로 하면 '아주 넓은 공간, 즉 광활한 공간'이라고 번역하고 있습니다.

지혜 있는 사람은 아주 넓게 소문이 난다는 말입니다. 이것은 땅에서만이 아닙니다. 하나님 앞에서까지 말하는 것입니다. 이 땅에서 사람들에게도 지혜의 소문이 퍼집니다. 그리고 하나님에게까지 지혜의 소문이 퍼진다는 말입니다. 이것은 축복 중에 대단한 축복을 말하는 것입니다.

본문에서 말하는 '지혜'는 '많은 사람을 옳은 데로 돌아오게 하는 것'을 말합니다. '옳은 데로'라는 말은 공의롭고 정의로운 것을 말합니다. 그러면 사람들이 살아가는 이 세상에서 가장 옳은 것은 무엇입니까? 바르게 사는 것도 옳은 것입니다. 어려운 사람을 도와주는 것도 옳은 것입니다. 그러나 최고의 옳은 것은 생명을 살리는 것입니다. 사람에게는 생명보다 더 소중한 것은 아무것도 없기 때문입니다. 그래서 예수님도 이런 말씀을 하셨습니다. "사람이 만일 온 천하를 얻고도 제 목숨을 잃으면 무엇이 유익하리요 사람이 무엇을 주고 제 목숨과 바꾸겠느냐"(마 16:26). 사람에게 목숨보다 더 소중한 것이 없다는 말입니다.

그런데 안타까운 것은 사람들이 목숨을 소중하게 생각하지 않습니다. 하나님께서는 우리의 육신을 한 번 죽도록 만드셨습니다. 그러나 인간은 다른 동물과 다르게 하나님의 형상으로 만드셨습니다. 그래서 영혼이 있습니다. 하나님은 인간을 흙으로 만들고 하나님의 영을 인간 안에 불어 넣으셨습니다. 그래서 인간은 다른 동물과 다르게 영적인 동물입니다. 그래서 인간만이 천국을 그리워하는 것입니다. 영원한 곳을 사모하게 되는 것입니다. 천국을 그리워하는 것은 하나님의 형상으로 만들어졌기 때문입니다. 그래서 인간은 천국 가기를 사모합니다. 지옥은 가기를 싫어하는 것입니다.

이 세상에서 가장 높고 가치가 있는 지혜는 전도하는 지혜입니다. 영혼을 천국에 보내는 지혜입니다. 하나님께서 영혼을 얼마나 사랑하셨으면 독생자인 예수님을 십자가에서 죽이면서까지 천국에 보내셨는지를 알아야 합니다. 그렇게 하나님은 죄인을 사랑하십니다.

본문에서와 같이 별처럼 빛나게 사는 사람이 누구일까요? 그는 이미 하나님께 구원받기로 작정되어 있는 사람입니다. 때가 찰 때 하나님의 구원의 은총을 깨닫고 믿는 사람입니다. 그는 구원의 빛을 받은 사람입니다. 하나님의 빛을 받아서 많은 사람을 전도하여 구원을 받게 하는 사람입니다. 전도하고 선교하는 사람입니다. 전도 자체가 별처럼 빛나는 삶입니다. 세상에 존재하는 성도는 복음 전도의 단체입니다. 바울은 "이 전도는 우리 구주 하나님이 명하신 대로 내게 맡기신 것이라"(딛 1:3)고 하였습니다.

예루살렘, 유다, 사마리아, 땅 끝은 우리의 전도 무대입니다. 예루살렘은 가까운 곳을 말합니다. 땅 끝은 멀리 있는 다른 나라를 말합니다. 우리는 가까운 전도를 열심히 해야 합니다. 멀리 선교도 열심히 해야 합니다.

제가 이번에 필리핀 목사님들에게 세미나를 하는 것은 정말 중요한 일을 하는 것입니다. 그들에게 뜨거운 열정을 심었습니다. 설교를 어떻게 만들고 목회를 어떻게 하는가를 자세히 심고 왔습니다. 그들이 도전을 많이 받았습니다. 필리핀 목사님들이 살아나면 동남아 지역이 살아나게 됩니다. 그들은 영어를 하기 때문에 어디든 가서 복음을 전할 수 있습니다. 이렇게 이 땅을 살아가는 그리스도인의 삶은 직·간접적으로 복음의 증인인 것입니다.

우리는 오늘부터 한 달 동안 우리가 살아가는 삶의 전쟁터에서 잃어버린 아브라함의 자손들을 예수께로 이끌어내는 '별들의 전쟁'을 벌이려 합니다. 그러면 하나님이 예비하신 수많은 영혼들이 하나님께로 돌아오는 기적 같은 일들이 일어날 것입니다. 마치 사도행전에서 수많은 무리가 예수께 나아온 것처럼 말입니다. 이번 한 달 동안 집중적으로 전도하시기를 바랍니다. 전도는 정말 사람이 하는 일 중에 가장 큰 일입니다. 사람을 살리는 일이기 때문입니다.

미국의 최대 석유회사 사장이 중국에 지사를 내면서 관리자를 찾고 있었습니다. 회사에서 내건 관리자의 자격 요건이 있었습니다. 30

세 미만이어야 합니다. 고등교육을 받았어야 합니다. 중국어를 잘해야 합니다. 지도자의 자질이 있어야 했습니다. 그러나 이런 자격을 갖춘 적임자를 찾기가 어려웠습니다. 시간이 지난 후 한 사람이 회사를 찾아왔습니다. "귀사에서 찾는 적격자를 알고 있습니다." "그는 얼마를 받고 있습니까?" "그는 침례교 선교사인데 연봉 6백 달러를 받습니다." "만일 그가 우리 회사에 온다면 연봉을 1만 5천 달러까지 줄 수 있소." 회사의 그런 제안이 선교사에게 전달되었습니다.

그러나 그의 대답은 간단했습니다. "연봉은 엄청납니다. 그러나 나는 관심이 없습니다. 당신들의 일이 너무 작기 때문입니다. 당신네 돈 1만 5천 달러를 받고 중국 사람들에게 석유를 파는 것보다 6백 달러를 받고 중국을 그리스도에게 인도하는 것이 훨씬 더 크고 가치 있는 일이라는 것을 알기 때문입니다."

그렇습니다. 영혼을 주님께 인도하는 일이 가장 크고 가치 있는 일이라는 것을 알아야 합니다. 영혼을 건지는 일에는 사람이 죽느냐 사느냐가 달려 있기 때문입니다. 천국과 지옥이 달려 있는 것입니다. 그래서 교회가 영혼을 건지는 일은 하늘의 별과 같은 큰일이라는 것을 알아야 합니다.

중국에 전도를 많이 하여 별명이 '송 전도'라고 불리던 사람이 있었습니다. 전도를 잘하고 예수를 잘 믿는 사람이 3남매를 남겨 놓고 젊은 나이에 죽었습니다. 그때 사람들이 예수를 잘 믿는 사람이 왜 빨리 죽었을까, 생각했습니다. 그런데 그 후에 그 자녀들이 축복을 받아 맏딸인 송경령은 중국의 아버지라 불리는 손문의 아내가 되었습니다.

그의 아들인 송자문은 경제학자로서 재정장관이 되었습니다. 막내딸인 송미령은 장개석 총통의 아내가 되어 삼남매가 그 넓은 중국을 통치한 때가 있었습니다.

영혼을 위해 수고하고 애를 쓰는 자는 스타가 됩니다. 성경의 면류관은 하나같이 영혼을 구원하고 돌아보는 자에게 주어지는 상급이었습니다. 오직 영혼을 건지려는 정신으로 살아가는 사람이 하늘나라 스타입니다. 하나님이 제일 기뻐하시는 일은 하나님의 뜻인 영혼을 구원하는 전도입니다. 우리는 이제 앞으로 한 달 동안 영혼을 건지려고 합니다. 이제 하늘의 스타가 되는 것입니다. 별들의 전쟁을 하는 것입니다. 여러분 모두 하늘의 별들이 되어 보시기 바랍니다. 그것은 영혼을 주께로 인도하는 것입니다.

## 하나님의 관점으로만

사도행전 5:33-42

그들이 듣고 크게 노하여 사도들을 없이하고자 할새 바리새인 가말리엘은 율법교사로 모든 백성에게 존경을 받는 자라 공회 중에 일어나 명하여 사도들을 잠깐 밖에 나가게 하고 말하되 이스라엘 사람들아 너희가 이 사람들에게 대하여 어떻게 하려는지 조심하라 이 전에 드다가 일어나 스스로 선전하매 사람이 약 사백 명이나 따르더니 그가 죽임을 당하매 따르던 모든 사람들이 흩어져 없어졌고 그 후 호적할 때에 갈릴리의 유다가 일어나 백성을 꾀어 따르게 하다가 그도 망한즉 따르던 모든 사람들이 흩어졌느니라 이제 내가 너희에게 말하노니 이 사람들을 상관하지 말고 버려두라 이 사상과 이 소행이 사람으로부터 났으면 무너질 것이요 만일 하나님께로부터 났으면 너희가 그들을 무너뜨릴 수 없겠고 도리어 하나님을 대적하는 자가 될까 하노라 하니 그들이 옳게 여겨 사도들을 불러들여 채찍질하며 예수의 이름으로 말하는 것을 금하고 놓으니 사도들은 그 이름을 위하여 능욕 받는 일에 합당한 자로 여기심을 기뻐하면서 공회 앞을 떠나니라 그들이 날마다 성전에 있든지 집에 있든지 예수는 그리스도라고 가르치기와 전도하기를 그치지 아니하니라

❈ **주제**: 신앙의 영적인 눈을 어떻게 가질 것인가?
❈ **목적**: 모든 것을 하나님의 마음과 눈으로 보게 한다.
❈ **구성**: 2, 대지

어느 날 낮의 해가 말했습니다. "나뭇잎은 초록색이야." 그런데 밤의 달이 나뭇잎은 은색이라고 우겼습니다. 다시 밤의 달이 말했습니다. "사람들은 늘 잠만 잔다." 그러자 낮의 해가 말했습니다. "아니야, 그들은 언제나 분주하게 움직이고 있다." 그러나 밤의 달은 그렇지 않다고 말했습니다.

이렇게 해서 낮의 해와 밤의 달이 말다툼을 벌였습니다. 그때 바람이 지나가다가 그들의 말을 들었습니다. 바람은 "둘 다 쓸데없는 논쟁들을 하고 있어"라고 웃으며 말했습니다. "나는 낮에 해가 떠 있을 때도 불고 밤에 달이 떠 있을 때도 불지. 해가 빛을 비추는 낮에는 해가 말한 대로 사람들은 바쁘게 움직이며, 나뭇잎은 초록색이 된단다. 그러나 달이 빛을 비추는 밤이 되면 모든 것이 달라져. 사람들은 잠을 자고, 온 땅이 고요해지며 나뭇잎은 은빛이 되는 거지. 너희들은 지금 자신의 관점에서만 보고 말하는 것이란다."

그렇습니다. 사람들은 바르게 알지 못하고 자기 경험을 토대로 각자의 관점만으로 판단하여 말할 때가 있습니다. 그래서 사카레라는 사람은 이런 말을 했습니다. "이 세상은 하나의 거울이다. 이 거울에는 사람들의 모습이 있는 그대로 비쳐진다. 당신이 이마에 주름을 짓고 거울을 대하면 거울도 주름을 짓고 마주 본다. 당신이 미소를 띠고 대하면 거울도 미소로 답한다." 모든 것은 보는 관점에 따라 달리 보인다는 것입니다. 그래서 바른 관점을 가지고 보아야 실수하지 않습니다. '관점'이라는 말은 '우리가 어느 것을 볼 때에 그것을 바라보는 마음의 생각이나 입장'을 말합니다.

본문 말씀은 초대교회에서 일어난 사건입니다. 예수님의 제자들은 성령을 충만하게 받았습니다. 그러자 제자들에게 용기와 자신감이 생겼습니다. 두려움이 없어졌습니다. 병자도 고칩니다. 귀신들이 떠나갑니다. 놀라운 기적이 여기저기서 일어나는 것입니다. 그러자 당시에 기득권층에 속한 제사장이나 사두개인들이 반발을 합니다. 사도들이 예수님의 부활을 전하는 것도 싫었습니다. 백성들이 사도들의 말을 듣고 따르는 것도 싫었습니다. 자신들의 입지가 위협받는다는 생각이 들었던 것입니다. 결국 복음을 전하는 사도들을 붙잡아 감옥에 넣습니다. 그러면서 사정없이 제자들을 두들겨 패는 것입니다.

그래도 제자들은 대제사장에게 "우리는 보고 들은 것을 말하지 않을 수 없다. 사람보다 하나님께 순종하는 것이 마땅하다. 우리가 이 일에 증인이다"라고 말합니다. 공회라는 엄청난 자리에서도 두려워 떨지 않습니다. 제자들은 당당합니다. 대제사장들은 화가 나서 사도들을 죽이려고 합니다. 본문 33절에서 이렇게 말합니다. "그들이 듣고 크게 노하여 사도들을 없이하고자 할새." 상황이 너무나 급박하게 돌아가고 있었습니다.

그런데 이러한 상황에서 가말리엘이라는 교법사(율법교사)가 나서서 중재합니다. 본문을 보면 "바리새인 가말리엘은 율법교사로 모든 백성에게 존경을 받는 자"라고 말합니다. 가말리엘 교법사는 율법을 가르치는 사람입니다. 지금의 법과대학 교수입니다. 가말리엘은 모든 백성에게 존경을 받는 사람이었습니다. 이 사람이 역사적인 사건을 예로 들면서 제자들을 변론하는 것입니다.

가말리엘은 드다와 유다의 이야기를 꺼냅니다. 이전에 드다는 자기를 가리켜서 위대한 인물이라고 선전하고 다녔습니다. 자신은 하나님이 보낸 선지자이며, 요단 강물을 가를 수 있다고 선전하면서 백성들을 동요시켰습니다. 이 말에 혹해서 사백 명이나 되는 사람들이 그를 따랐습니다. 그런데 그가 죽자 따르던 사람들이 모두 흩어졌습니다. 유다는 로마 정부에 대하여 반감을 가지고 동족들에게 로마에 세금을 내지 말자고 주장하면서 반란을 일으켰습니다. 나중에는 붙잡혀서 처형을 당했습니다. 그가 죽으니까 역시 따르던 사람들이 흩어졌습니다.

가말리엘은 최근에 일어난 두 이야기의 종말을 실례로 들면서 제자들을 밖으로 내보내고 이렇게 말합니다. 만약에 저들이 예수의 제자라고 한다면 드다와 유다처럼 시간이 가면 자연스럽게 없어질 것이라고 합니다. 그런데 만약에 저들이 하는 일이 하나님의 일이라면 당신들은 하나님을 거스르는 것이 되니 함부로 행동하지 말라고 하는 것입니다.

본문 38-39절입니다. "이제 내가 너희에게 말하노니 이 사람들을 상관하지 말고 버려두라 이 사상과 이 소행이 사람으로부터 났으면 무너질 것이요 만일 하나님께로부터 났으면 너희가 그들을 무너뜨릴 수 없겠고 도리어 하나님을 대적하는 자가 될까 하노라."

가말리엘은 영적인 사실에 대하여 확실하게 말합니다. 사도들이 전도하는 것이 하나님께로부터 났으면 우리가 무너뜨릴 수 없다는 것입니다. 오히려 함부로 했다가는 사도들을 해하는 것으로 끝나는 것이 아니라 하나님을 대적하는 일이 될 수 있다는 것입니다. 가말리엘은 하나님의 뜻을 기다려 보자고 중재안을 냈습니다. 이것이 본문의 내용입니다.

본문에서 우리는 어떤 관점으로 보는가 하는 것의 중요성을 알게 됩니다.

**1. 대제사장이나 바리새인들은 사람의 관점으로 사건을 보았습니다.**

제자들이 병자들을 고칩니다. 귀신을 몰아냅니다. 이렇게 되면 사람들이 바리새인이나 사두개인들을 따르는 것이 아니라 제자들을 따르게 됩니다. 그러면 그들의 위치가 흔들리게 됩니다. 쉽게 말해서, 밥을 먹고 사는 일에 지장이 생긴다는 것입니다. 이렇게 자신들의 입장만 생각하다 보니 제자들을 붙잡아서 채찍으로 때리고 감옥에 가두려는 것입니다.

이런 일은 오늘도 여기저기서 일어나고 있습니다. 모든 것을 자신들의 입장에서만 생각하고 결론을 내리는 경우가 정말 많습니다. 우리가 교회 봉사를 합니다. 교회 봉사는 나의 이익을 위해 하는 것이 아닙니다. 오직 하나님의 영광을 위해서 하는 것뿐입니다. 그렇게 하는 것이 진정한 믿음입니다. 그리고 그런 것이 하나님을 기쁘시게 하는 것입니다.

그런데 우리가 실수하는 것이 있습니다. 교회 봉사를 하면서 나의 입장이나 나의 관점으로 봉사를 합니다. 이 일에 대하여 하나님은 어떻게 생각하실까, 먼저 생각하지 않습니다. 내가 이렇게 말하고 생각하는 것을 성령님은 정말 기뻐하실까, 하는 생각을 하지 않는다는 것입니다.

여기에서 오늘날 교회의 모든 문제들이 생겨나는 것입니다. 하나님을 먼저 생각하고, 교회를 먼저 생각하고, 교회에 처음 나온 어린 영혼들이 상처받을 것을 먼저 생각해야 하는데 그러지 않습니다. 오직 나의 입장과 나의 이익만을 생각합니다. 그것이 오늘의 교회를 망치는 길이 되는 것입니다. 이런 자기중심적인 관점은 정말 교회에 아픔과 고통을 안겨주게 됩니다.

교인이 2,000여 명 모이는 어느 교회입니다. 그 지역에서는 가장 큰 교회입니다. 전에 있던 원로목사님께서 목회를 잘 하셔서 교회가 크게 성장했습니다. 그런데 새로 온 목사님이 교인들과 문제가 생겼습니다. 그때 여러 선후배에게 자문을 구했습니다. 저는 이렇게 대답을 했습니다. "제일 먼저 생각해야 할 것이 교회입니다. 상처받을 영혼들을 생각해 보세요. 그중에는 아주 교회를 떠날 사람도 있습니다. 교회를 제일 먼저 생각하시기 바랍니다." 그러면서 3년만 시간을 달라고 하여 다른 곳을 알아보라고 했습니다. 그런데 다른 사람들은 재판을 하라고 했습니다. 결국 재판으로 들어가면서 교회는 파국을 맞이했습니다. 지금은 교인들이 다 떠나서 500여 명 정도 남았다는 소식을 들었습니다. 교회 일은 이겨도 지는 것입니다. 져도 지는 것입니다. 양쪽 다 죽는 것입니다. 상처 입은 깊은 슬픔만 남았습니다.

저는 여러분에게 부탁을 드립니다. 언제나 신앙생활은 하나님의 관점으로만 생각하고 바라보아야 합니다. 혹시나 나의 관점과 생각으로 신앙생활을 한다면 내가 하나님을 대적하는 그 책임을 어떻게 지겠습니까? 그래서 신앙생활은 두렵고 떨리는 마음으로 해야 합니다. 언제 어느 때나 하나님의 관점으로만 바라보고 생각하는 여러분이 되시기를 축복합니다.

## 2. 하나님의 관점은 언제나 영혼을 구원하는 것입니다.

제자들은 전도하다가 능욕 받는 일을 기뻐했습니다. 본문에서 말하는 '능욕 받는다'는 말은 예수님이 명령하신 복음을 전하다가 '모욕을 당한다, 아주 창피를 당한다'는 것을 말합니다.

본문을 보면 "사도들은 그 이름을 위하여 능욕 받는 일에 합당한 자로 여기심을 기뻐하면서 공회 앞을 떠나니라"고 말하고 있습니다. 이렇게 능욕 받고 고난받는 것을 제자들은 기쁘게 여겼다고 말합니다. 본문은 "그 이름을 위하여"라고 말합니다. 예수 그리스도의 이름 때문에 핍박이나 능욕을 받는 것을 기뻐했습니다. 이것이 초대교회 성도들의 신앙이었습니다.

예수 이름을 위해서 능욕 받는 것은 하늘의 큰 상급이기 때문입니다. 신앙생활은 예수를 위하여 능욕 받는 기쁨을 맛보아야 합니다. 제자들은 공회 앞을 떠나면서도 기뻐했습니다. 매를 맞았는데도 기뻐했습니다. 복음을 전하다가 당하는 굴욕에도 원망하지 않았습니다. 오히려 주를 위하여 고난당하는 것을 기쁘게 여겼습니다. 하나님께 감사하고 기뻐하면서 날마다 성전에 있든지, 집에 있든지 예수는 그리스도라고 가르치기와 전도하기를 쉬지 않았습니다.

초대교회 제자들은 그들이 살아가는 삶의 전부가 복음을 전하기 위해서 살아가는 것이었습니다. 복음을 전하다가 죽을 수도 있었습니다. 제자들은 어떻게 예수의 복음을 전하는 일에 생명을 바칠 수 있었을까요? 그것은 예수님께서 십자가에 죽으시면서 주신 영생하는 생명 때문입니다. 그래서 제자들은 생명을 걸고 복음을 전할 수 있었습니다.

제자들이 처음부터 예수 그리스도의 이름을 위하여 능욕 받는 것을 기뻐한 것은 아닙니다. 더욱이 생명을 바칠 각오도 하지 않았습니다. 그런데 어느 날부터 능욕 받는 것을 기뻐합니다. 그것은 예수님께서 십자가에 죽으심이 바로 자신들을 위한 죽음이라는 것을 눈으로 보았기 때문입니다. 그것이 가장 구체적으로 확인되고 마음과 인격에 도장을 새기듯이 각인된 사건이 오순절 성령 강림입니다. 성령이 오셔서 눈으로 보았습니다. 귀로 들었습니다. 영생을 가슴으로 뜨겁게 믿도록 성령께서 새겨 주신 것입니다.

예수님의 죽으심과 부활은 부인할 수 없는 사실입니다. 우리는 그것을 믿습니다. 그런데 이것만 가지고 있으면 이성적인 신앙입니다. 이성적인 신앙으로는 목숨을 걸 수 없습니다. 믿음은 십자가의 죽으심과 부활과 영적인 조화를 이루어야 합니다. 성령의 충만함으로 머리의 신앙과 가슴의 신앙이 하나가 되어야 합니다. 머리와 가슴이 하나가 될 때에 확신으로 변하는 것입니다. 그때 주님을 위하여 죽을 수 있는 힘이 내 안에서 생겨납니다.

본문 42절을 보면, "그들이 날마다 성전에 있든지 집에 있든지 예수는 그리스도라고 가르치기와 전도하기를 그치지 아니하니라"라고 했습니다. 복음은 날마다 증거되었습니다. 복음을 증거하고 가르치는 일은 쉬지 말아야 합니다. 우리 금천교회는 복음을 전하는 일에 매진해야 합니다. 복음을 전하는 것이 교회의 본질이기 때문입니다. 복음을 전하는 것이 교회가 존재하는 이유이기 때문입니다.

사실 성도의 본업은 전도하는 일이어야 합니다. 전도를 위해서 직장도 나가야 합니다. 전도를 위해서 높은 자리도 필요한 것입니다. 전도를 위해서 먹어야 합니다. 전도를 위해서 건강해야 합니다. 모든 것이 전도에 초점이 맞추어진 것이 초대교회 성도들의 모습이었습니다.

이처럼 오늘날 우리에게도 전도로 우리의 인생을 마치려는 뜨거운 초대교회와 같은 열정이 있어야 합니다. 초대교회 성도들은 날마다 집에서나 어디서나 '예수는 그리스도'라고 전도하는 것을 그치지 아니했습니다. 이것을 우리가 배워야 합니다. 이것을 우리가 닮아가야 합니다.

영국 구세군의 창시자인 윌리엄 부스 대장의 이야기는 우리에게 쉬지 않고 전도해야 할 사명에 대해서 깊이 생각하게 합니다. 부스 대장은 "세상의 죽어가는 영혼을 살리기 위해서 우리의 전도는 결코 쉴 수 없이 사탄과 전쟁을 해야 한다"고 말했습니다. 그러면서 "세상의 전쟁은 휴전을 할 때도 있다. 그러나 천국 전쟁은 휴전이나 휴식도 없다. 또 돈을 받고 하는 것도 아니다. 그 돈은 하늘나라에서 받을 것이다"라고 말했습니다.

그렇습니다. 전도 때문에 지옥에 갈 사람이 천국에 가는 것입니다. 전도 때문에 마귀의 자녀가 하나님의 자녀로 구원을 받는 것입니다. 그래서 전도는 정말 그리스도인들에게 너무나 소중한 하나님의 명령입니다.

저도 친구의 전도로 교회에 나왔습니다. 전도하는 것을 성경은 이렇게 말합니다. "그런즉 그들이 믿지 아니하는 이를 어찌 부르리요 듣지도 못한 이를 어찌 믿으리요 전파하는 자가 없이 어찌 들으리요"(롬 10:14). 그렇습니다. 전하는 사람이 있어야 듣게 됩니다. 그리고 들어야 복음을 받아서 믿게 되는 것입니다. 그래서 복음을 전하는 마음과 발과 손은 정말 아름다운 것입니다.

특히 복음은 용기와 희망을 주는 능력이 있습니다. 좌절과 수렁에서 벌떡 일어나게 하는 능력이 있습니다. 열등의식에서 벗어나 '할 수 있거든이 무슨 말이냐? 믿는 자에게는 능치 못할 일은 없다'는 희망을 가지게 합니다. 그래서 복음은 개인을 살리는 능력이 있습니다. 복음은 집안을 살리는 능력이 있습니다. 복음은 국가를 살리는 능력이 있습니다. 복음은 나를 살리고, 우리를 살리고, 민족을 살립니다.

복음이 사람 안에 들어가면 어떻게 됩니까? 그 사람은 절대로 좌절하지 않습니다. 낙심하지도 않습니다. 어떤 경우에도 오뚝이처럼 일어나 기적 같은 인생을 살아가도록 힘을 주는 것이 복음의 능력입니다.

성경을 보면 교회 역사에 최초의 순교자 이야기가 나옵니다. 사도행전 7장에 나오는 스데반 집사입니다. 스데반 집사는 성령과 지혜와 믿음과 은혜와 권능으로 충만한 집사였습니다. 그런 분이 복음을 전하다가 반대하는 사람들에게 돌에 맞아 순교했습니다.

스데반 집사는 죽어가면서 기도했습니다. 사도행전 7장 60절을 보면 "주여 이 죄를 그들에게 돌리지 마옵소서 이 말을 하고 자니라"고 나옵니다. 지금 자기를 죽이는 살인자들의 죄를 용서해 달라고 기도하는 것입니다.

이 사건의 주동자인 사울이 기도를 들었습니다. 주님도 기도를 들으셨습니다. 기도를 들으신 주님은 사도행전 9장에서 사울을 만나 변화시켜 기독교 역사상 가장 위대한 전도자 바울이 되게 하셨습니다. 하나님은 스데반 집사를 초대교회 복음의 씨앗으로 쓰신 것입니다. 씨앗은 땅에 떨어져 죽어야만 열매가 맺힙니다.

하나님은 우리 교회에서 이런 씨앗을 찾고 계십니다. 누가 우리 교회의 복음의 씨앗이 될 수 있을까요? 여러분 가정과 직장에서 누가 스데반 집사처럼 씨앗이 될 수 있을까요?

저는 이런 생각을 해봅니다. 어차피 우리는 죽음을 향하여 달려가는 존재입니다. 다 죽을 것입니다. 그러면 스데반 집사처럼 순교할 수 있으면 정말 좋겠다는 생각입니다.

복음을 전하면 듣고 믿는 사람이 꼭 생깁니다. 사도행전 18장 10절을 보면 주님께서 환상 가운데 바울에게 "이 성중에 내 백성이 많음이라"고 말씀하십니다. 정말 예비하신 영혼들이 너무나 많이 있습니다. 그러므로 우리는 제자들처럼 쉬지 않고 복음을 전해야 합니다. 그래야 듣는 사람들의 마음을 성령님이 움직이실 것입니다.

우리는 사람의 관점으로 보지 말아야 합니다. 하나님의 관점으로 본다면 모든 것은 아름다울 수 있습니다. 하나님의 관점으로 보면 나를 내려놓을 수 있습니다. 그리고 하나님의 뜻을 따를 수 있습니다. 하나님의 관점으로 본다면 한 영혼이 얼마나 소중한가를 알게 됩니다. 그래서 그 한 영혼을 위해서 목숨을 걸 수 있어야 합니다. 이런 초대교회의 뜨거운 마음이 여러분에게 함께하기를 축복합니다.

## 예수님과 동역자들
누가복음 8:1-3

그 후에 예수께서 각 성과 마을에 두루 다니시며 하나님의 나라를 선포하시며 그 복음을 전하실새 열두 제자가 함께하였고 또한 악귀를 쫓아내심과 병 고침을 받은 어떤 여자들 곧 일곱 귀신이 나간 자 막달라인이라 하는 마리아와 헤롯의 청지기 구사의 아내 요안나와 수산나와 다른 여러 여자가 함께하여 자기들의 소유로 그들을 섬기더라

🍀 **주제**: 열심을 품고 복음을 위해 힘쓰게 한다.
🍀 **목적**: 열심을 회복하여 전도를 하게 한다.
🍀 **구성**: 2. 대지

세상은 열심히 일하는 사람들 때문에 발전해 갑니다. 우리가 누리는 편리한 발명품들은 수많은 시행착오를 겪으면서 노력한 사람들의 결과물입니다.

발명왕 에디슨이 오래가는 전구를 개발하기까지 1,000여 번의 실패가 있었습니다. 당시에 이미 전구는 개발되어 있었습니다. 그러나 전구의 수명이 너무 짧아서 사용할 수가 없었습니다. 에디슨은 전구의 필라멘트를 개발하기 위해 머리카락, 옷핀을 이용하여 실험을 했습니다. 심지어 휴지를 이용해서 실험을 하기도 했습니다. 그러다가 우연히 부챗살을 이용하여 필라멘트를 만들게 되었습니다. 그 결과로 1,500시간 이상 세상을 환하게 밝히는 전등이 만들어진 것입니다.

우리가 지금 편리하게 사용하는 자동차나 컴퓨터, 비행기 등은 수천 수만 번의 시행착오와 실패를 거듭하여 만들어졌습니다. 이 모든 것들은 지칠 줄 모르는 열정을 가진 사람들에 의해서 만들어지게 된 결과입니다.

미국인 작가인 오리슨 스웨트 마든은 이런 유명한 말을 했습니다. "현재 있는 곳이 아니라, 가고자 하는 곳에 초점을 맞춰라." 그렇습니다. 희망과 꿈의 사람은 오늘에 만족하지 않습니다. 더 나은 내일을 향하여 달려갑니다.

미국의 34대 대통령 트루먼은 이런 말을 남겼습니다. "고통에 대한 보상은 경험이다"(The reward of suffering is experience). 인간은 살면서 수많은 고통을 경험합니다. 그 고통 속에서 내가 배워야 할 뼈저린 경험을 해야만 미래의 사람이 된다는 말입니다. 경험으로 축적되지 고통은 그저 고통일 뿐입니다.

저는 옛날 컴퓨터를 쓸 때 설교가 세 번이나 날아가는 일을 겪었습니다. 그때 생각한 것은 이렇게 해서는 목회를 할 수 없다는 생각이었습니다. 그래서 설교를 미리 준비하는 습관을 만들었습니다. 지금은 너무나 감사하고 있습니다. 설교를 미리 준비하여 많이 읽어보면서 수정하고 교정을 하여 강단에 올라오기 때문입니다. 설교가 날아간 고통에 대한 보상으로 미리 준비하는 습관이 만들어졌기 때문입니다.

우리는 위대한 사람들의 전기를 읽습니다. 그 전기에는 공통적인 것들이 하나 있습니다. 그것은 위대하게 승리한 사람들은 모두 다 자신과의 싸움에서 이긴 사람들이란 것입니다. 자기의 어려운 환경을 이긴 사람들입니다.

이것은 주님의 일에서도 마찬가지입니다. 교회는 충성스러운 사람들로 세워졌습니다. 충성스러운 사람들이 없다면 오늘의 교회는 없었을 것입니다. 우리 교회도 충성스러운 장로님들과 말없이 섬기시는 여러분들 때문에 세워진 것입니다.

다윗은 항상 충실한 하나님의 종이 되려고 애를 썼습니다. 그러면서 세상에 충실한 자가 없는 것을 안타깝게 여기며 기도했습니다. 시편 12편 1절을 통해 이렇게 기도합니다. "여호와여 도우소서 경건한 자가 끊어지며 충실한 자들이 인생 중에 없어지나이다." 충성스런 종들 때문에 교회가 세워져 가는 것입니다.

본문은 예수님께서 여기저기 다니면서 전도하시는 모습을 보여주고 있습니다. 정말 부지런한 예수님을 보여줍니다. 열정적인 예수님의 모습을 볼 수 있습니다. 그리고 헌신적인 예수님의 동역자들의 모습도 볼 수 있습니다. 본문에서 예수님의 열정과 주님을 섬기는 사람들의 헌신을 배우려 합니다.

**1. 예수님은 열정적인 복음 전도자였습니다.**

열정은 기적을 만듭니다. 열정적인 사람에게 안 되는 일은 없습니다. 열정은 어떤 일에 열렬한 애정을 가지고 열중하는 마음을 말합니다. 저는 부목사님들에게 항상 부탁하는 말이 있습니다. "제발 애상을 가지고 주님의 일을 하라"고 말합니다. '애상'이라는 말은 '아파하는 주인의 마음'입니다. 주님이라면 이런 때에 어떻게 할까를 항상 생각하면서 목회를 하라고 합니다. 내가 담임목사라면 어떻게 할까를 항상 생각하면서 주님의 일을 하라고 말합니다.

본문 1절 말씀입니다. "그 후에 예수께서 각 성과 마을에 두루 다니시며 하나님의 나라를 선포하시며 그 복음을 전하실새." 예수님은 지치지 않는 열정을 가지고 복음을 전하셨습니다. 본문을 보면 예수님은 전도를 위해서 어느 한 장소에만 머물러 계시지 않았습니다. 예수님은 각 성과 마을에 두루 다니셨습니다. 성은 도시를 말합니다. 마을은 작은 동네를 말합니다. 예수님께서는 각 도시들과 작은 마을들을 다니시면서 복음을 전하는 사명을 감당하셨습니다.

예수님께서 성과 마을을 두루 다니며 전도하신 것처럼 우리도 전도의 지경을 넓혀 가야 합니다. 이제 좀 더 신앙의 지경을 넓혀서 나 혼자의 신앙만이 아니라 이웃의 영혼까지 바라보아야 합니다. 아무것도 모르고 지옥으로 달려가는 영혼을 바라보아야 합니다. 이웃의 구원을 생각해야 합니다. 영혼을 위해서 내가 감당해야 할 것들이 무엇인가를 생각해야 합니다.

지금까지 몸으로 전도하지 않았다면 몸으로 전도하시기 바랍니다. 지금까지 입술로 주님의 복음을 전하지 못했다면 입술로 복음을 전할 수 있기 바랍니다. 지금까지 전도대상자를 정하지 않았다면 전도대상자를 정해야 합니다. 전도를 위해 기도하지 못했다면 지금부터 복음이 땅 끝까지 전해지기를 위해 기도해야 합니다.

특히 한 영혼을 건지기 위해서 전도할 영혼을 정해야 합니다. 그리고 그 영혼과 좋은 관계로 만나야 합니다. 자주 접촉하면서 기도할 때에 마음이 움직여집니다. 정말 우리 주님처럼 한 영혼에 대한 뜨거운 열정이 있기를 바랍니다.

본문에서 주의 깊게 보아야 할 것이 있습니다. 주님이 복음을 전하실 때 많은 장애물이 있었습니다. 기득권 세력들의 경계와 배척으로 회당에서 자유롭게 말씀을 전하실 수 없었습니다. 그러나 예수님은 막힌 문제를 뚫고 전도하셨습니다.

주님은 회당만을 고집하지 않으셨습니다. 예수님은 도시와 농촌을 두루 다니셨습니다. 뿐만 아니라 산과 바다, 들판을 가리지 않고 복음전도의 현장을 만드셨습니다. 예수님에게는 어떤 걸림돌도 걸림돌이 되지 않았습니다. 예수님께서 들판으로 나가셨을 때 오히려 더 많은 사람들이 몰려와 은혜로운 말씀을 들을 수 있었습니다. 제자들을 제자 삼은 것도 강가에서 말씀을 전하실 때였습니다.

성경을 보면 바울의 전도에도 길이 막힐 때가 있었습니다. 아시아에 가서 전도하려고 했는데 성령께서 아시아에서 복음을 전하지 못하게 하셨습니다. 성경은 이렇게 말하고 있습니다. "성령이 아시아에서 말씀을 전하지 못하게 하시거늘 그들이 브루기아와 갈라디아 땅으로 다녀가 무시아 앞에 이르러 비두니아로 가고자 애쓰되 예수의 영이 허락하지 아니하시는지라"(행 16:6-7). 그래도 전도를 포기하지 않고 계속 길을 찾는 중에 밤에 환상을 보게 됩니다. 유럽의 첫 번째 성인 마게도냐 사람이 환상 중에 서서 바울에게 오라고 손짓을 합니다. 바울은 우리가 갈 곳이 이곳이구나 생각하고 유럽으로 발길을 돌려 복음을 전하러 갔습니다. 이것을 통해서 유럽의 복음화가 힘 있게 열리게 되었습니다.

우리의 전도의 삶도 마찬가지입니다. 장애물이 있어도 또 다른 길이 열려 있습니다. 사막의 음침한 골짜기가 있을 수 있습니다. 그러나 골짜기 건너편에 푸른 초장이 있습니다. 하나님은 합력하여 선을 행하시는 분입니다.

주님은 전도의 열심을 가지고 모범을 보여주셨습니다. 주님을 모델로 삼아 전도의 지경을 넓혀 가시기 바랍니다. 장애물을 두려워하지 않고 헤쳐 나가는 용기를 가져야 합니다. 한쪽 문이 닫혀도 하나님께서 반드시 더 넓은 다른 문을 열어 주신다는 것을 기억하시기 바랍니다. 주님의 열심을 사모하고, 주님을 닮아 전도하는 여러분이 되시기를 주님의 이름으로 축복합니다.

**2. 본문에 나오는 여인들은 주님의 전도를 위한 충실한 동역자들입니다.**

성경을 보면 예수님께 은혜를 입은 많은 사람들이 등장합니다. 예수님을 만나 병을 고침 받은 사람도 있습니다. 예수님을 만나 귀신에 붙잡혔다 자유하게 된 사람도 있습니다. 심지어 예수님 때문에 죽었다가 살아난 사람도 있습니다. 이런 사람들은 거의 다 훌륭한 헌신자들이 되었습니다.

특별히 누가복음에는 이름이 밝혀지지 않은 많은 헌신된 사람들이 기록되어 있습니다. 그 예로 70인 제자가 있습니다. 누가복음 10장에서는 70명의 제자들이 둘씩 짝을 지어서 전도자로 파송된 말씀이 나옵니다. 예수님께서 전도자로 파송할 정도의 제자들이 12명 외에도 70여 명의 특공대들이 있었던 것입니다. 예수님께서 승천하실 때에는 500여 명의 제자들이 있었음을 알 수 있습니다(고전 15:6).

본문에도 다른 복음서에 밝혀지지 않은 충성된 일꾼들이 있습니다. 주님께서 악한 귀신을 쫓아내 주셨습니다. 주님께서 병을 고쳐 주신 사람들입니다. 이들이 그 은혜에 감사하여 충성하고 헌신하고 있음을 말하고 있습니다. 본문 2-3절을 보면, "또한 악귀를 쫓아내심과 병 고침을 받은 어떤 여자들 곧 일곱 귀신이 나간 자 막달라인이라 하는 마리아와 헤롯의 청지기 구사의 아내 요안나와 수산나와 다른 여러 여자가 함께하여"라고 말하고 있습니다. 예수님 주변에는 항상 예수님을 섬기는 사람들이 이렇게 있었습니다.

주님은 여러분의 작은 선행이나 작은 헌신, 작은 충성도 다 기억하십니다. 주님은 "누구든지 제자의 이름으로 이 작은 자 중 하나에게 냉수 한 그릇이라도 주는 자는…결단코 상을 잃지 아니하리라"(마 10:42)고 말씀하셨습니다. 주님 곁에는 충실하게 섬겼던 여자 동역자들이 많이 있었습니다. 이런 예수님의 동역자들에게는 좋은 특징들이 있었습니다.

첫째, 여인들은 주님을 섬기는 일에 한마음 한뜻이 되었습니다.

주님을 따르는 여인들 중에는 막달라 마리아와 요안나가 있습니다. 막달라 마리아는 전에 일곱 귀신이 들렸다가 주님께서 귀신을 쫓아내 주셨던 여인입니다. 본문은 "또한 악귀를 쫓아내심과 병 고침을 받은 어떤 여자들 곧 일곱 귀신이 나간 자 막달라인이라 하는 마리아와"라고 말하고 있습니다.

'일곱 귀신'이란 귀신이 일곱이 들었다는 것보다는 완전히 귀신에 사로잡힌 상태를 말합니다. 귀신에게 완전히 영혼과 육체를 지배당한 비참한 삶을 말합니다. 그런 여인이 지금은 거룩한 여인이 되었습니다. 주님을 섬기는 헌신된 제자가 되었습니다. 막달라 마리아는 악귀에 붙잡혀 있었던 어둡고 무서운 과거를 가진 사람이었습니다.

반면 요안나는 막달라 마리아와 극과 극의 대조를 이루는 여인입니다. 요안나는 헤롯의 청지기 구사의 아내입니다. 요안나의 남편 구사는 왕의 청지기입니다. 청지기란 재산관리인입니다. 당시의 청지기는 대단한 권세를 가지고 있었습니다. 청지기는 심지어 주인의 재물을 빌려 주기도 합니다. 이율을 정하여 이자를 받기도 합니다. 이자를 깎아 주기도 합니다. 때에 따라서는 빚을 탕감해 주기도 할 정도입니다. 자기 재산처럼 주인의 재산을 관리해 주는 사람이 청지기입니다. 대단한 권세를 가진 사람입니다. 요안나는 상당한 권력을 가진 사람 구사의 아내입니다. 아마 손에 물 한 방울 묻히지 않고 살았던 여인일 것입니다.

이런 요안나이지만 아마 크게 병이 들었다가 주님께 고침을 받은 것 같습니다. 2-3절을 보면, "악귀를 쫓아내심과 병 고침을 받은 어떤 여자들"이라고 했습니다. 막달라 마리아는 악귀를 쫓아냄을 받은 사람입니다. 아마 요안나도 병을 고침 받은 사람일 것이라고 생각할 수 있습니다.

어두운 과거를 가진 막달라 마리아와 궁정의 귀부인 요안나가 한 공동체가 되어서 주님을 섬기는 일에 하나가 되어 있었습니다. 세상에서는 있을 수 없는 일입니다. 그러나 교회에서는 당연한 일입니다. 주님의 복음 안에서는 신분의 차이가 장벽이 될 수 없습니다.

만약 사회적 신분에 따라서 가정 안에서 차별이 있다고 한다면 그것은 가정이 아닙니다. 사회적 신분에 따라 교회 안에서 차별이 있다면 그것은 교회가 아닙니다. 현대인의 성경으로 골로새서 3장 11절을 보면, "여기에는 그리스 사람이나 유대인이나 할례를 받은 사람이나 할례를 받지 않은 사람이나 야만인이나 미개인이나 종이나 자유인이나 차별이 없습니다"라고 말하고 있습니다.

우리는 한마음으로 전도해야 합니다. 막달라 마리아와 요안나는 주님 안에서 하나가 되었습니다. 둘은 주님의 일에 헌신한 친구요, 동역자가 되었습니다. 예수님의 십자가의 현장에도 함께 동행하고, 주님이 부활하신 무덤에도 함께 동행하는 친구가 되었습니다. 주님을 섬기는 일에 한마음 한뜻이 된 것입니다.

둘째, 여인들은 숨어서 헌신한 사람들입니다.
본문에는 이름이 밝혀진 여인들도 있습니다. 그러나 이름이 밝혀지지 않은 여인들도 있습니다. "수산나와 다른 여러 여자가 함께하여 자기들의 소유로 그들을 섬기더라"고 말하고 있습니다. 이름이 밝혀지든지, 감춰지든지 그것은 중요한 것이 아니었습니다. 수산나는 성경에 어떤 정보도 제공해 주지 않습니다. 오직 이곳에만 등장하는 이름입니다. 수산나는 그나마 이름이 밝혀졌지만 이름도 밝혀지지 않은 사람들이 있습니다. 3절을 보면 "다른 여러 여자가 함께하여"라고 기록되어 있습니다.

여러분의 이름이 밝혀지지 않는 것으로 슬퍼하지 마시기 바랍니다. 이름이 밝혀지든, 밝혀지지 않든 그것은 중요한 일이 아닙니다. 이름이 밝혀지지 않은 사람들은 오히려 천국에서 더 찬란하게 빛나게 될 것입니다.

중요한 것은 주님께 쓰임 받는 것입니다. 이 여인들은 열두 사도들과 똑같은 하늘의 상급을 받는 지혜로운 주님의 일꾼들입니다. 주님은 그리스도인들이 받을 상급에 대하여 놀라운 약속을 주셨습니다. "선지자의 이름으로 선지자를 영접하는 자는 선지자의 상을 받을 것이요 의인의 이름으로 의인을 영접하는 자는 의인의 상을 받을 것이요"(마 10:41). 선지자만이 선지자의 상을 받는 것이 아닙니다. 그 선지자를 선지자로 영접한 자도 같은 상급을 받는 것입니다.

셋째, 여인들은 자기들의 소유로 그리스도를 섬겼습니다.

성도는 하나님께 쓰임 받는 것이 가장 복된 것입니다. 물질로든, 몸으로든, 시간으로든, 무엇으로든지 하나님께 쓰임 받는 자가 되어야 합니다. 본문의 여제자들은 "먹든지 마시든지 무엇을 하든지 다 하나님의 영광을 위하여"(고전 10:31) 하는 사람들이었습니다. 그것도 자기들의 소유로 하나님의 복음을 위해서 헌신했습니다. 이런 헌신된 종들을 통해서 하나님의 나라는 힘 있게 여러 지역으로 퍼져 나갔습니다.

주님은 정말 열정적인 전도자였습니다. 주님을 따르는 제자들도 충실한 전도자들이었습니다. 그들처럼 주님을 복음으로 섬긴 여인들도 찾기가 힘들 것입니다. 이들을 통해서 하나님의 나라가 여기저기에서 이루어졌습니다.

오래전 이야기입니다. 저녁이 되어서 잠을 자려고 누웠습니다. 이때 전화벨 소리가 울리는 것입니다. 교회 집사님이 교통사고로 중상을 입어 병원 응급실에 있다는 전화였습니다. 병원으로 급하게 달려갔습니다. 얼굴 부위는 붕대를 두른 채 겨우 한쪽 눈만 내어놓고 있을 뿐이었습니다. 저는 뭐라 위로할 말을 찾지 못하고 그의 손을 잡고 "집사님, 어떻게 된 일입니까?"라고 물어보았습니다. 조용히 저의 얼굴을 바라보던 집사님의 눈에서는 눈물이 흐르면서 얼굴을 감은 붕대를 적시고 있었습니다. 그리고 차분히 가라앉은 소리로 입을 열었습니다. "목사님! 염려 마세요. 괜찮습니다. 하나님께서 너무 오래 참으신 것이지요!" 집사님의 짧은 말 속에서 저는 깊은 의미를 알 듯하여 속으로 기도만 하고 있었습니다.

"하나님께서 너무 오래 참으신 것이지요!" 이 말 속에는 이만하기가 감사하다는 뜻도 들어 있습니다. 그리고 그동안 어떻게 신앙생활을 해야 하는지를 알면서도 정말 말씀과 믿음으로 살지 못했다는 뜻이기도 합니다. 전도하라고 하시는 하나님의 음성을 수없이 들었으면서도 전도하는 일에 순종하지 않았다는 말입니다.

"하나님이 너무 오래 참으셨습니다!"라는 이 말이 나에게는 해당되지 않는 것인지 곰곰이 생각해 보기를 바랍니다. 베드로후서 3장 9절입니다. "오직 주께서는 너희를 대하여 오래 참으사 아무도 멸망하지 아니하고 다 회개하기에 이르기를 원하시느니라."

우리는 하나님의 복음을 위하여 사는 사람들이어야 합니다. 하나님의 복음을 위해서 도시와 마을로 쉴 새 없이 돌아다니신 주님의 모습이 오늘 우리의 모습이 되어야 합니다. 오늘도 하나님의 영광을 위한 목적을 가지고 살아가는 저와 여러분이 되어야 합니다. 이번 한 달 동안 열심을 다하여 한 영혼을 건지는 여러분이 되시기를 축복합니다.

## 정답과의 싸움이다
누가복음 13:10-17

예수께서 안식일에 한 회당에서 가르치실 때에 열여덟 해 동안이나 귀신 들려 앓으며 꼬부라져 조금도 펴지 못하는 한 여자가 있더라 예수께서 보시고 불러 이르시되 여자여 네가 네 병에서 놓였다 하시고 안수하시니 여자가 곧 펴고 하나님께 영광을 돌리는지라 회당장이 예수께서 안식일에 병 고치시는 것을 분 내어 무리에게 이르되 일할 날이 엿새가 있으니 그동안에 와서 고침을 받을 것이요 안식일에는 하지 말 것이니라 하거늘 주께서 대답하여 이르시되 외식하는 자들아 너희가 각각 안식일에 자기의 소나 나귀를 외양간에서 풀어내어 이끌고 가서 물을 먹이지 아니하느냐 그러면 열여덟 해 동안 사탄에게 매인 바 된 이 아브라함의 딸을 안식일에 이 매임에서 푸는 것이 합당하지 아니하냐 예수께서 이 말씀을 하시매 모든 반대하는 자들은 부끄러워하고 온 무리는 그가 하시는 모든 영광스러운 일을 기뻐하니라

❦ **주제**: 공감의 가치를 알게 한다.
❦ **목적**: 공감을 하는 사람이 되게 한다.
❦ **구성**: 원 포인트

성화 중에 윌리엄 홀먼 헌트라는 화가가 그린 〈세상의 빛〉(The light of the world)이라는 유명한 그림이 있습니다. 이 그림에는 한 사람이 등불을 들고 오랫동안 굳게 닫혀 있는 문 밖에 서 있습니다. 문 주변에는 덩굴이 아무렇게나 늘어져 있습니다. 그것은 그 문이 사람의 왕래가 없이 오랫동안 닫혀 있음을 보여줍니다. 그 문을 예수님이 계속 두드리고 있습니다. 그리고 그 문에는 바깥에서 잡을 수 있는 손잡이가 없습니다. 집에 들어가려 하지만 손잡이가 없어서 들어갈 수 없습니다. 들어가는 길은 한 가지입니다. 안에서 열어 주지 않으면 들어갈 수 없는 문입니다. 마음의 손잡이를 안에서 열지 아니하면 열 수 있는 방법이 전혀 없습니다.

이 작품은 요한계시록 3장 20절의 말씀을 그림으로 그린 것입니다. 성경은 이렇게 말합니다. "볼지어다 내가 문 밖에 서서 두드리노니 누구든지 내 음성을 듣고 문을 열면 내가 그에게로 들어가 그와 더불어 먹고 그는 나와 더불어 먹으리라." 이 문의 특징은 밖에 문고리가 없다는 것입니다. 안에서만 열도록 되어 있습니다.

이 말씀을 통해 이런 생각을 할 수 있습니다. 구원은 오직 예수님을 영접해야만 얻는 것입니다. 예수님을 마음에 나의 구주로 영접하면 그 예수님께서 나의 인생에 항상 언제 어디서나 함께하신다는 것입니다. "그와 더불어 먹고"는 만군의 여호와 하나님과 한 밥상에서 함께 항상 먹는다는 말씀입니다. 이 얼마나 영광스런 일입니까? 함께 먹는다는 말은 내 인생에 동행하여 주신다는 말입니다. 예수님이 동행하시는 사람은 두려움이 없습니다. 예수님이 동행하시는 사람은 승리하는 인생이 됩니다. 예수님께서 항상 동행하시는 여러분이 되시기 바랍니다.

그것은 예수님을 나의 구세주로 마음에 영접해야만 가능합니다.

그러나 여기서 정말 말씀하시려는 것이 있습니다. 그것은 공감하시는 예수님이라는 것입니다. 예수님은 고통 가운데서도 나와 공감하십니다. 예수님은 기쁨 가운데서도 나와 공감하십니다. 날마다 함께 먹고 마시면서 공감하십니다. 먹고 마시면서 공감하는 것은 너와 나는 정말 가까운 사이라는 것입니다.

사람이 가장 빨리 친숙해지는 방법은 함께 먹고 마시는 것입니다. 친숙해지기 위해서 먹고 마시는 일을 하는 것이 우리의 인생입니다. 예수님과 한 밥상에서 먹고 마신다는 것은 예수님께서 나와 공감하여 주신다는 말입니다. '공감'(共感)이라는 말은 '그 사람의 주장이나 감정과 생각에 찬성하는 것'입니다. 공감은 '나도 당신과 같은 생각으로 느낀다'는 것을 말합니다.

공감은 서로가 마음을 열 때에 만들어집니다. 한쪽만 마음을 열면 공감이 될 수 없습니다. 양쪽 모두 다 마음을 열 때에 공감이 만들어집니다. 예수님은 이미 십자가로 마음을 여셨습니다. 이제 우리가 마음을 열어야 합니다. 마음을 연다는 것은 예수님을 전적으로 믿는 것입니다.

독일의 철학자 헤겔은 공감을 위해서 이런 말을 했습니다. "마음의 문을 여는 손잡이는 마음의 안쪽에만 달려 있다." 그렇습니다. 예수님이 아무리 마음을 열어도 내가 마음을 열지 않는 한 공감은 만들어지지 않습니다. 예수님은 이미 마음을 열어 주셨습니다. 이제 나도 마음을 열어야 합니다. 우리가 마음을 열 때에 공감은 만들어지는 것입니다.

마음을 열고 닫는 것은 모두 우리의 자유입니다. 만일 여러분이 어떤 상처로 인해 누군가에게 마음을 닫아 버리면 공감할 수 없습니다. 그 닫힌 마음을 열 수 있는 사람은 바로 자기 자신뿐입니다. 마음의 문을 열어 공감하는 손잡이는 내 마음의 안쪽에만 달려 있기 때문입니다.

누군가를 용서하는 것은 내 마음의 문에 채워진 자물쇠를 열고 손잡이를 돌리는 것입니다. 그때 자물쇠를 여는 것은 지금까지 용서하지 못했던 자신의 마음을 용서하여 나 자신과 먼저 공감하는 것입니다. 자신을 용서하여 공감하면 신기하게도 저절로 마음의 문 손잡이를 돌리고 싶어집니다. 헤겔은 이것을 "사랑에 의한 운명과의 화해"라는 말로 표현했습니다.

사랑이란 용서와 관용을 말합니다. 원망과 미움을 사랑으로 승화시켜 공감하는 능력입니다. 사랑으로 용서하면 원망도, 미움도 거짓말처럼 사라지면서 공감하게 됩니다. 지금까지 원망하고 미워한 것을 잊어버리고 공감하는 것이 사랑입니다. 여러분도 마음의 문을 열고 공감하시기를 응원합니다.

그런데 우리의 문제가 무엇인가를 알아야 합니다. 공감보다는 정답을 먼저 말하는 것입니다. 자녀를 키울 때에 이런 말을 잘합니다. "공부 잘해서 다른 사람 주냐? 다 너 잘되라고 공부 잘하라는 거야!" 그런데 이렇게 정답을 말해서 자녀가 공부 잘한 적은 없습니다. 먼저 자녀와 서로 공감을 해야 합니다. 정답을 말하는 것은 공감을 하는 데에 가장 무서운 적입니다. 예수님 같으면 어떻게 말씀하실까요? "공부하느라 많이 힘들지? 조금 쉬면서 해라. 너는 잘할 수 있어. 그러면서 건강도 생각해야지!" 이렇게 말한다면 눈물을 흘리면서 공감할 것입니다. 그리고 공부도 더 잘할 것입니다. 그런데 우리는 먼저 정답을 말하기 때문에 공감이 안 되는 것입니다.

우리가 공감하지 못하는 가장 큰 이유는 정답만을 말하기 때문입니다. 그런데 정답을 말하는 그 이면에는 자존심의 문제가 있습니다. 나의 주권을 포기하지 않기 때문에 정답만을 말하게 됩니다. 예를 들어서 부부지간에 문제가 생겼습니다. 그러면 나의 자존심을 내려놓고 말을 시작해야 합니다. 그런데 안타까운 것은 나의 자존심을 내려놓지 않고 문제를 풀려고 합니다. 그러면 절대로 풀 수 없습니다. "여보, 정말 미안해요. 내가 던진 말 한마디에 얼마나 마음이 아팠어요?" 이러면 10년 얼어붙은 얼음도 녹아내릴 것입니다. 그런데 이런 자존심을 내려놓는 말 한마디를 못하는 것입니다. 결국 공감은 자존심을 내려놓는 데서 시작이 됩니다.

본문 말씀은 예수님께서 안식일에 회당에서 18년 동안이나 귀신이 들려서 앓고 있는 환자를 고치신 이야기입니다. 이 환자는 몸이 뒤틀려서 조금도 펴지 못하고 고생하는 여인이었습니다. 예수님께서 이 여인에게 안수하셨습니다. 그러자 꼬였던 온몸이 펴지면서 건강한 몸이 되었습니다.

그런데 문제는 안식일에 병 고치는 것을 본 사람들이 왜 안식일에 병자를 고쳤느냐고 하면서 화를 내는 것입니다. 그러자 예수님께서 "외식하는 자들아! 너희의 소와 나귀는 외양간에서 끌어내어 물과 음식을 먹이면서, 18년 동안 사탄에게 매여 이 고생하는 사람을 고친 것이 어찌 합당하지 않느냐?"라고 반문하시는 것이 본문의 내용입니다.

우리는 본문에서 예수님께서 18년 된 병자와 공감하시는 것을 보게 됩니다.

첫째, 예수님은 말로 공감하셨습니다.

말(언어)이라는 것은 하나님께서 인간에게 주신 공감할 수 있는 가장 좋은 축복의 통로입니다. 사람은 말로 상처를 가장 많이 받습니다. 반대로 말로 가장 많은 위로를 받기도 합니다. 그래서 성경은 이렇게 말합니다. "온순한 혀는 곧 생명나무이지만 패역한 혀는 마음을 상하게 하느니라"(잠 15:4).

또 이런 말씀도 있습니다. "혀는 곧 불이요 불의의 세계라 혀는 우리 지체 중에서 온몸을 더럽히고 삶의 수레바퀴를 불사르나니 그 사르는 것이 지옥 불에서 나느니라"(약 3:6). 이 말씀은 혀를 잘못 사용하면 지옥이 된다는 말입니다. 사실 우리가 가장 먼저 상처받는 것은 말 때문입니다.

예수님은 상처받는 말씀은 사용하지 않으셨습니다. 본문을 보면 "여자여 네가 네 병에서 놓였다"라고 말씀하십니다. 이 말씀은 평생을 병으로 상처 입은 이 여인과 공감하시는 말씀입니다. 이 여인이 가장 필요로 하는 것은 병에서 고침을 받는 것입니다. 이 여인의 소원은 병 고치는 것입니다. 그런데 그 병에서 놓임을 받았다는 말씀은 이 여인과 예수님 사이에 공감이 시작되었다는 것입니다. 먼저 공감이 되면 그다음은 저절로 풀려갑니다. 예수님은 말씀으로 먼저 상처 입은 여인과 공감하셨습니다.

이솝 우화에 나오는 이야기입니다. 어느 농장 주인이 쥐덫을 놓았습니다. 그러자 쥐는 주변 동물들에게 어떻게 하면 쥐덫에 걸리지 않을까를 알려 달라고 도움을 요청했습니다. 그러나 다른 동물들은 '쥐덫은 오직 쥐 너에게만 무서운 것'이라고 말했습니다. 닭이나 양과 소 같은 동물들은 "너에게는 목숨이 달린 문제이지만 우리에게는 상관이 없다"고 말했습니다. 너와 함께해야 하는데 그럴 수 없어서 미안하다는 말 한마디 없었습니다.

그런데 얼마 후 쥐덫에 무엇인가 걸렸습니다. 주인 아주머니가 가서 보니 독사가 걸린 것입니다. 아주머니는 쥐덫을 열다가 그만 독사에게 물렸습니다. 병원에 이송을 했지만 죽을 것 같았습니다. 그러자 몸보신을 위해 닭과 양을 잡아먹었습니다. 결국 농부의 아내는 죽었고, 장례를 치르면서 소도 잡아먹었다는 이야기입니다.

우리가 사는 곳에는 아픔과 눈물과 여러 가지의 문제들이 많이 있습니다. 이런 문제들을 놓고 "많이 힘들지? 나도 다 이해해" 하며 공감하는 말이 있다면 얼마나 아름답겠습니까? 공감은 아픔을 함께하는 마음입니다. 공감은 기쁨도 함께하는 마음입니다. 공감은 모든 것을 함께하는 마음입니다. 먼저 예수님처럼 말로 위로하면서 공감하는 여러분이 되시기를 축복합니다.

**둘째, 예수님은 안수하심으로 공감하셨습니다.**

이 여인은 나이가 얼마나 됐는지 모릅니다. 여인의 아픔만 말하고 있기 때문입니다. 여인의 아픔은 18년이나 되었습니다. 귀신이 들려서 제정신이 아니었습니다. 온몸이 꼬부라졌습니다. 여인은 정신과 몸이 정상이 아니었습니다.

이런 여인의 몸에 예수님께서 손을 대셨습니다. 아마 처음으로 다른 사람의 손이 닿은 것이 아닐까요. 본문을 보면 "안수하시니"라고 나옵니다. 그때 이 여인의 마음은 너무나 따뜻했습니다. 태어나서 지금까지 이런 행복한 마음은 처음이었습니다. 예수님은 상처 입은 여인과 스킨십으로 공감하신 것입니다. 이런 공감은 이 여인에게 예수님에 대한 믿음을 심어 주었습니다. 사실 예수님은 하나님이시기에 모든 것을 하실 수 있었습니다. 그러나 그것보다 더 소중한 것은 이 여인의 마음을 얻는 것입니다. 그것은 공감하는 것입니다.

성경은 이렇게 말하고 있습니다. "즐거워하는 자들과 함께 즐거워하고 우는 자들과 함께 울라 서로 마음을 같이하며 높은 데 마음을 두지 말고 도리어 낮은 데 처하며 스스로 지혜 있는 체하지 말라"(롬 12:15-16). 이 말씀은 공감하라는 말씀입니다. 울고 있는 사람들과는 함께 울면서 공감하라는 말씀입니다. 웃고 있는 사람들과는 함께 웃으면서 공감하라는 말씀입니다.

그러면서 이렇게 말합니다. "서로 마음을 같이하며." 그렇습니다. 상대방과 마음을 같이하는 것이 정말 소중한 공감의 방법입니다. 공감은 저 사람이 물이라면 내가 물이 되는 것입니다. 저 사람이 기름이라면 내가 기름이 되는 것입니다. 그래야 공감이 되는 것입니다.

본문에서 예수님은 어렵고 힘든 여인에게 손을 대시면서 그 여인과 공감하십니다. 그때 이 여인은 예수님을 신뢰하게 됩니다. 손을 대는 스킨십의 공감에서 상처 입은 한 인간이 자기라는 존재감을 다시 회복하는 것입니다.

공감은 상대방의 입장에서 생각해 주는 것입니다. 공감은 상대방의 입장에서 들어주고 이해해 주는 것입니다. 공감은 고개를 끄덕이면서 '너를 이해한다'는 마음과 태도를 보이는 것입니다. 그런데 우리에게는 문제가 있습니다. 공감보다는 정답을 말하기 때문입니다.

제가 《명자 누나》라는 책을 읽으면서 많은 생각을 하게 되었습니다. 나는 자녀를 키울 때에 얼마나 공감했나를 생각해 보았습니다. 그런데 공감보다는 정답만 말한 것입니다. 무조건 공부 열심히 하라고 정답만 말한 것입니다. 그래서 정수 목사에게 전화를 했습니다. "정수 목사님, 미안합니다." 이렇게 말하자 어리둥절해하는 것입니다. 그러면서 공부 열심히 하라고만 했지 그동안 아들의 아픔과 고통을 함께 공감하지 못하고 정답만 말한 것에 대해 용서를 빌었습니다. 그러자 정수 목사도 눈물을 흘리는 것 같았습니다. 공감대가 만들어진 것 같았습니다. 공감은 역시 서로를 감동하게 하는 능력이 있습니다. 그러면서 "우리 주님의 십자가 복음을 위해서 열심히 목회하자" 하면서 이야기는 끝났습니다. 저의 마음도 시원해지는 것 같았습니다. 하나님도 기뻐하시는 것 같았습니다. 모두 다 기뻐지는 것 같았습니다.

정답을 모르는 사람은 아무도 없습니다. 자식이 공부 잘해야 한다는 것을 잘 알고 있습니다. 그러나 그것이 잘 안 되기 때문에 그들도 아파합니다. 남편이나 아내가 무엇을 어떻게 해야 가정이 행복한 것인 가는 너무나 잘 알고 있습니다. 그러나 그것을 잘 할 수 없기 때문입니다. 할 수 없는 사람에게 정답을 들이대면서 "왜 못하느냐? 왜 안 하느냐? 다른 사람은 다 하는데, 당신은 왜 그 모양이냐?" 이렇게 정답을 말한다고 해서 그 문제가 해결되는 것이 아닙니다. 그렇게 생각해 보면 우리의 문제는 정답만 말하는 것입니다.

정답보다는 공감이 먼저입니다. 그러므로 정답을 먼저 말하려고 하지 말아야 합니다. 어떻게 공감할까를 먼저 생각하는 지혜가 있기를 바랍니다. 그러면 전도도 잘 됩니다. 자신에게 공감해 주는 사람에게 마음을 여는 것입니다. 좋은 인간관계도 만들어집니다. 그때 전도가 되기 시작하는 것입니다.

《명자 누나》의 저자인 이한영 목사는 미국에서 의학 공부를 하고 있었습니다. 그가 인턴 수련의 과정에 있을 때에 병실에서 신음소리가 들렸습니다. 16세 소년이 온몸에 암 덩어리를 안고 안구가 눈 밖으로 튀어나온 상태로 고통받고 있었던 것입니다. 아프다고도 못해서 이제는 포기상태였습니다. 그 소년에게 조용하게 말합니다. "나에게 명자 누나가 있어. 그런데 지금 너무 오랜 시간 동안 암으로 고통을 겪고 있어." 이런 이야기를 오랜 시간 했습니다. 그때 마음과 마음이 서로 통하는 공감의 시간이 되었습니다.

그때 복음을 전해야 한다는 생각이 들어서 "너에게 꼭 해주고 싶은 이야기가 있는데, 말해도 될까?"라고 하자 아이는 하라고 합니다. 그때 복음을 전했습니다. 그리고 "예수님을 너의 마음에 영접하지 않겠니?"라고 물으니 아이가 "나 예수님을 나의 구주로 영접할래요"라고 말합니다. 옆에 계신 어머니도 고개를 끄덕였습니다. 그래서 영접기도를 했습니다. 그 아이는 기쁨으로 예수님을 영접했습니다. 그리고 며칠 후 하나님의 부르심을 받았습니다.

정답은 정말 맞는 말입니다. 그러나 정답으로는 서로 공감을 할 수 없습니다. 정답보다 공감이 먼저입니다. 공감이 되면 모든 것이 저절로 엉킨 실타래 풀리듯이 풀립니다. 공감은 마음의 눈물로 강을 만들게 합니다.

지난해인가요? "민중은 개돼지와 같다"는 발언으로 문제가 되어 파면을 당한 교육부의 정책기획관이 있었습니다. 그 사람은 공감이라는 것이 무엇인지를 아예 모르는 사람입니다. 그에게는 오직 어리석은 정답만 있을 뿐입니다. 우리는 정답보다는 어떻게 공감할 것인가를 마음 깊이 고민해야 합니다. 한마디로 말하면, 정답과의 싸움입니다. 다 알고 있는 정답만 말하지 마시기 바랍니다. 정답보다는 공감을 훈련하시기 바랍니다.

정말 전도하기를 원한다면 전도 대상자와 먼저 공감하시기 바랍니다. 전도 대상자가 말도 안 되는 이야기를 하더라도 당신 입장에서 생각하면 그럴 수 있다고 공감하시기 바랍니다. 공감할 때에 마음이 열려 영혼을 건질 수 있기 때문입니다. 공감은 모든 문제 해결의 실마리입니다. 공감으로 전도의 결과를 만들 수 있기를 바랍니다.

## 오직 기도, 오직 전도
마가복음 1:35-39

새벽 아직도 밝기 전에 예수께서 일어나 나가 한적한 곳으로 가사 거기서 기도하시더니 시몬과 및 그와 함께 있는 자들이 예수의 뒤를 따라가 만나서 이르되 모든 사람이 주를 찾나이다 이르시되 우리가 다른 가까운 마을들로 가자 거기서도 전도하리니 내가 이를 위하여 왔노라 하시고 이에 온 갈릴리에 다니시며 그들의 여러 회당에서 전도하시고 또 귀신들을 내쫓으시더라

❀ **주제**: 기도와 전도의 중요성을 알게 한다.
❀ **목적**: 기도하고 전도하게 한다.
❀ **구성**: 2. 대지

본문 중에서 우리가 조심스럽게 보아야 할 말씀이 있습니다. 예수님께서 "귀신들을 내쫓으시더라" 하는 말씀입니다. 이 말씀은 우리가 살고 있는 이 세상이 영적인 싸움의 현장임을 보여줍니다. 예수님께서 귀신을 내쫓았다고 하는 것은 귀신과의 싸움에서 승리하셨다는 말씀입니다.

사실 우리는 삶의 현장에서 악한 영들과 영적으로 피 터지게 싸움을 하면서 살아가고 있습니다. 그러므로 보고 듣는 모든 일들에서, 악한 영들과의 영적인 싸움에서 승리하는 우리가 되어야 합니다.

우리가 이 세상을 보는 것은 세 가지입니다. 첫째, 육신의 눈으로 보는 것입니다. 육신적인 눈으로 보면 모든 것들은 사람들이 하는 것들입니다. 사람들이 싸움과 전쟁을 합니다. 사람들이 좋은 일도 합니다. 사람들이 사람을 죽이는 나쁜 일도 합니다. 이 세상에 일어나는 선과 악의 모든 일들은 사람들이 하는 것입니다. 이런 것들을 육신의 눈으로만 보면서 사람들이 이렇게 하는구나, 보고 말하는 것입니다.

둘째, 지식의 눈으로 보는 것입니다. 많은 사람들이 지식으로 종교생활을 하는 경우가 있습니다. 논리와 이성에 맞아야 받아들이는 경우가 많이 있습니다. 그러나 그것은 정말 잘못입니다. 신앙생활은 영이신 하나님과의 문제를 해결하는 것이기 때문입니다. 영의 문제를 논리와 이성으로 해결할 수는 없습니다. 영은 영적으로만 해결할 수 있는 것입니다.

셋째, 영적인 눈으로 보는 것입니다. 이 세상은 공중 권세 잡은 악한 영이 지배하는 곳입니다. 이것을 에베소서에서 이렇게 말합니다. "그때에 너희는 그 가운데서 행하여 이 세상 풍조를 따르고 공중의 권세 잡은 자를 따랐으니 곧 지금 불순종의 아들들 가운데서 역사하는 영이라"(엡 2:2). 이 세상 공중 권세 잡은 자로 불리는 악한 영들이 하나님의 형상으로 지음을 받은 인간을 괴롭힙니다. 이 악한 영의 이름은 아주 다양합니다. 사탄이라고 합니다. 마귀, 바알세불, 시험하는 자라는 여러 가지의 이름으로 우리를 괴롭힙니다.

그래서 온 천하보다 귀한 하나님의 사람들에게 악한 영들은 육신의 질병을 가져오기도 합니다. 정신적 질병을 일으키기도 합니다. 도덕적으로 타락시키려 합니다. 하나님께서 주신 선한 양심에 화인을 맞게 하기도 합니다. 때로는 거짓 교훈을 퍼뜨립니다. 하나님이 택하신 자녀들의 영적 성장을 가로막기도 합니다. 이 모든 것들은 하나님의 선하신 목적을 훼방하기 위해서입니다. 그리고 자기의 세력을 확장하기 위한 사탄의 전술입니다.

이러한 마귀의 악한 행태는 "광명의 천사"(고후 11:14)로 가장하여 찾아오기도 합니다. 택하신 자녀들도 미혹하여 자기 수하에 두려고 하고 있습니다. 그런데 영의 눈이 어두워진 사람들은 그것을 자기의 이상을 추구하는 것으로 착각합니다. 결국 자기의 영혼을 멸망시키며 살아가고 있습니다.

지금도 얼마나 많은 하나님의 백성들이 오직 돈과 물질, 지위, 명예, 권세, 향락에 도취되어 자기의 본분을 망각한 채 살아가고 있는지 알수가 없습니다. 이 모든 것이 악한 영들에게 미혹된 자들이 추구하는 헛된 것들입니다. 이런 악한 영들에게서 모든 사람들을 구원하는 것이 하나님의 목적입니다.

본문은 예수님의 하루 일과를 말하고 있는 내용입니다. 예수님의 하루 일과는 아주 단순했습니다. 먼저 기도하셨습니다. 그 기도는 악한 영들이 지배하는 이 세상에서 영적으로 무장하시기 위해서입니다. 그리고 영적 무장을 하신 다음에 여기저기 마을을 돌아다니면서 전도하셨습니다. 이것이 예수님의 하루 일과였습니다. 오늘 우리도 마찬가지여야 합니다. 예수님처럼 오직 기도, 오직 전도여야 합니다. 이것이 영적으로나 육적으로 승리하는 지름길이기 때문입니다.

우리는 악한 영들이 우글거리는 이 세상에서 승리하기 위해서 해야 할 일이 있습니다. 승리해야 합니다.

**1. 오직 기도하는 것입니다.**

기도는 영적인 일을 하는 사람들에게 없어서는 안 될 무기입니다. 기도의 무기를 소유하지 않고는 도저히 악한 영들과 싸워서 이길 수 없습니다. 악한 영들과 싸워서 이기기 위해서는 기도밖에 없습니다.

본문을 보면 예수님의 하루 일과 시작이 이렇게 나옵니다. "새벽 아직도 밝기 전에 예수께서 일어나 나가 한적한 곳으로 가사 거기서 기도하시더니." 우리의 싸움은 악한 영들과의 영적인 전쟁입니다. 보이지 않는 악한 영들과의 싸움에서 이기기 위해서는 기도밖에 없습니다.

기도는 하나님의 능력을 덧입는 유일한 길입니다. 기도는 영적인 무기를 소유하는 유일한 길입니다. 기도는 하나님과 동행의 길을 걸어가는 것입니다. 이 세상에서 하나님과 동행하는 것보다 더 안전한 것은 없습니다.

인간은 믿을 수 없습니다. 인간은 자신의 이익이나 손해에 얼마나 민감한지 모릅니다. 조금만 손해를 본다면 금방 배신을 하는 것이 인간입니다. 이 세상에서 인간과 동행해서 잘된 사람은 거의 찾아볼 수가 없습니다. 그만큼 배신의 행위가 많다는 증거입니다. 시작은 잘합니다. 그러나 끝은 비참합니다. 그러므로 나의 인생에서 누구와 함께 하느냐가 성공과 실패의 원인이 됩니다. 자신의 이익만을 좇는 인간과의 동행은 실패가 훤하게 보입니다. 인간의 능력은 한계가 있습니다. 인간이 얼마나 도와줄 수 있을까요? 자신의 일도 제대로 처리할 수 없는 것이 인간인데 누구를 도와준다는 말입니까?

제가 가끔 양궁장에서 보는 일입니다. 패러글라이딩을 하는 사람이 하늘에서 새처럼 내려옵니다. 거의 혼자서 내려옵니다. 그런데 어느 때는 둘이서 내려옵니다. 혼자 내려오는 경우 그래도 잘 나는 사람입니다. 그러나 둘이서 내려오는 사람은 한 사람은 초보자입니다. 그리고 한 사람은 아주 잘 나는 교관입니다. 비록 잘 날지 못하는 사람이라도 잘 나는 교관이 함께하기 때문에 두려움 없이 창공을 잘 날 수 있습니다.

내가 누구와 함께하느냐 하는 것이 중요합니다. 좋은 친구와 함께해도 행복합니다. 그런데 전능하신 하나님과 함께한다면 우리의 인생이 얼마나 행복한가를 알아야 합니다. 내일 일을 아무도 모르고 살아가는 우리의 인생길에서 모든 것을 알고 계시는 하나님과 함께 동행하는 것은 정말 복된 길입니다.

본문에서 예수님은 한적한 곳에 가서 기도하셨습니다. 한적한 곳은 조용한 곳입니다. 혼자 생각하면서 기도할 수 있는 곳입니다. 그곳이 안방일 수도 있습니다. 그곳이 산일 수도 있습니다. 그곳이 새벽기도일 수도 있습니다. 기도가 될 만한 곳이 한적한 곳입니다. 그런 곳을 찾아서 기도하시기 바랍니다.

기도로 창조주 하나님께서 함께하십니다. 기도로 전능하신 하나님께서 함께하십니다. 기도가 영적인 힘으로 함께합니다. 그러므로 기도가 영적인 신앙생활에서 얼마나 소중한 일인가를 알아야 합니다. 그래서 예수님도 하루 일과를 기도로 시작하셨습니다. 기도는 전능하신 하나님이 함께하시는 길입니다. 기도는 하나님의 영으로 충만해지는 방법입니다. 기도의 가장 큰 축복은 하나님과 동행하는 것입니다.

마가복음 9장을 보면 아이에게서 귀신을 쫓아내 달라는 부탁을 받는 제자들의 이야기가 나옵니다. 그런데 아무리 귀신을 내쫓아도 나가지 않는 것입니다. 제자들은 예수께서 집에 들어가시자 조용히 여쭈었습니다. "우리는 어찌하여 그 귀신을 쫓아내지 못하였습니까?" 이때 예수님께서 중요한 비밀을 말씀해 주셨습니다. "기도 외에 다른 것으로는 이런 종류가 나갈 수 없느니라"(막 9:29). 그렇습니다. 제자들은 기도 없이 귀신을 쫓아내려 했습니다. 기도 없이 한다고 하는 것은 내 힘으로 내가 한다는 것입니다. 인간의 힘은 정말 보잘것없습니다. 기도는 모든 문제를 해결하는 마스터키와 같습니다. 무한한 능력을 소유하신 전능하신 하나님과 동행할 수 있는 영적인 통로가 되는 것입니다.

'피의 여왕'이라는 별명이 붙은 잔학한 메리 여왕도 "십만 대군보다 더 무서운 것은 존 녹스의 기도다"라고 말했습니다. 미국의 초대 대통령이었던 조지 워싱턴도 기도의 능력으로 나라를 다스렸습니다. 그가 매일 밤 9시를 정기적인 기도 시간으로 정하고 기도만 하면서 일체의 면회도 사절했던 일은 유명한 일화입니다.

어떤 일보다도 더 먼저 해야 할 일은 기도입니다. 기도는 영적인 능력을 소유하는 길입니다. 기도가 하나님과 동행하는 길이기 때문입니다. 앞으로 모든 일들을 기도함으로 승리하시기를 축복합니다.

**2. 오직 전도하는 것입니다.**

본문을 보면 예수님은 먼저 새벽에 일어나 기도하셨습니다. 기도를 충분하게 하신 후에는 낮에 전도하러 가셨습니다. 먼저 기도로 영적으로 충만하게 무장하신 후에 전도하신 것입니다. 전도는 악한 영들에게 잡힌 자를 빼앗는 일입니다. 악한 영에 사로잡힌 자에게 자유를 주는 것입니다.

주님은 본문에서 말씀하십니다. "이르시되 우리가 다른 가까운 마을들로 가자 거기서도 전도하리니 내가 이를 위하여 왔노라 하시고 이에 온 갈릴리에 다니시며 그들의 여러 회당에서 전도하시고 또 귀신들을 내쫓으시더라."

예수님은 갈릴리 주변 여러 마을을 돌아다니시면서 여러 회당에서 전도하셨습니다. 그러면서 전도를 위해서 이 땅에 왔다고 하시는 것입니다. 그리고 악한 귀신들도 쫓아내셨습니다.

본문을 보면 예수님께서 "내가 이를 위하여 왔노라" 하고 이 땅에 오신 이유를 분명하게 말씀하십니다. 전도 때문에 이 땅에 하나님께서 사람이 되어서 오셨습니다. 이 말씀은 전도가 얼마나 소중한가를 말씀하시는 것입니다. 전도가 가장 가치 있다는 것을 말씀하시는 것입니다. 전도보다 더 소중한 것은 없다는 말씀입니다. 왜 전도가 그렇게 가치가 있는 것일까요? 생명을 살리는 일이기 때문입니다. 사람의 생명을 살리는 일보다 더 가치 있는 일은 아무것도 없습니다. 인간에게 가장 소중한 것은 생명이기 때문입니다.

예수님께서는 한 영혼이 천하보다 귀하다고 말씀하셨습니다. 마가복음 8장 36절입니다. "사람이 만일 온 천하를 얻고도 자기 목숨을 잃으면 무엇이 유익하리요." 이 말씀은 이 세상에서 천하를 얻고도 나의 영혼이 지옥에 떨어진다면 무슨 의미가 있느냐 하는 물음입니다. 한 영혼이 지옥 갈 것을 생각하면 전도는 정말 시급한 것입니다.

전도를 위해서 우리는 가까운 마을로 가야 합니다. 가까운 마을은 새신자 전도를 말합니다. 가까운 마을은 믿다가 쉬는 분들을 말합니다. 가까운 마을은 전도를 위해서 기도하는 것입니다. 가까운 마을은 우리의 부모나 자녀들을 말합니다. 가까운 마을은 친구나 친척을 말합니다.

오늘 우리 주변의 수많은 영혼들이 지옥으로 달려가고 있습니다. 오늘 지구상의 인구 중에 70%는 지옥으로 쏜살같이 휩쓸려 달려가고 있습니다. 그러므로 우리는 전도가 얼마나 시급한가를 알아야 합니다. 우리는 온 천하보다 귀한 영혼을 구원해야 합니다. 때가 정말 급합니다. 지금은 교회의 최대 우선순위를 영혼 구원에 두어야 할 때입니다. 한 영혼이 너무나 귀하기에 시급하게 전도하여야 합니다.

요한계시록 14장을 보면 사도 요한이 심판의 환상을 보는 장면이 나옵니다. 머리에 면류관을 쓰신 예수님께서 손에 낫을 들고 구름 위에 계셨습니다. 그 예수님께서 "낫을 땅에 휘두르매 땅의 곡식이 거두어지니라"(16절)고 하였습니다. 그리고 "천사가 낫을 땅에 휘둘러 땅의 포도를 거두어 하나님의 진노의 큰 포도주 틀에 던지매"(19절)라고 나옵니다. 이 말씀은 심판을 말씀하는 것입니다. 곡식을 거두는 것은 영혼을 건지는 것을 말합니다. 진노의 포도주 틀에 던진다는 것은 지옥으로 멸하는 것을 말합니다.

우리는 하나님의 심판의 때가 이르기 전에 한 영혼이라도 천국에 보내야 합니다. 지옥에 보낼 수는 없습니다. 그러기 위해서 우리가 해야 할 것은 두 가지뿐입니다. 먼저 기도로 영적인 무장을 하는 것입니다. 그리고 뜨거운 예수님의 마음으로 전도하는 것입니다. 기도와 전도의 두 철길을 달리면서 오직 영혼을 건지는 일에 최선을 다해야 합니다.

지금은 주님께서 낫을 들고 알곡을 추수하시려는 때라는 것을 알아야 합니다. 그러기에 전도는 매우 시급합니다. 지금이 전도의 시기입니다. 영혼을 건질 시기를 놓치면 안 됩니다. 예수님은 사마리아 여인을 우물 곁에서 전도하셨습니다. 이 여인이 물동이를 버려두고 사마리아 동네로 들어가서 외쳤습니다. 여인의 전도를 듣고 많은 사람들이 예수님을 믿었습니다.

우리는 특별히 지옥의 고통이 얼마나 심한가를 알아야 합니다. 성경 속 부자와 거지 나사로의 이야기를 잘 알고 있을 것입니다. 그 지옥의 고통이 너무나 심하기 때문에 전도하여야 한다고 우리에게 가르치고 있습니다.

존 웨슬리 목사는 이렇게 말하였습니다. "지옥은 영과 육의 모든 괴로움의 중단이 없다. 고통의 연기가 밤낮으로 피어오른다. 또한 고난이 극에 달한다. 고통이 극심하여도 한 순간도 감소될 가능성이 전혀 없다."

예수님께서도 지옥의 고통에 대하여 분명히 말씀하셨습니다. 마가복음 9장 43-49절에 이렇게 말씀하십니다.

"만일 네 손이 너를 범죄하게 하거든 찍어버리라 장애인으로 영생에 들어가는 것이 두 손을 가지고 지옥 곧 꺼지지 않는 불에 들어가는 것보다 나으니라 만일 네 발이 너를 범죄하게 하거든 찍어버리라 다리 저는 자로 영생에 들어가는 것이 두 발을 가지고 지옥에 던져지는 것보다 나으니라 만일 네 눈이 너를 범죄하게 하거든 빼버리라 한 눈으로 하나님의 나라에 들어가는 것이 두 눈을 가지고 지옥에 던져지는 것보다 나으니라 거기에서는 구더기도 죽지 않고 불도 꺼지지 아니하느니라 사람마다 불로써 소금 치듯 함을 받으리라."

이와 같이 지옥은 정말 무서운 곳입니다. 그러므로 지옥으로 달려가는 영혼들을 구원하는 것은 너무나 중요한 일입니다.

슈테른베르크가 그린 유명한 예수님의 그림이 있습니다. 머리에 가시관을 쓰고 빌라도와 유대인들 앞에서 조롱을 받으면서 서 있는 예수님의 모습입니다. 그 그림의 제목은 〈이 사람을 보라〉입니다. 그리고 그림 밑에는 이런 글이 적혀 있습니다. "나는 너를 위해 이렇게 십자가에서 조롱을 받았다. 너는 나를 위해 무엇을 하였느냐?"

오늘 주님은 나에게 물으십니다. "내 너를 위하여 몸 버려 피 흘려 네 죄를 속하여 살 길을 주었다. 널 위해 몸을 주건만 너는 무엇을 주느냐? 널 위해 몸을 주건만 너는 무엇을 주느냐?" 이 물음에 어떻게 답하시겠습니까?

우리 교회는 "오직 기도, 오직 전도"라는 표어 아래 한 해를 출발하려고 합니다. 오직 기도와 전도라는 것은 교회의 가장 기초가 되는 것입니다. 기도와 전도는 주님께서 가장 기뻐하시는 일입니다. 기도와 전도로 한 해를 승리하시기를 축복합니다.

## 권위 없는 자처럼
### 이사야 53:7-9

그가 곤욕을 당하여 괴로울 때에도 그의 입을 열지 아니하였음이여 마치 도수장으로 끌려가는 어린 양과 털 깎는 자 앞에서 잠잠한 양같이 그의 입을 열지 아니하였도다 그는 곤욕과 심문을 당하고 끌려갔으나 그 세대 중에 누가 생각하기를 그가 살아 있는 자들의 땅에서 끊어짐은 마땅히 형벌 받을 내 백성의 허물 때문이라 하였으리요 그는 강포를 행하지 아니하였고 그의 입에 거짓이 없었으나 그의 무덤이 악인들과 함께 있었으며 그가 죽은 후에 부자와 함께 있었도다

❈ **주제**: 예수님의 십자가 사랑을 알게 한다.
❈ **목적**: 십자가 사랑을 실천하는 사람으로 살게 한다.
❈ **구성**: 3. 대지

몇 년 전 일입니다. 경기도 이천의 모 고교의 '기간제 교사 빗자루 집단 폭행' 사건이 있었습니다. 이것은 사회를 경악하게 했습니다. 3명의 학생이 땡땡이를 치지 않고 교실에 있었는데 무단결석 처리됐다고 합니다. 이것을 기간제 교사에게 항의하다 교실에 있던 빗자루로 교사를 폭행한 사건입니다. 학생들이 집단으로 선생님을 직접 공격했습니다. 나머지 학생들은 응원을 하거나 조롱을 한 것입니다. 참으로 기가 막혀서 피가 거꾸로 솟는 사건이라고 네티즌들은 개탄했습니다.

예전에는 "스승의 그림자도 밟지 않는다"는 말이 있을 정도로 선생님을 존경했습니다. 그만큼 제자들의 인성 교육과 진리 터득에 온 정열과 혼신을 다하는 분들이 선생님입니다. 그러나 지금은 선생님의 권위가 땅에 떨어졌습니다. 오히려 선생님들이 아이들의 눈치를 보는 형편입니다.

이런 일들은 학생들의 인권이라는 것을 앞세우다 보니 일어난 것입니다. 학생이나 선생님의 인권은 모두 소중합니다. 인권은 사람이라면 누구나 태어나면서부터 당연히 가지는 기본적 권리이기 때문입니다. 그러나 선생님의 권위가 땅에 떨어지면 바른 교육이 될 수 없습니다. 선생님의 권위가 떨어지면 선생님들은 사명감이 아니라 의무감으로 교육을 하게 됩니다. 그 손해는 전부 다 학생들에게 가고 맙니다.

그렇기 때문에 선생님의 권위는 세워져야 합니다. 권위는 자부심을 갖게 합니다. 자부심은 뜨거운 사명감으로 불타게 합니다. 사명감은 아이들을 사랑하게 만듭니다. 사랑의 교육은 참 교육을 하는 것입니다. 선생님이 존경을 받습니다. 존경받는 선생님은 행복감에서 교육을 합니다. 그런 교육이 바른 아이들을 만들게 됩니다. 그렇기 때문에 선생님의 권위는 소중한 재산이며, 놀라운 교육의 힘이 됩니다.

본문 말씀은 이 세상에서 가장 높고 권위가 있으신 하나님께서 가장 권위가 없는 자처럼 처절하게 십자가에서 죽으실 것을 예언한 내용입니다. 이 예언은 예수님이 이 땅에 오시기 700년 전에 하신 것입니다. 이 예언처럼 예수님은 이 땅에 오셔서 권위가 없는 자처럼 십자가에서 피를 흘리며 처절하게 죽으셨습니다. 왜 예수님은 권위 없는 자처럼 십자가에서 비참하게 죽으셔야 했을까요? 그것이 오늘 우리에게 주시는 말씀입니다.

본문을 보면 권위 없는 예수님의 모습을 다음과 같이 말하고 있습니다.

### 1. 흠모할 만한 아름다운 것이 아무것도 없었습니다.

예수님은 하나님이십니다. 우주를 창조하신 분입니다. 지금도 전능하셔서 온 우주를 다스리시는 분입니다. 그런 하나님이 흠모할 만한 아름다운 것들이 하나도 없었습니다. 그만큼 낮아지셨습니다. 그만큼 자기를 비우셨습니다.

이사야 53장 2절에 "그는 주 앞에서 자라나기를 연한 순 같고 마른 땅에서 나온 뿌리 같아서 고운 모양도 없고 풍채도 없은즉 우리가 보기에 흠모할 만한 아름다운 것이 없도다"라고 말하고 있습니다. 왕은 풍채나 그 권위가 당당합니다. 그러나 만왕의 왕이신 예수님은 보잘것없는 사람들에게까지 천대받는 볼품없는 왕이었습니다. 주님은 하나님의 아들이신 데도 세상에서는 버림받은 자가 되셨습니다.

주님은 사람들에게 버림받으셨을 뿐 아니라 하나님께서도 그를 외면하셨습니다. 그래서 예수님은 "나의 하나님, 어찌하여 나를 버리셨나요?"라고 소리치셨습니다. 예수님은 하나님께 버림받는 데까지 순종하셨다는 말입니다.

이것은 오늘 우리도 예수님과 같이 철저하게 순종하는 믿음으로 살라는 말씀입니다. 예수님께서 십자가를 지시는 것은 하나님의 뜻에 대한 절대적인 순종이었습니다. 예수님께서는 하나님께 철저히 순종하셨습니다. 오늘 우리의 순종도 예수님과 같아야 합니다. 어떤 이유나 요구도 없는, 아무런 조건도 없는 전적인 순종이어야 합니다. 하나님의 뜻이라고 한다면 그 어떤 이유나 변명도 없는 순종으로 나아가야 합니다. 그것이 진정한 믿음이기 때문입니다.

지금 영국 여왕은 엘리자베스 2세입니다. 여왕의 아버지가 갑자기 사망하게 되어 아주 어렸을 때 여왕이 됐습니다. 그의 어머니와 할머니 메리 여왕도 살아 있었습니다. 메리 여왕은 매우 위엄이 있는 여왕이었습니다. 할머니 메리 여왕과 새로 여왕이 된 어린 소녀 여왕에 관한 이야기입니다. 할머니가 손녀에게 편지를 썼습니다. 동정과 사랑이 가득한 편지였습니다. 왜냐하면 새로 여왕이 된 이 소녀가 아버지를 얼마 전에 잃었기 때문입니다. 그 편지의 마지막을 썼습니다. 그리고 할머니 여왕은 편지 끝에 서명을 했습니다. "너의 사랑하는 할머니로부터, 그리고 충실한 신하로부터." 소녀는 영국의 여왕이 됐습니다. 그리고 나이 많은 할머니는 여왕에게 충성을 다하는 신하가 되었습니다.

하나님이 여러분의 인생에 있어서 정말 왕이 되십니까? 여러분은 예수님께 충성을 다 바치는 신하입니까? 우리의 순종의 척도가 얼마큼 됩니까? 70%입니까? 그렇지 않으면 100% 전폭적인 순종입니까? 하나님께서는 100%를 원하십니다. 십자가 보혈의 사랑은 순종 외에 다른 것을 요구하지 않습니다. 정말 100% 십자가 사랑에 순종하는 여러분이 되시기를 축복합니다.

### 2. 우리도 예수님을 귀하게 여기지 않았습니다.

예수님의 33년의 인생 여정을 한마디로 말한다면 고난과 고통의 연속이었습니다. 그러다 보니 어느 사람도 예수님을 귀하게 여기지 않았습니다. 본문 앞에 나오는 3절을 보면, "그는 멸시를 받아 사람들에게 버림받았으며 간고를 많이 겪었으며 질고를 아는 자라 마치 사람들이 그에게서 얼굴을 가리는 것같이 멸시를 당하였고 우리도 그를 귀히 여기지 아니하였도다"라고 말하고 있습니다.

사실 많은 사람들이 예수님에게 병 고침을 받았습니다. 눈도 떴습니다. 귀도 열렸습니다. 앉은뱅이도 일어났습니다. 수많은 기적과 이적을 경험했음에도 예수님을 십자가에 못 박으라고 소리친 사람들이었습니다.

오늘 우리도 마찬가지입니다. 말로는 하나님을 사랑한다고 합니다. 그러나 실제적으로 예수님은 나에게서 몇 등인가를 생각해 보시기 바랍니다. 우리의 신앙생활에서 항상 슬픈 것은 우리의 말과 행동이 전혀 다른 신앙생활을 하고 있다는 것입니다. 말은 우리 주님이 항상 1등입니다. 말은 영원히 1등입니다. 그런데 삶에서는 예수님이 항상 꼴등입니다.

왜 이런 일이 일어나는 것입니까? 아직도 십자가 보혈의 사랑이 얼마나 크고 가치가 있는가를 정말 모르기 때문입니다. 예수님의 십자가의 보혈에 손과 발만 적셔졌기 때문입니다. 그래서 예수님을 아직도 덜 사랑합니다. 우리가 예수님의 십자가 보혈에 목욕을 한 사람들이라고 한다면 정말 사랑하지 않을 수 없습니다. 아직도 예수님의 십자가 사랑을 경험하지 않았기 때문입니다. 예수님의 십자가 사랑을 가슴으로 아는 사람이라면 어떻게 예수님이 2등, 3등으로 처져 있을 수 있겠습니까? 그럴 수는 없습니다.

성경을 보면 이스라엘의 초대 왕은 사울입니다. 그는 40년 동안 왕의 자리에 앉아 있었습니다. 그러나 한 번도 하나님의 법궤에 대하여 생각조차 하지 않았습니다. 아니, 아예 생각을 못했습니다. 그것은 하나님에 대한 생각이 전혀 없었기 때문입니다. 아니, 하나님을 사랑하지 않았기 때문입니다.

그런데 2대 왕인 다윗은 달랐습니다. 왕이 되고 나서 가장 처음으로 한 것이 하나님의 법궤를 모시는 일이었습니다. 어느 날 이런 생각을 합니다. '나는 왕궁에 있는데 하나님의 법궤는 텐트 안에 있구나. 이것은 말도 안 되는 일이다. 하나님의 법궤를 모셔와야 한다' 생각하고 법궤를 모셔 옵니다. 법궤를 모셔올 때에 많은 실수를 합니다. 그렇지만 하나님은 그런 생각을 가진 다윗을 참 아름답게 보셨습니다. 그런 생각을 하게 된 것은 하나님을 정말 사랑하기 때문이었습니다.

사랑한다면 행동이 따라갑니다. 사랑한다면 삶이 따라갑니다. 사랑한다면 목숨까지도 걸 수 있어야 합니다. 우리 주님은 우리를 너무나 사랑하셨기 때문에 십자가에 목숨을 거셨습니다. 이제는 우리가 목숨을 걸어야 할 때입니다. 십자가 사랑을 더 깊이 알아야 할 때입니다. 더 높이 알아야 할 때입니다. 그래야 우리의 신앙이 달라질 수 있기 때문입니다. 우리의 말과 삶이 다르지 않고 같이 살려는 몸부림이 있어야 합니다. 말과 삶이 다를 때에 가장 큰 아픔을 느낄 수 있어야 합니다.

미국의 〈월스트리트 저널〉이 실시한 여론조사가 있습니다. 그것은 "당신은 무엇을 성공이라고 생각하십니까?"라는 질문입니다. 결과는 다음과 같이 나왔습니다.

첫째는 좋은 부모가 되는 것이 95%입니다.
둘째는 행복한 결혼생활이 90%입니다.
셋째는 좋은 친구를 갖는 것이 83%입니다.
넷째는 자기 분야에서 정상이 되는 것이 80%입니다.
다섯째는 권력 또는 영향력을 소유하는 것이 16%입니다.
여섯째는 부자가 되는 것이 12%입니다.
일곱째는 명예를 얻는 것이 8%입니다.

그리고 두 번째 질문은 "그러면 당신은 지금 무슨 일에 가장 시간을 많이 투자하고 있습니까?"였습니다. 결과는 다음과 같았습니다.

첫째는 돈 버는 일에 95%를 사용했습니다.
둘째는 명예를 얻기 위해 90%를 사용했습니다.
셋째는 권력과 영향력 있는 사람이 되는 일에 83%를 사용했습니다.
넷째는 행복한 결혼생활에 20%를 사용했습니다.
다섯째는 좋은 친구관계를 유지하는 일에 10%를 사용했습니다.
여섯째는 좋은 부모가 되기 위한 일에 7%를 사용했습니다.

이것은 우리의 말과 생각과 삶이 얼마나 다른가를 보여주고 있습니다. 한마디로 말한다면 이율배반의 삶을 살고 있다는 것입니다. 우리의 신앙생활에서도 마찬가지입니다. 정말 너무나 이율배반적인 신앙생활을 하고 있습니다. 말과 마음은 원합니다. 그러나 삶은 전혀 다르게 살아갑니다. 그래서 주님은 '지금 돌아오라'고 탄식하십니다.

예수님은 가난한 사람들의 틈에서 일생을 사셨습니다. 그래서 예수님은 역겨운 냄새를 풍기셨습니다. 예수님은 화려한 장례식도 없이 초라하게 남의 무덤에 장사되셨습니다. 그 무덤을 빈 무덤으로 만들며 부활하셨습니다. 예수님의 죽음으로 우리는 구원을 받았습니다. 그런 예수님의 삶 자체는 오늘 우리가 살아가야 할 삶의 지표가 됩니다. 아니, 우리가 어떤 일이 있어도 꼭 걸어가야 할 삶의 모델입니다.

지구상의 인구 50%는 하루 1달러 미만의 돈으로 힘들게 생계를 유지하고 있습니다. 90%는 늘 빈곤과 질병의 위험 속에 살고 있습니다.

외식 한 번만 줄여 보시기 바랍니다. 몇 번의 여행 중 한 차례만 줄여 보시기 바랍니다. 사고 싶었던 물건을 가끔 한번 포기해 보시기 바랍니다. 대신 그 소중한 돈을 가난한 자들을 위해 사용하여서 여러분도 그들의 친구가 되어 보시기 바랍니다.

구제와 자선으로 인간을 구원할 수는 없습니다. 그러나 예수 그리스도의 복음은 인간의 빵의 문제를 외면하지 않습니다. '냄새 나는 예수님'이 여러분의 귀한 도움의 동참을 기다리고 계십니다. 세상은 더불어 함께 살아야 모두가 행복해집니다. 이것은 말과 삶이 다르게 살지 않는 데 있습니다.

사실 우리가 커피 한 잔 덜 먹으면 얼마든지 작은 마음을 나눌 수 있습니다. 외식 한 번 안 해도 사랑을 나눌 수 있습니다. 우리가 하지 못하는 것은 예수님의 사랑을 실천하려는 마음이 없기 때문입니다. 그래서 성경은 이렇게 말하고 있습니다. "할 마음만 있으면 있는 대로 받으실 터이요 없는 것은 받지 아니하시리라"(고후 8:12). 우리가 기쁜 마음으로 하면 받으신다는 말씀입니다. 우리가 십자가를 사랑하는 마음에서 모든 것이 나와야 한다는 것입니다. 그러므로 우리의 마음이 문제입니다.

권위가 높으신 예수님이 권위 없는 자처럼 사신 것을 우리는 배워야 합니다. 믿음으로 예수님의 마음과 삶을 실천하시기를 축복합니다.

**3. 도살장으로 끌려가는 어린양처럼 입을 열지 않았습니다.**

예수님은 십자가에 죽으실 때에 빌라도 법정에서 자신을 변호하지 않으셨습니다. 살려 달라고 구걸하지도 않으셨습니다. 총독 빌라도는 예수님의 그런 의연한 행동이 그저 신기할 뿐이었습니다. 예수님은 왜 자신을 변호하지 않으셨을까요? 그것은 하나님 아버지의 뜻을 이루기 위해서였습니다.

본문은 "그가 곤욕을 당하여 괴로울 때에도 그의 입을 열지 아니하였음이여 마치 도수장으로 끌려가는 어린양과 털 깎는 자 앞에서 잠잠한 양같이 그의 입을 열지 아니하였도다"라고 말하고 있습니다. 예수님은 그렇게 권위가 높으신 분입니다. 그런데 십자가의 구원을 완성하시기 위해서 죄인처럼 말없이 죽으신 것입니다. 예수님은 자기변호에 나서지 않으셨습니다. 오직 하나님의 은혜 아래 숨으셨습니다. 그것은 오직 하나님의 뜻을 이루기 위해서입니다. 십자가 구원의 완성을 위해서입니다.

그 하나님의 뜻은 십자가로 많은 사람들의 죄를 사하시는 것입니다. 지옥에 갈 사람을 한 사람이라도 천국에 보내는 일입니다. 그래서 우리는 이 놀라운 십자가 사랑을 한 사람에게라도 더 전해야 합니다. 한 명이라도 영혼을 건지려는 예수님의 마음이 있어야 합니다. 십자가 사랑의 마음이 우리에게 있어야 합니다. 그래서 만나는 사람마다 복음을 전하는 것이 매우 소중한 일입니다. "당신은 지금 죽는다면 천국에 갈 수 있나요?"라고 물어보시기 바랍니다.

예수님은 영혼들을 천국에 보내기 위해서 권위가 없는 인간으로 오셨습니다. 오늘 우리가 하나님께서 사람이 되어 오신 십자가 사랑과 정신을 배운다면 우리는 얼마든지 낮아질 수 있습니다. 나를 비울 수도 있습니다. 예수님 때문에 욕을 먹는다면 하늘의 상이 클 것입니다. 복음을 전하다가 부당한 대우를 받아도 하나님을 생각함으로 아픔을 참으면 아름다운 것입니다.

어떤 여학생이 있었는데 이 학생은 자기 엄마가 너무 초라하고 볼품없이 생긴 것을 부끄럽게 여겼습니다. 특히 오른손이 잘렸기 때문입니다. 그런데 어느 날 엄마가 처녀일 때 사진을 보고 깜짝 놀랐습니다. 너무 뛰어난 미인이었기 때문입니다. 손도 정상이었습니다. 아름다웠던 엄마가 자기들을 낳아 기르느라 초라하고 볼품없는 모습으로 젊음을 바쳤다는 것을 알게 되었습니다. 솜털같이 부드러웠던 손이 넘어지는 딸을 살리려다 날카로운 돌에 치여서 잘린 것을 알았습니다. 그제야 그 여학생은 엄마를 부끄럽게 여겼던 자신을 도리어 부끄럽게 여기게 되었습니다.

우리 주님이 그토록 초라하도록 권위 없는 분이 되신 것은 죄인인 우리를 천국에 보내시기 위해서입니다. 이 십자가 사랑을 알고 믿는 신앙이라면 우리는 감사하는 마음으로 복음을 전하며 살 수밖에 없습니다. 권위가 그렇게 높으신 하나님께서 권위 없는 자처럼 십자가에서 힘없이 죽으신 것은 우리 죄인들을 구원하시기 위해서입니다. 이런 십자가 사랑을 믿는 그리스도인이라면 우리는 목에 힘줄 것이 하나도 없습니다. 내가 아무리 많이 배우고 많이 가졌어도 말입니다.

오히려 하나님의 은혜 안에서 감사함으로 헌신하고 봉사해야 합니다. 나에게 주신 모든 것들을 드리면서 헌신해야 합니다. 그것이 높은 권위를 지니신 하나님이 권위 없는 자처럼 십자가에서 죽으신 사랑을 알고 믿는 믿음입니다.

## 예수님이 이 땅에 오신 이유

마가복음 1:35-39

새벽 아직도 밝기 전에 예수께서 일어나 나가 한적한 곳으로 가사 거기서 기도하시더니 시몬과 및 그와 함께 있는 자들이 예수의 뒤를 따라가 만나서 이르되 모든 사람이 주를 찾나이다 이르시되 우리가 다른 가까운 마을들로 가자 거기서도 전도하리니 내가 이를 위하여 왔노라 하시고 이에 온 갈릴리에 다니시며 그들의 여러 회당에서 전도하시고 또 귀신들을 내쫓으시더라

🍀 **주제** : 전도를 위해서 기도하시는 예수님
🍀 **목적** : 전도가 예수님이 오신 목적이다
🍀 **구성** : 2. 대지

사람들이 무엇을 본다고 할 때에 두 가지를 들 수 있습니다. 하나는 하나님의 관점으로 보는 것입니다. 다른 하나는 사람의 관점으로 보는 것입니다. 이 둘 중에 사람들의 관점으로 보는 것이 많은 비중을 차지합니다.

사실 인간처럼 선한 동물도 없습니다. 그래서 이 세상에는 정말 선하게 사는 사람들이 많이 있습니다. 아마 오늘의 이 사회도 그런 분들 때문에 아름다움이 유지가 되고 있다고 해도 과언이 아닐 것입니다.

지리산 자락 밑에 구례라는 동네가 있습니다. 이 구례에 영조 52년 유이지 공이 지은 운조루(雲鳥樓)라는 고택이 있습니다. 이 집의 곳간채 앞에는 '타인능해'(他人能解)라는 글씨가 새겨진 쌀뒤주가 있습니다. '타인능해'란 다른 사람 누구나 마개를 열 수 있다는 뜻입니다. 양식이 없는 이는 누구라도 쌀뒤주 아래편의 마개를 열고 쌀을 퍼갈 수 있는 뒤주였습니다. 뒤주의 위치도 집 주인의 눈에 잘 띄지 않는 곳에 놓아두어 쌀을 가져가는 이가 마음 편하도록 하였습니다. 이 집에서는 한 해 200가마의 쌀을 수확했습니다. 이 뒤주에서 나가는 쌀이 대개 36가마 정도였다고 합니다. 연말에 뒤주에 쌀이 남아 있으면 손님 대접을 소홀히 했다고 해서 하인들이 주인에게 꾸중을 들었다고 합니다. 나눔의 마음도 훌륭합니다. 하지만 받는 이의 마음까지 배려하는 마음은 더욱 아름다운 이야기입니다.

우리 사회 또한 이렇게 숨어서 좋은 일을 하신 분들 때문에 오늘이 만들어진 것입니다. 정말 아름다운 삶을 사신 분들입니다. 그러나 이렇게 좋은 사람들도 많이 있지만 악한 사람도 많이 있습니다. 인간의 욕심은 어디가 끝인지 알 수 없을 정도로 자기중심으로 달려갑니다.

지금 김기식 금융감독원장 때문에 나라가 시끄럽습니다. 김기식 씨는 19대 국회의원 임기 만료를 앞둔 5개월간 정치 후원금을 3억 7000만 원이나 땡처리 하듯 썼다는 의혹이 제기됐습니다. 그리고 더 많은 불법의 이야기들이 많은 사람들을 피곤하게 만들고 있습니다. 그 사람은 적폐의 대상이기에 야당에서는 사표를 받으라고 야단입니다. 이 일을 놓고 노무현 정부 홍보수석을 지낸 이해성 씨는 이런 글을 올렸습니다. "김기식 사태를 보면서 노무현을 생각한다. 2003년 4월 3일 노무현 대통령은 수석보좌관 회의에서 '어제는 취임 후 최악의 날이었던 것 같다'고 했다"며 15년 전 일화를 소개했습니다.

노 전 대통령이 2003년 4월 2일 서동구 KBS 사장 임명을 반대한 KBS 노조위원장과 당시 참여연대에서 활동하던 김 원장 등 시민단체 대표들을 청와대로 불러 만났습니다. 이 위원장은 "노 전 대통령은 두 시간이 넘게 설득하고 호소했다. 그러나 시민단체 대표들은 잔인하리만치 원칙을 내세우며 대통령을 몰아붙였다"라며 당시 분위기를 전했습니다.

그중에서도 가장 강하게 공격한 사람이 참여연대의 당시 사무처장이던 김기식 씨였다며, "거의 겁박한다는 느낌을 받을 정도로 다그쳐서 결국 그날 간담회는 허탈하게 끝났다"고 전했습니다. 이 위원장은 "그날 노무현 대통령이 정말 낮은 자세로 호소할 때 반대하던 모습을 잊을 수 없다. 노 대통령은 내게 '이 노무현이가 오만했던 것 같소'라고 말하며 사표를 수리했다"고 회상했습니다. 이 위원장은 "김기식 씨가 자기에게도 엄격하면 좋겠다. 문재인 대통령이 그날 노무현의 마음을 헤아리고 주변 인물들의 실체를 파악해 현명한 결정을 내렸으면 좋겠다"고 말했습니다.

이렇게 우리가 사는 이 땅에는 선과 악이 항상 존재합니다. 이런 세상을 살아가면서 우리는 진정한 기준이 어떤 것인가를 알아야 합니다. 인간들이 아니라 하나님의 관점이 기준이 되어야 합니다. 인간이 기준이 될 수는 없습니다. 인간은 근본 자체가 악하기 때문입니다. 그 악한 근본은 언제나 자기중심적으로 보고 판단을 하기 때문입니다. 자기중심적이라는 말은 자신의 이익이나 손해를 항상 계산하는 것이 인간이라는 말입니다. 자신에게 이익이 된다면 못할 짓이 없습니다. 이것이 인간의 실체입니다.

그런데 이런 죄인인 인간들을 무척 사랑하시는 분이 있습니다. 하나님입니다. 하나님은 근본이 사랑이십니다. 누구나 사랑하십니다. 어떤 사람도 사랑하십니다. 제가 말하는 '누구나, 어떤 사람도'라고 하는 말은 사람들에게 버림받은 사람들을 말합니다. 이 세상에서 사람 취급을 받지 못하는 사람들을 말합니다. 하나님은 그런 사람들을 정말 사랑하십니다.

성경은 이렇게 말합니다. "하나님이 세상을 이처럼 사랑하사 독생자를 주셨으니 이는 그를 믿는 자마다 멸망하지 않고 영생을 얻게 하려 하심이라 하나님이 그 아들을 세상에 보내신 것은 세상을 심판하려 하심이 아니요 그로 말미암아 세상이 구원을 받게 하려 하심이라"(요 3:16-17). 하나님께서 사람을 이토록 사랑하셨습니다. 한 사람도 지옥에 가지 않고 천국에 가게 하기 위해서 아들 예수님을 이 땅에 보내셨습니다. 예수님을 믿는 사람은 누구든지 구원하여 천국에 보내기 위해서입니다.

본문을 보면, "이르시되 우리가 다른 가까운 마을들로 가자 거기서도 전도하리니 내가 이를 위하여 왔노라 하시고 이에 온 갈릴리에 다니시며 그들의 여러 회당에서 전도하시고 또 귀신들을 내쫓으시더라"라고 말합니다. 이 말씀은 예수님께서 이 땅에 사람이 되어 오신 이유를 말씀하는 것입니다. 하나님이 사람이 되어 오신 이유는 전도 때문입니다. 하나님이 하늘을 버리고 사람이 되어 이 땅에 오신 이유가 전도 때문이라는 것을 알아야 합니다.

**1. 전도라는 말에는 다음과 같은 의미가 들어 있습니다.**

첫째, 전도는 너무나 큰 희생이라는 말입니다.
먼저는 하나님의 희생입니다. 하늘을 버리고 사람이 되셔서 이 땅에 오신 하나님의 희생이 전도 안에 들어 있습니다. 그리고 전도를 위해서 먼저 믿은 사람이 얼마나 희생을 하는가를 말하는 것입니다. 전도는 이런 하나님과 사람들의 희생이 없이는 도저히 이룰 수 없는 결과입니다. 하나님의 십자가에 죽는 희생이 있었습니다. 목숨을 버리는 희생이 있었기에 영생이라는 선물이 우리에게 주어진 것입니다.

사람의 희생도 너무나 컸습니다. 전도가 시작되는 곳에는 언제나 순교자들의 피가 영혼들의 가슴을 적셨습니다. 우리나라도 토마스 선교사나 주기철 목사님 같은 순교의 피 위에 한국 교회가 세워졌습니다. 생명을 버리는 큰 희생이 있었기 때문에 오늘 여러분과 제가 이렇게 편안하게 신앙생활을 할 수 있는 것입니다. 우리는 항상 믿음의 선조들의 희생으로 오늘 우리가 있다는 것을 소홀하게 생각해서는 안 됩니다.

둘째, 전도는 땀과 눈물이라는 말입니다.

전도는 그냥 되는 것이 아닙니다. 수많은 사람들이 땀과 피를 흘렸기 때문입니다. 눈물의 기도가 있었기 때문입니다. 이것은 수고를 말합니다. 한 영혼을 전도하기 위해서 얼마나 많은 수고를 하셨습니까? 한 명 전도하는 것이 그냥 되는 것이 아닙니다. 커피도 사야 합니다. 많은 인내가 있어야 합니다. 별의별 이상한 소리를 들으면서도 그 한 영혼을 천국에 보내려고 얼마나 참아야 하는지, 인내가 필요합니다.

마을에 사과장수 아주머니가 있었습니다. 수많은 교인들이 그 아주머니에게 복음을 전했지만 절대 마음을 열지 않았습니다. 그러던 어느 날 아주머니가 옷을 말쑥하게 차려입고 교회에 출석했습니다. 교인들이 자초지종을 묻자 이렇게 말했습니다. "일주일에 세 번씩 우리 가게에 들르는 한 신사분이 있었어요. 그분은 항상 못생기고 덜 싱싱한 사과를 사갔어요. 너무 미안해서 사과를 몇 개 주었더니 손사래를 치며 거절했어요. 지금 당장 먹을 것이기 때문에 좀 썩은 것도 괜찮다는 것입니다. 그 대신에 남들에게 싱싱한 사과를 팔라고 했어요. 저는 그때부터 그분에 대해 조금씩 존경심을 갖게 되었습니다. 그런데 어느 날 그분이 저에게 예수님을 믿으라고 권했습니다. 그분이 믿는 하나님이라면 믿어도 손해 볼 것 없겠다 싶어서 두말없이 따라나섰습니다."

전도는 인내입니다. 전도는 희생입니다. 전도는 명사가 아니라 동사입니다. 마음을 감동시켜야 열매가 맺힙니다. 희생을 통해 전도하는 것입니다. 전도에 실패한 일이 있다면 반성해 보고 다시 한 번 인내로 시도해 보시기 바랍니다.

셋째, 전도는 사랑이 무엇인가를 보여준다는 말입니다.
하나님께서 얼마나 죄인들을 사랑하셨으면 십자가에 죽으면서까지 전도하셨나를 알아야 합니다. 전도는 예수님의 명령에 의한 의무이기 이전에 전도 대상자들과 함께하고 사랑을 나누는 것입니다. 이제 "예수 천당, 불신 지옥"이라는 외침으로는 전도하기가 힘든 세상입니다. 교회에서 수없이 나누어 주는 전도지에 많은 사람들은 싫증이 났습니다. 전도지를 나누어 주는 일을 목사가 하라고 하니까 할 수 없이 의무에서 하는 것인가, 아니면 진정한 사랑을 담고 하는 것인가에 대해서 진지하게 생각해 보아야 합니다.

바울 사도는 고린도전서 13장 1절에서 "내가 사람의 방언과 천사의 말을 할지라도 사랑이 없으면 소리 나는 구리와 울리는 꽹과리가 되고"라고 말하고 있습니다. 우리 주변에는 정말 힘들고 어려워하는 사람들이 많이 있습니다. 그들의 진정한 친구가 되어 주는 것이 전도하는 것입니다. 친구가 되어 주는 것이 진정한 사랑이기 때문입니다. 사랑 없는 이벤트성 전도는 종교인만을 낳을 뿐입니다.

오래전에 우리나라에서도 상영된 영화 〈로베레 장군〉에 나오는 이야기입니다. 독일의 나치 정권에 항거하는 프랑스의 저항운동가들의 삶을 그린 작품입니다. 그 영화에 나오는 인상적인 장면 하나입니다.

많은 저항운동가들이 체포되어 감옥에 갇혔습니다. 그들은 차례대로 끌려 나가서 무참하게 고문을 당하다 결국에는 처형을 당하였습니다. 그런데 그 속에 갇힌 사람들 가운데 저항운동과는 아무런 관련 없이 감옥으로 끌려온 사람이 한 명 있었습니다. 그는 자신의 억울함을 소리 높여 하소연했습니다. "나는 억울합니다. 나는 저항운동과는 전연 관련이 없는 사람입니다. 나는 그저 장사하면서 돈을 버는 사람에 불과할 뿐입니다. 나는 정말 아무것도 하지 않았습니다. 그런 내가 왜 죽어야 합니까? 나는 정말 억울합니다."

그때였습니다. 그와 함께 갇힌 저항운동가가 나직이 그에게 이렇게 일러주었습니다. "당신은 지금 아무것도 하지 않았다고 말했습니까? 그 한 가지 이유만으로도 당신은 죽어 마땅합니다. 피비린내 나는 전쟁이 5년 동안이나 계속되었습니다. 이미 수백만의 사람이 피를 흘리면서 죽었습니다. 많은 도시가 파괴되었습니다. 조국과 민족은 멸망 직전에 놓여 있습니다. 그럼에도 불구하고 당신이 아무것도 하지 않았다면 당신은 그 한 가지 이유만으로도 죽어 마땅합니다." 그 소리에 고함을 지르면서 자신의 억울함을 하소연하던 사람은 고개를 푹 수그리고 더 이상 아무런 말을 하지 못했습니다.

하나님이 우리에게 주신 시간과 물질과 재능과 여러 가지를 가지고 사람을 사랑하지 않는 것은 정말 큰 죄입니다. 전도는 사람을 사랑하는 것입니다. 예수님께서 우리를 이유 없이 사랑하셨듯이 우리도 이유 없이 사람을 사랑해야 합니다. 사랑하다 보면 그 영혼이 내가 믿는 예수님을 영접하게 되는 것입니다. 그렇게 전도하는 것이 가장 아름다운 전도방법입니다. 한번 이웃을 사랑해 보시기 바랍니다. 그러면 전도가 됩니다.

## 2. 진정한 사랑을 어떻게 실천할 수 있는지를 알아야 합니다.

첫째, 기도하는 것입니다.

본문에서 주님은 정말 기도하셨습니다. "새벽 아직도 밝기 전에 예수께서 일어나 나가 한적한 곳으로 가사 거기서 기도하시더니." 우리 주님께서 새벽기도를 만드셨습니다. 주님은 전도를 위해서 매일 새벽에 기도하셨습니다. 다른 데는 습관을 따라서 기도했다고 나옵니다. 예수님은 전도를 위해서 기도하는 좋은 습관을 가지셨습니다.

기도는 하나님의 능력 안으로 들어가는 것입니다. 기도는 하나님의 거룩함으로 옷을 갈아입는 것입니다. 기도는 아주 강한 사람으로 변하게 되는 지름길입니다. 이 험악한 세상에서 내 힘으로 사랑하기에는 부족합니다. 그러므로 우리는 기도를 통하여 하나님의 은혜를 덧입어야 합니다.

사실 우리의 마음과 실천은 따로 놀 때가 있습니다. 마음과 삶이 다를 때가 있습니다. 이때는 진정한 사랑을 실천하기가 어렵습니다. 내 힘으로는 부족하다는 것입니다. 그때 우리는 성령의 힘으로 사랑을 실천할 수 있습니다. 그래서 기도하라는 것입니다. 내 힘으로가 아닌 성령의 힘으로 주님의 일을 할 수 있기 때문입니다. 기도함으로 성령의 기름 부음이 있어야 합니다. 성령님의 도우심을 구하는 기도의 사람이 되시기를 축복합니다.

둘째, 전도하러 가야 합니다.

본문은 이렇게 말하고 있습니다. 예수님은 기도하신 후에 "온 갈릴리에 다니시며" 전도하셨습니다. 가만히 앉아서 전도가 되는 일은 없습니다. 속담에 "일찍 일어나는 새가 벌레를 잡는다"는 말이 있습니다. 부지런해야 한다는 말입니다.

본문에서 '온 갈릴리'라는 말은 넓은 지역을 말합니다. 저도 갈릴리를 여러 번 다녀왔습니다. "온 갈릴리에 다니시며"라는 말은 갈릴리 호수 부근을 다니셨다는 말입니다. 갈릴리 호수의 한 바퀴가 약 52km 정도입니다. 먼 거리입니다. 예수님은 52km를 나귀를 타고 걸어 다니면서 전도하셨습니다.

전도는 몸으로 하러 가야 합니다. 힘들고 어려운 이웃에게 주님의 따뜻한 사랑을 실천하기 위해서 가야 합니다. 어떤 분들은 마음으로만 '전도해야 하는데…' 하면서 1년 내내 가지를 못합니다. 그것은 전도가 아닙니다. 찾아가야 합니다. 예수님도 이렇게 전도 대상자를 찾아가셨습니다. 그리고 그들에게 복음을 전하셨습니다. 그러자 많은 사람들이 예수님을 따르게 되었습니다. 우리 금천의 성도들은 기다리는 전도가 아니라 찾아가는 전도자들이 되시기를 바랍니다. 예수님도 사랑의 대상자들을 찾아가셨기 때문입니다.

〈뉴욕타임스〉는 "전도의 겨울은 오는가?"라는 글에서 빌리 그레이엄 특집 기사를 다루었습니다. 이 기사 중 "1억여 명에게 복음을 전한 바 있는 빌리 그레이엄이 이제 백발이 되었다. 누가 이 뒤를 이을 것인가?"라는 대목이 있습니다. 이 대목을 되새겨 볼 때 '이제 세상이 교회의 미래를 걱정해 주는 시대가 되었구나' 하는 자조 섞인 탄식을 아니 할 수 없습니다. 빌리 그레이엄 목사님도 얼마 전에 하나님의 나라로 가셨습니다. 그분의 뒤를 이어서 이제는 여러분과 제가 전도를 이어가야 합니다.

사도 바울은 그리스도의 말씀을 "믿음은 들음에서 나며"(롬 10:17)라고 하며 전도를 강조했습니다. 전도는 인내와 희생을 요구합니다. 사랑을 요구합니다. 그래서 전도는 현대 교인들이 부담스럽게 생각하는 사역 중 하나입니다. 이에 비해 한국 교회 선교 초기에는 전도의 실적이 없으면 세례를 주지도 않았습니다. 전도는 그들에게 중요한 신앙생활의 덕목이었습니다. 우리는 끊임없이 전도하는 교회와 교인들이 되어야 합니다. 왜냐하면 주님의 명령이기 때문입니다. 그리고 주님이 예비하신 하늘의 가장 큰 상급이기 때문입니다. 생명을 살리는 일보다 더 큰 일은 없기 때문입니다.

미국에 이민해서 살고 있는 한인 2세가 명문 컬럼비아 대 의과대학에 지원했습니다. 공부도 잘해서 SAT 시험에 만점을 받았습니다. 집안 형편도 부유해서 무난히 합격되리라고 믿었습니다. 그런데 불합격 통지서가 날아왔습니다. 불합격 사유란에는 이렇게 적혀 있었습니다. "귀하의 성적은 아주 우수합니다. 가정형편이나 여러 조건들도 만족스럽습니다. 그런데 귀하의 서류 어디를 보아도 헌혈했다는 기록이 없습니다. 남을 위해서 헌혈한 경험도 없는 귀하가 어떻게 환자를 돌볼 수 있겠습니까? 귀하는 의사 될 자격이 없습니다."

다른 사람들을 위해서 희생한다는 것은 정말 아름다운 인성을 가진 것입니다. 그런데 우리 교육제도는 너무나 이상하기만 합니다. 우리는 오직 공부만 잘하면 합격을 합니다. 그래서 우리 사회는 희생하는 사람들보다 이기주의자들만 양산하고 있는 것입니다. 앞길이 막막할 뿐입니다. 앞으로 다가오는 세대는 이기주의가 판을 치는 세대가 될 것입니다. 모두 다 나밖에 모릅니다. 그리고 희생 없는 세상에서 살아갈 것입니다. 앞에서는 희생을 말하지만 뒤에서는 희생하지 않는 사람들이 판을 칠 것입니다. 희생의 십자가 없는 교회는 생명력을 잃게 될 것입니다.

우리는 다시 주님의 마음으로 돌아가야 합니다. 주님의 마음 중심에는 희생이 전부입니다. 그래서 십자가에서 죽으셨습니다. 희생하는 마음으로 전도에 힘쓰시기 바랍니다. 그때 주님께서 영혼을 붙여 주실 것입니다.

인도의 간디는 인도인들에게 "쥐가 고양이를 이길 수 있는가?"라는 질문을 던졌습니다. 여기서 말하는 고양이는 영국을 말합니다. 쥐는 인도를 빗댄 말입니다. 모두 다 불가능하다고 말했습니다. 그러나 간디는 쥐가 고양이를 이기는 방법이 하나 있다고 했습니다. 그것은 쥐가 쥐약을 먹고 고양이 앞에서 춤추는 것이라고 했습니다. 그때 고양이는 약이 올라서 쥐를 잡아먹을 것입니다. 그때 쥐는 고양이 밥이 됩니다. 하지만 고양이도 쥐약 먹은 쥐를 먹기 때문에 죽는다는 이야기입니다. 여기서 말하는 쥐약은 희생을 말합니다. 그는 수억의 인도 사람이 침 한 방울씩만 헌신하면 30만 영국 사람을 떠내려가게 하기에 충분한 강물이 될 것이라고 외쳤습니다.

## 예수님의 양식

요한복음 4:28-42

여자가 물동이를 버려두고 동네로 들어가서 사람들에게 이르되 내가 행한 모든 일을 내게 말한 사람을 와서 보라 이는 그리스도가 아니냐 하니 그들이 동네에서 나와 예수께로 오더라 그 사이에 제자들이 청하여 이르되 랍비여 잡수소서 이르시되 내게는 너희가 알지 못하는 먹을 양식이 있느니라 제자들이 서로 말하되 누가 잡수실 것을 갖다 드렸는가 하니 예수께서 이르시되 나의 양식은 나를 보내신 이의 뜻을 행하며 그의 일을 온전히 이루는 이것이니라 너희는 넉 달이 지나야 추수할 때가 이르겠다 하지 아니하느냐 그러나 나는 너희에게 이르노니 너희 눈을 들어 밭을 보라 희어져 추수하게 되었도다 거두는 자가 이미 삯도 받고 영생에 이르는 열매를 모으나니 이는 뿌리는 자와 거두는 자가 함께 즐거워하게 하려 함이라 그런즉 한 사람이 심고 다른 사람이 거둔다 하는 말이 옳도다 내가 너희로 노력하지 아니한 것을 거두러 보내었노니 다른 사람들은 노력하였고 너희는 그들이 노력한 것에 참여하였느니라 여자의 말이 내가 행한 모든 것을 그가 내게 말하였다 증언하므로 그 동네 중에 많은 사마리아인이 예수를 믿는지라 사마리아인들이 예수께 와서 자기들과 함께 유하시기를 청하니 거기서 이틀을 유하시매 예수의 말씀으로 말미암아 믿는 자가 더욱 많아 그 여자에게 말하되 이제 우리가 믿는 것은 네 말로 인함이 아니니 이는 우리가 친히 듣고 그가 참으로 세상의 구주신 줄 앎이라 하였더라

🍀 **주제**: 예수님의 양식을 알게 한다.
🍀 **목적**: 전도에 대한 열정이 식지 않게 한다.
🍀 **구성**: 4. page

**1, page**

여러분은 사람에게 가장 소중한 것이 무엇이라고 생각하십니까? 소중하게 생각하는 것은 사람마다 다 다를 것입니다. 그리고 그 사람의 형편이나 처지에 따라서 다릅니다. 사람마다 다르다고 하는 것은 그 사람의 가치관에 따라서 더 소중하다고 느끼는 것이 달라지기 때문입니다.

요즘 젊은 사람들은 집은 없어도 자동차는 좋은 것을 사서 타고 다닙니다. 이것은 요즘 젊은 사람들이 살아가는 가치관이 옛날 어른들과 다르기 때문입니다. 옛날 어른들은 그렇게 생각을 하지 않습니다. 힘들어도 먼저 먹을 것을 준비합니다. 그리고 집을 사는 것입니다. 그러고 나서 그다음이 자동차입니다. 옛날 어른들과 오늘의 젊은 사람들의 가치관이 이렇게 다릅니다.

형편이나 처지에 따라서도 다 다릅니다. 북한에서 내려오신 분들이 대담하는 프로를 보았습니다. 그분들에게는 먹을 것이 제일 먼저입니다. 먹고 난 다음에 자동차나 집을 생각할 수 있습니다. 그 말은 돈이 제일 먼저라는 것입니다. 돈을 벌어서 어느 정도 모아두고 나야 입을 것을 생각합니다. 입고, 먹고, 자는 것 같은 의식주 문제는 보통 사람들에게는 모든 것에 있어서 가장 먼저입니다.

본문을 보면 예수님과 제자들이 사마리아라는 동네를 지나가게 되었습니다. 예수님은 제자들에게 먹을 것을 구해오라고 하셨습니다. 그 동안 예수님은 수가 성에서 어느 여인을 만나서 전도하셨습니다. 이 여인은 남편을 다섯 번이나 바꾼 한 많은 인생을 살아온 여인이었습니다. 그런 여인이 예수님을 만나서 영혼의 자유를 얻었습니다. 그래서 동네로 달려 들어가 자기의 과거를 너무나 잘 아시는 메시아가 여기 있다고 전도하고 나오는 길이었습니다.

그때 예수님의 제자들이 먹을 것을 가지고 와서 예수님께 잡수길 권했습니다. 이때 예수님께서 "내게는 너희가 알지 못하는 먹을 양식이 있느니라"고 말씀하시면서 무엇이 먹을 양식인가를 알려주시는 것이 본문입니다.

### 2, page

요즘 우리나라는 먹을 것에 대한 문제가 많이 생겼습니다. 옛날보다 훨씬 더 살기가 힘이 든다고 합니다. 통계에 의하면 돈이 있는 사람들은 더 잘살게 되었다고 하지만, 반대로 돈이 없는 사람들은 살기가 더 팍팍하다고 합니다. 사실은 없는 사람들이 더 잘사는 사회가 되어야 아름다운 사회가 되는 것입니다. 그런데 지금 이 사회는 정반대로 가고 있습니다.

지금 우리나라는 국민소득 3만 달러 시대를 넘었습니다. 그러나 사람들은 3만 달러 시대가 피부에 와 닿지 않습니다. 옛날보다 더 어렵다고들 아우성입니다. 장사가 안 된다고 야단들입니다. 많은 중소기업들이 베트남이나 아시아의 여러 나라로 이주를 하고 있는 실정입니다.

여기에다 미세먼지 문제는 매우 심각합니다. 지난 한 주간은 많은 사람들이 집 문을 열고 나가지 않았다고 합니다. 그러니 장사가 더욱 안 됐다고 아우성입니다. 사람들이 집에서 나가야 장사가 되든 말든 할 것입니다. 그런데 미세먼지 때문에 아예 집에서 나가지 않는 것입니다. 길거리에 사람들이 없으니 장사가 될 리가 없습니다. 장사가 되어야 먹고 마실 수 있습니다. 이런저런 여건 때문에 경제가 잘 풀리지 않고 있는 것이 현실입니다. 그래서 소상공인들의 아우성 소리가 진동을 하고 있는 실정입니다. 한마디로 말한다면 먹을 양식이 없다고 아우성을 치고 있습니다.

### 3, page

본문 말씀을 보면 제자들이 예수님께 먹을 것을 갖다 드렸습니다. 그때 예수님께서 하신 말씀이 본문 32절입니다. "이르시되 내게는 너희가 알지 못하는 먹을 양식이 있느니라." 그러자 제자들이 깜짝 놀라 묻습니다. "누가 잡수실 것을 갖다 드렸는가" 하면서 말입니다. 그러자 예수님은 먹을 양식이 무엇인가를 말씀하셨습니다. 예수님이 말씀하신 먹을 양식이 무엇인지 살펴보겠습니다.

**첫째, 예수님의 먹을 양식은 하나님의 뜻을 온전하게 이루는 것입니다.**
본문을 보면 "예수께서 이르시되 나의 양식은 나를 보내신 이의 뜻을 행하며 그의 일을 온전히 이루는 이것이니라"고 말씀하십니다. '나를 보내신 이의 뜻'은 하나님의 뜻을 말합니다. 예수님께서 이 땅에 오신 것은 하나님의 뜻을 온전하게 이루시기 위해서입니다.

그러면 하나님의 뜻은 무엇일까요? 전도하여 영혼을 구원하는 것입니다. 한 사람이라도 전도하여 지옥에 가지 않게 하는 것입니다. 한 사람이라도 더 천국에 보내는 것입니다. 그것을 온전하게 이루시는 것이 예수님께서 이 땅에 사람이 되어 오신 뜻입니다. 그리고 십자가에서 죽으신 이유입니다.

예수님은 33년 동안 온전하게 하나님의 뜻을 이루기 위하여 사셨습니다. 그 어느 것 하나 하나님의 뜻이 아닌 것을 하신 적이 없었습니다. 오직 하나님의 뜻을 이루기 위해서만 일생을 사신 분이 예수님입니다. 그래서 예수님은 오직 전도하시는 일에 모든 것을 바치셨습니다. 영혼 한 명을 건지는 일에 헌신을 다셨습니다. 일생을 바치셨습니다.

예수님께서 하나님의 뜻을 행하시는 것을 양식으로 말씀하신 뜻을 알아야 합니다. 양식은 사람이 죽느냐 사느냐가 달려 있는 음식입니다. 양식이 없으면 죽습니다. 양식은 생명과 직결되어 있습니다. 예수님께서는 하나님의 뜻인 전도를 온전하게 이루는 것이 양식만큼 중요하다는 것을 말씀하시는 것입니다. 전도가 죽이고 살리는 문제라는 말입니다. 영혼을 건지는 일이 죽고 사는 것만큼 소중하다는 것을 말씀하십니다.

오늘 우리에게도 예수님의 이런 마음이 있어야 합니다. 하나님의 뜻을 이루려는 마음이 있어야 합니다. 하나님의 뜻인 전도를 위해서 예수님께서 십자가에 죽으셨습니다. 그만큼 전도가 소중하기 때문입니다. 이처럼 오늘 우리도 전도 때문에 내가 죽어야 합니다. 나의 뜻이 죽어야 합니다. 나의 욕망이 죽어야 합니다. 그래서 오직 나에게서 하나님의 뜻만이 나타나야 합니다. 머리끝에서 발끝까지 오직 하나님의 뜻을 이루겠다는 사명감으로 불타야 합니다.

그런데 안타까운 것은 우리 마음이 아직도 예수님처럼 영혼 구원에 대한 사명감으로 가득하지 않다는 것입니다. 깊이 생각해 보시기 바랍니다. 내가 정말 사명감으로 가득하다면 1년에 1명이라도 전도해야 합니다. 전도하지 못하면 안타까운 마음이라도 가득해야 합니다. 그런데 전도를 한 명도 하지 않고 한 해가 지나가도 별로 죄송스런 마음도 없습니다. 부끄러움도 없습니다. 혹시나 '순간을 모면하면 그만이다'라고 생각하지 않습니까? 그런 마음이라면 나를 구원하신 우리 주님의 십자가를 땅에 내던지는 것입니다. 그렇게 신앙생활을 할 수는 없습니다.

우리 주님께서 어떻게 죽으셨는지를 생각해 보시기 바랍니다. 채찍에 맞아서 살점이 떨어져 나갔습니다. 채찍에 맞아서 피가 낭자하게 흘렀습니다. 그 무거운 십자가를 지고 골고다 언덕을 오르다 지쳐서 쓰러지셨습니다. 더 이상 십자가를 질 수 없어서 구레네 시몬이 대신 십자가를 지고 갔습니다. 그만큼 힘이 없었습니다. 그만큼 지치고 쓰러졌습니다. 오직 하나님의 뜻을 이루시려고 그런 아픔과 고통을 몸으로 겪으신 것입니다.

그런데 우리는 어떻습니까? 정말 하나님의 뜻을 이루려는 마음이 나에게 얼마나 있나 생각해 보시기 바랍니다. 하나님의 뜻을 이루기 위해서 지금 무엇을 마음에 담고 있나요? 얼마나 결단이 서 있나요? 그 결단 때문에 내가 버릴 수 있는 것은 무엇인가요? 그 결단 때문에 내가 취해야 할 것은 무엇인가요? 우리는 오늘 한 영혼을 건지려고 십자가에 죽으시면서 하나님의 뜻을 이루신 예수님을 본받아야 합니다.

**둘째, 예수님의 영의 양식을 먹기 위해서는 눈을 들어 추수 때가 된 영혼들을 보아야 합니다.**

제자들은 동네에 돌아다니면서 육적으로 먹을 양식만 보았습니다. 이 육적으로 먹을 양식만 보는 것에서 더 나아가 예수님처럼 영혼의 양식을 보게 될 때에 진정한 사명자가 되는 것입니다. 예수님의 양식은 아무 때나 보이는 것이 아닙니다. 본문에서 "너희 눈을 들어 밭을 보라 희어져 추수하게 되었도다"라고 말씀하십니다. 이 말씀은 눈을 들어서 밭을 볼 때에 예수님처럼 영혼의 양식이 보이는 것입니다.

신앙생활을 할 때 혼자서 교회에 다니는 분들이 있습니다. 주님은 이 단계에서 한 단계 더 올라서라고 하십니다. 육신의 양식만 보는 단계에서 예수님처럼 영혼의 양식이 보이는 단계로 올라가야 한다는 것입니다. 우리는 오랜 시간 신앙생활을 했습니다. 그런데 아직도 육신의 문제만을 위해서 신앙생활을 하고 있습니다. 기도하는 내용을 가만히 생각해 보시기 바랍니다. 육신의 양식만을 위해서 기도하는 것이 99%입니다.

정말 하나님의 양식인 사명을 위해서 기도하는 분들을 찾기가 쉽지 않습니다. 지옥에 갈 영혼을 천국에 보내기 위해 울면서 몸부림을 치고 있는 사명자를 찾기가 쉽지 않습니다. 아마 우리는 죽을 때까지 "나에게 이런 문제가 있습니다. 제발 이 문제를 해결하여 달라"고만 기도할지도 모릅니다.

이제 우리는 눈을 들어야 합니다. '눈을 들라'는 것은 영적인 눈을 뜨라는 말씀입니다. 제발 영안이 열리시기를 바랍니다. 그러면 희어져 추수할 때가 가까운 영혼들의 밭을 볼 수 있습니다. 즉, 예수님의 양식인 전도할 영혼들이 널려 있는 것을 볼 수 있을 것입니다. 그것이 보여야만 진정한 사명자가 되는 것입니다.

셋째, 예수님의 영의 양식인 영혼의 전도는 우리 모두가 함께하는 것입니다.

전도를 함께한다는 것은 여러 가지 의미가 있습니다. 그것을 본문에서는 "그런즉 한 사람이 심고 다른 사람이 거둔다 하는 말이 옳도다"라고 말하고 있습니다.

이 말은 내가 열심히 전도했는데 다른 사람이 마지막으로 등록을 시킬 수 있다는 말입니다. 나는 그 한 영혼을 위해서 정말 열심히 심었습니다. 커피도 사주면서 전도했습니다. 때로는 식사를 하면서 전도했습니다. 때로는 선물도 했습니다. 그런데 결과는 다른 사람을 통하여 등록이 되었습니다.

중요한 것은 그런 것 때문에 화낼 필요가 없다는 말입니다. 어찌했든지 한 영혼이 전도가 되어 천국에 갔으면 되는 것입니다. 그리고 그동안 내가 수고한 모든 것들을 하나님은 알고 계십니다. 그 모든 것들에 대하여 상급으로 주실 것입니다. 그러므로 전도는 우리가 함께하는 것입니다. 그런 넓은 마음이 우리에게 필요합니다.

그런 일이 있을 때 어떤 분은 그 사람을 찾아가서 그럴 수 있느냐고 따지는 경우도 있습니다. 그러나 그럴 필요가 없습니다. 그 영혼이 구원을 받으면 내가 할 일은 다한 것입니다. 그런 넓은 예수님의 마음이 나에게 필요합니다. 그 사람이 천국 가는 것이 먼저입니다. 지옥에 안 갔으면 감사할 일입니다. 그런데 그럴 수 있을까요? 따진다는 것은, 영혼이 천국 가는 것보다 나의 감정과 기분이 먼저라는 것입니다. 인간들이 사는 곳이기에 그럴 수 있다고 저는 생각을 합니다. 그러나 조금 더 큰 마음과 예수님의 마음으로 본다면 전도는 우리가 함께한다는 것을 알아야 합니다.

**넷째, 예수님의 영혼의 양식을 먹을 사람은 간증하는 것입니다.**
본문을 보면 사마리아의 수가 성 우물가에서 여인이 예수님을 만났습니다. 이 사마리아 여인은 자신이 만난 예수님을 자신이 사는 동네 사람들에게 간증했습니다. 39절입니다. "여자의 말이 내가 행한 모든 것을 그가 내게 말하였다 증언하므로 그 동네 중에 많은 사마리아인이 예수를 믿는지라."

여기 '증언했다'는 말은 간증했다는 말입니다. 간증은 가장 좋은 전도의 방법입니다. 우리는 자신이 만난 예수님을 다른 사람들에게 간증해야 합니다. 이 사마리아 여자가 "그분이 내 과거의 모든 일을 나에게 말씀해 주셨어요"라고 말한 것 때문에 사마리아 동네에 사는 많은 사람들이 예수님을 믿게 되었다고 했습니다. 사람들에게 간증하는 것은 최고의 전도 방법입니다.

여러분이 예수 믿게 된 것을 간증하시기 바랍니다. 누구 때문에 예수 믿게 되었다고 간증하시기 바랍니다. 예수님을 만났더니 내가 이렇게 변화되었다고 간증하시기 바랍니다. 나의 간증이 없다면 다른 사람의 간증이라도 하시기 바랍니다. 우리 목사님이 담도 암에서 죽었다가 하나님의 은혜로 살아났다고 하는 간증도 하시기 바랍니다. 여러 가지의 좋은 간증들이 있습니다. 그런 간증을 몇 개 정도 준비한다면 아마 좋은 전도자가 될 것입니다.

간증은 전도에 있어서 가장 강력한 도구입니다. 가장 효과적인 전도는 간증으로 전도하는 것입니다. 간증에는 말로 하는 간증이 있습니다. 그리고 삶의 변화로 보여주는 간증이 있습니다. 가까운 사람들은 우리가 말을 하지 않아도 예수 믿고 변화된 우리의 삶을 보며 예수님을 믿고 싶은 마음을 가지게 됩니다.

간증은 예수 믿기 전 나의 삶이 어떠했는지를 먼저 간략하게 이야기합니다. 그리고 그런 내가 어떻게 예수를 믿게 되었는지 이야기합니다. 그리고 예수 믿게 된 후의 나의 삶이 어떻게 달라지고 어떻게 바뀌었는지에 대해 이야기할 수 있어야 합니다. 이것이 간증입니다. 예수님을 전하는 가장 좋은 방법은 내가 만난 예수님을 간증하는 것입니다.

### 4, page

서울 모 교회 장로님의 이야기입니다. 우리 교회처럼 전도주일을 맞이하여 모든 교인들이 전도를 했습니다. 장로님은 솔선수범하기 위해 노방전도를 하러 나섰습니다. 계속하여 30명에게 거절을 당한 장로님은 전도에 대한 의욕을 상실하고 말았습니다. 이제 사람을 만나는 것조차 두려운 상황입니다. 그렇게 낙심해 있던 장로님의 눈에 저 멀리 버스 정류장에서 버스를 기다리는 한 학생이 보였습니다.

전도대상자를 향해 의기양양하게 접근했던 이전의 모습은 사라졌습니다. 아주 소심하게 학생에게 다가간 장로님은 "학생, 내가 전도지를 읽어 주려고 하는데, 잠시 시간 좀 내줄 수 있겠어요?" 하며 떨리는 목소리로 말을 했습니다. 학생은 아무런 반응을 보이지 않았습니다. 장로님은 자신 없는 목소리로 그냥 전도지를 그대로 읽어나간 후 결신기도문을 읽어 주었습니다. 전도지를 다 읽은 장로님은 학생에게 "학생, 결신기도문을 따라 할 수 있겠어요?"라고 물었습니다. 하지만 학생은 아무런 대꾸도 하지 않았습니다. 장로님은 다시 "학생, 결신기도문을 따라 해 주겠어요?" 하면서 반응을 기다렸지만 학생은 전혀 반응을 보이지 않았습니다.

장로님은 소심하게 "학생, 제발 부탁인데 결신기도문 딱 한 번만 따라 해 주세요"라고 했습니다. 그때, 장로님 손등에 물방울이 한 방울 '뚝' 하며 떨어지는 것을 느꼈습니다. 자세히 보니 무뚝뚝하기만 했던 그 학생이 흘린 눈물이었습니다. 장로님은 아무런 감정 없이 소심하게 전도지를 읽어 주었을 따름입니다. 그런데 그때 성령께서 그 학생의 마음을 감동시켜 움직이고 계셨던 것입니다. 그 학생은 그날 펑펑 눈물을 흘리면서 영접기도를 따라 했습니다. 자신의 부모님을 비롯한 가족 4명의 명단을 적어 주면서 "장로님, 우리 가족들에게도 복음을 전해 주세요"라고 부탁했다고 합니다.

우리 주변에는 지옥에 갈 영혼들이 너무나 많이 있습니다. 조금만 열심히 전도하면 하나님이 그런 영혼들을 붙여 주십니다. 정말 있는 힘을 다하여 한 영혼을 건지는 예수님과 같은 열정으로 뜨거워지기를 축복합니다.

## 거절보다 더 큰 은혜
### 사도행전 16:6-10

성령이 아시아에서 말씀을 전하지 못하게 하시거늘 그들이 브루기아와 갈라디아 땅으로 다녀가 무시아 앞에 이르러 비두니아로 가고자 애쓰되 예수의 영이 허락하지 아니하시는지라 무시아를 지나 드로아로 내려갔는데 밤에 환상이 바울에게 보이니 마게도냐 사람 하나가 서서 그에게 청하여 이르되 마게도냐로 건너와서 우리를 도우라 하거늘 바울이 그 환상을 보았을 때 우리가 곧 마게도냐로 떠나기를 힘쓰니 이는 하나님이 저 사람들에게 복음을 전하라고 우리를 부르신 줄로 인정함이러라

❈ **주제**: 거절이나 반대의 아픔을 믿음으로 이기게 한다.
❈ **목적**: 더 큰 은혜가 기다리고 있음을 알게 한다.
❈ **구성**: 이야기 설교(유진 라우리)

**1. 평형을 깨뜨려야 합니다.**

여러분은 사람들이 가장 좋아하는 것이 무엇이라고 생각하십니까? 사람마다 가치관이 다르기 때문에 각자가 다르게 생각할 것입니다. 그러나 공통적으로 좋아하는 것이 있습니다. 그것은 만사가 형통하는 것입니다. 만사가 형통한다는 것은 모든 일이 잘 풀리는 것을 말합니다. 아마 여러분도 모든 일들이 잘 풀리기를 원하실 것입니다. 그러나 그렇지 않을 때도 있습니다.

서울에 있는 제 친구 목사님의 교회에서 있었던 일입니다. 그 교회의 모 안수집사님은 중소기업을 운영합니다. 사업이 막히는 것이 없이 아주 잘됩니다. 아이들도 사춘기 없이 모두 다 잘 컸습니다. 좋은 친구들만 만납니다. 공부도 잘합니다. 부모의 입장에서 보면 정말 너무나 좋았습니다. 그리고 모든 가족들이 건강합니다. 한마디로 말한다면 인생이 순풍에 돛 단 듯 잘 풀려갔습니다. 모든 일들이 잘 풀려서 "만사가 형통하다"고 말하기도 했습니다. 그런데 그런 집사님이 췌장암에 걸렸습니다. 그러면서 먼저 아파 보았던 저에게 물어보는 것입니다. 서울에 유명하다는 병원은 다 가보았습니다. 결국 집사님은 몇 달 더 살지 못하고 하나님의 부르심을 받았습니다.

우리가 인생을 살면서 이렇게 이해할 수 없는 일이 일어날 때에 우리는 할 말을 잃게 됩니다. 그리고 '하나님이 계시면 어떻게 이렇게 하실 수 있을까?' 이런 질문을 나도 모르게 내 안에 던지게 됩니다.

그래서 유명한 기독교 역사가인 리처드 베어드(Richard Baird)는 일생을 통해 역사를 연구한 후 세 가지 사실을 배웠다고 말했습니다.

첫째, 하나님의 역사의 맷돌은 너무나 천천히 돌기 때문에 사람들이 깨닫지 못합니다. 그래서 사람들은 하나님이 없다고 합니다. 하나님께서 관여하시는 것이 아니라고 합니다. 그러나 사실 하나님의 맷돌은 돌고 있습니다. 너무나 느려서 우리가 모를 뿐입니다.

둘째, 벌들이 꽃에 앉아 꿀을 따 먹는 동안에 꽃에게 열매를 맺게 한다는 것입니다. 이처럼 꿀을 빨아먹는 자처럼 악한 자가 설치면서 악을 행할 때에 반드시 하나님께서는 악을 멸하십니다. 그러므로 여러분은 어떤 경우에도 악하게 살면 큰일 납니다. 모든 일에 선하시기 바랍니다.

셋째, 밤이 깊어지면 새벽 어두움이 더 짙게 다가옵니다. 그 깊은 어두움 끝에 새벽 계명성이 떠올라 밝은 아침이 다가오는 것입니다. 인간의 역사가 가장 절망적일 때 하나님의 소망이 비쳐온다고 그는 말합니다. 그러므로 어떤 경우에도 낙심하지 말아야 합니다.

**2. 모순을 분석해야 합니다.**

그러나 깊이 생각해 보시기 바랍니다. 우리의 인생이라는 것은 참으로 이상합니다. 이 땅에 태어나는 순서대로 하나님께서 우리를 데려가신다면 우리는 다 이해할 수 있습니다. 큰아들이 먼저 갑니다. 그리고 둘째가 갑니다. 그리고 셋째가 갑니다. 그러면 우리 모두는 다 그렇게 이해를 할 것입니다.

그런데 우리 인생은 그렇지 않습니다. 막내가 먼저 가기도 합니다. 가장 먼저 갈 것 같은 약한 사람이 가장 오래 사는 경우도 많이 있습니다. 이것을 한마디로 말한다면 우리 인생은 내 소관이 아닙니다. 하나님의 소관이라는 것을 알아야 합니다. 모두 경험하듯이 우리의 인생이 내 뜻대로 되는 것이 있습니까? 그렇지가 않습니다. 모든 것은 다 하나님의 뜻대로 되는 것입니다. 어느 것 하나 내 뜻대로 되는 것이 없습니다.

본문 말씀은 이런 이야기입니다. 바울 사도의 일행은 전도에 미친 사람들입니다. 오직 전도를 위해서 이 땅에 태어난 사람들입니다. 그들은 아시아에서 전도하려고 모든 준비를 다했습니다. 그런데 성령께서 아시아에서 전도하지 못하게 하시는 것입니다. 그래서 다시 아시아 지역인 브루기아와 갈라디아와 비두니아로 가려고 하는데 또다시 성령 하나님께서 그리로 가지 못하게 하시는 것입니다. 그래서 다시 드로아로 내려갔습니다. 그때 바울 사도에게 환상을 보여주셨습니다.

본문 9-10절입니다. "밤에 환상이 바울에게 보이니 마게도냐 사람 하나가 서서 그에게 청하여 이르되 마게도냐로 건너와서 우리를 도우라 하거늘 바울이 그 환상을 보았을 때 우리가 곧 마게도냐로 떠나기를 힘쓰니 이는 하나님이 저 사람들에게 복음을 전하라고 우리를 부르신 줄로 인정함이라." 이 본문을 보면 바울은 아시아에서 복음 전하기를 원했습니다. 그런데 성령님은 마게도냐로 가서 복음을 전하라고 하십니다. 즉 유럽으로 가서 복음을 전하라고 하십니다. 우리의 생각과 하나님의 생각은 전혀 다르다는 것입니다. 우리는 살면서 이런 경우를 많이 봅니다.

본문 6절의 '못하게 하시거늘'이라는 말씀은 '거절하다, 막는다'는 말입니다. 우리는 지금 열심히 전도하려고 하는데 성령님은 못하게 막으십니다. 그리고 다른 곳에서 전도하라고 지금 말씀하십니다. 그 성령의 말씀에 순종해야 한다는 것이 본문입니다.

하나님은 왜 우리의 계획을 거절하실까요? 첫째, 우리의 계획이 하나님의 뜻과 반대가 될 때에 거절하십니다. 우리는 인간적으로 생각합니다. 이런저런 계산을 다합니다. 그래서 이것이 정답이라고 생각하면서 일을 시작합니다. 그러나 하나님의 계획은 우리와 전혀 다를 수가 있습니다. 이때 나의 뜻을 포기할 수 있는 용기가 필요합니다. 그리고 하나님의 뜻을 받아들이는 용기가 있어야 합니다. 그것이 성령님께 순종하는 일입니다.

둘째, 우리에게 기다림이 필요할 때에 거절하십니다. 시기적으로 아직 합당한 때가 아닙니다. 조금 더 기다려야 합니다. 그런데 인간의 좁고 작은 생각으로는 지금이 가장 좋은 시기라고 여길 때가 많이 있습니다. 그러나 전능하시고 우주의 주인이신 하나님을 믿는다면 우리는 하나님의 거절을 받아들이는 겸손함이 있어야 합니다. 그것이 믿음이기 때문입니다.

셋째, 하나님의 계획이 우리의 계획보다 최선이 되기 때문입니다. 인간의 머리에서 나오는 것보다 하나님의 지혜가 훨씬 더 크고 정확하다는 것을 알아야 합니다. 인간의 지혜는 한 치 앞을 바라보지 못합니다. 내일 일을 모르는 것이 인간의 지혜입니다. 그러나 하나님은 모든 것을 다 아십니다. 그러기에 하나님의 지혜가 최선의 지혜입니다. 그래서 우리는 성령의 음성을 들어야 합니다. 하나님의 말씀에 순종해야 합니다.

### 3. 하나님께서는 해결의 실마리를 드러내십니다.

하나님은 싫어서 거절하시는 것이 아닙니다. 미워서 거절하시는 것은 더욱더 아닙니다. 하나님의 거절은 우리보다도 더 크고 놀라운, 형통하게 하시는 더 큰 은혜이기 때문입니다.

우리가 자식을 키울 때, 자식들은 자기들이 좋아하는 것을 사달라고 보챕니다. 그런데 보챈다고 자식이 원하는 것을 다 사주시나요? 그런 부모는 이 세상에 많지 않을 것입니다. 아이들의 판단과 부모님의 판단은 전혀 다릅니다. 부모님의 판단이 어린 자녀들의 판단보다 더 정확하고 분명합니다. 자녀들보다 부모님의 판단이 더 올바른 것입니다. 그래서 아이들이 어떤 것을 원할 때에 합당하지 않으면 부모님은 거절하는 것입니다. 그렇게 볼 때에 거절이 더 큰 은혜입니다.

칼을 사달라고 하는 자식의 요구를 거절하는 것은 칼로 상처를 입지 않게 하시려는 부모님의 더 큰 은혜 때문입니다. 아직 운전면허를 소유하지 못한 자녀에게 운전을 못하게 하는 것은 자녀의 생명을 보호하려는 부모님의 더 큰 은혜인 것입니다.

### 4. 하나님께서는 복음을 경험하게 하십니다.

그러면 거절보다 더 큰 은혜가 무엇일까요? 본문을 보면 아시아에서 열심히 전도하려고 하는 바울 사도의 일행에게 환상을 보이면서까지 거절하신 이유가 분명히 있습니다.

**첫째, 나의 뜻보다 하나님의 뜻이 이루어지도록 하기 위해서입니다.**
신앙생활에서 항상 생각해야 할 것은 먼저 하나님의 뜻입니다. 하나님의 뜻이 우리를 통하여 이루어지는 것이 올바른 신앙입니다.

예수님께서 겟세마네 동산에서 십자가를 앞에 놓고 기도하신 장면을 생각해 보십시오. 그때 예수님은 이 잔을 옮겨 달라고 기도하셨습니다. 그러나 하나님의 뜻은 십자가에서 죽지 않는 것이 아니었습니다. 오히려 우리 인간들의 모든 죄를 짊어지고 십자가에서 처참하고도 비참하게 죽는 것이었습니다. 그때 예수님은 온전하게 하나님의 뜻을 받아들이십니다. 그래서 십자가에서 죽으셨습니다. 그 십자가에서 우리 인간들의 모든 죄를 짊어지고 죽으신 것입니다. 우리의 모든 죄를 짊어지심으로 인간들을 죄에서 건져내는 구원의 문이 활짝 열린 것입니다. 예수님은 십자가에서 죽는 한이 있어도 하나님의 뜻을 온전하게 따르셨습니다.

오늘 이런 모습을 우리는 배워야 합니다. 우리가 신앙생활을 하는데, 마음속에 정말 우리 주님처럼 나를 통하여 하나님의 뜻이 이루어지기를 원하십니까? '하나님의 뜻만 이루어진다면 나는 어떤 순종이라도 할 수 있습니다' 하는 마음이 있어야 합니다. 그것이 바른 신앙 중심이기 때문입니다. 나의 뜻과 나의 주장이 받아들여지는 것을 기뻐하는 신앙은 정말 어린아이의 신앙입니다. 하나님은 여러분의 신앙이 그렇게 되기를 원하지 않으십니다. 오직 하나님의 뜻을 먼저 구하는 여러분이 되기를 원하십니다.

**둘째, 복음이 더 빨리 전해지도록 하기 위해서입니다.**
만약에 복음이 아시아에서 시작되었다고 생각해 보시기 바랍니다. 그러면 기독교는 전 세계적인 복음이 되지 않았을 것입니다. 그 당시 가장 발전한 곳이 로마였습니다. 사람들이 가장 많이 왕래하는 곳이 로마였습니다. 로마에 온 사람들은 다시 전 세계로 복음을 들고 나아갔습니다. 그러니 얼마나 빨리 복음이 전파되었는가를 알 수 있습니다.

그래서 이런 말이 생겨났습니다. "모든 길은 로마로 통한다." 그 당시 전 세계에서 가장 큰 도시가 로마였습니다. 모든 경제의 요충지가 로마였습니다. 로마는 전 세계 사람들이 다 모이는 곳이었습니다. 그 당시 소금이 가장 귀했습니다. 그 귀한 소금이 가장 많이 유통되는 곳이 로마였습니다. 그래서 "로마는 소금의 길이다"라는 말도 생겼습니다. 그만큼 돈이 많은 곳이었습니다. 돈이 많은 곳에 전 세계 사람들이 몰려왔습니다. 사람들이 가장 많이 들어오고 나가는 곳이 로마였습니다.

하나님은 이런 것들을 미리 알고 계셨습니다. 그러기에 아시아 전도계획을 로마로 옮기신 것입니다. 가장 빨리 복음이 전파되는 길을 아셨기 때문입니다. 그러므로 우리는 어떤 일이 있어도 성령님께 순종하려는 마음이 있어야 합니다. 성령님께 순종하려는 마음이 어떤 마음보다 앞서야 합니다. 성령님께 순종하려는 마음이 강해야 합니다. 성령님께 순종하려는 마음이 최우선이 되어야 합니다. 그때 가장 빠른 지름길을 가게 되는 것입니다.

사실 내가 계획한 길은 돌아가는 길입니다. 얼마나 멀리 돌아갈지 모릅니다. 마치 이스라엘 백성들이 15일이면 갈 수 있는 가나안을 40년 만에 가는 것과 같은 것입니다. 이렇게 돌아가면 힘이 듭니다. 돌아가면 비용도 많이 듭니다. 고생도 많이 합니다. 그러므로 돌아가지 마시고 지름길로 가시기 바랍니다. 그것은 오직 성령님께 순종하는 길입니다. 아시아보다는 로마를 선택하신 이유는 복음이 더 빨리 전해지도록 하기 위해서였습니다.

**셋째, 복음이 더 많이 전해지도록 하기 위해서입니다.**

고기가 많은 곳에 그물을 내려야 고기를 많이 잡을 수 있습니다. 그 당시 영적 고기가 가장 많은 곳이 로마였습니다. 그래서 아시아보다는 로마로 가라고 하신 것입니다. 그 당시 전 세계에서 가장 많은 사람들이 왕래하는 곳이 로마였습니다. 그 많은 사람들에게 복음을 전할 때에 가장 많은 사람들이 구원을 받을 수 있었습니다.

같은 시간에 할 수만 있으면 많은 사람들에게 복음을 전해야 합니다. 그래서 교회에 마이크 시설이 필요한 것입니다. 사람의 목소리로는 많은 사람들에게 복음을 전하기가 힘이 듭니다. 사람의 목소리를 증폭시키는 기계를 통하여 할 수 있는 대로 많은 사람들에게 복음을 전하는 것이 효과가 있습니다. 그래서 돈을 들여서 좋은 시설을 준비하는 것입니다. 복음을 가장 짧은 시간에 가장 많이 전하기 위해서입니다. 가장 효과적으로 전하기 위해서입니다.

로마는 전 세계 사람들이 오가는 국제도시입니다. 그때 아시아 사람 한 사람에게 복음을 전했다면 아시아만 복음화되는 것입니다. 우리나라도 1885년도에 감리교의 아펜젤러와 장로교의 언더우드 선교사 덕분에 오늘날 복음이 전국을 덮고 있습니다. 그리고 전 세계에서 미국 다음으로 선교사를 가장 많이 파송한 나라가 되었습니다. 복음은 가장 효과적으로 전해야 합니다. 그것에 아시아보다는 로마가 적격이었습니다.

우리는 청주를 오늘의 로마로 만들어야 합니다. 어떻게 해서라도 복음을 전해야 합니다. 복음을 전하여 한 사람이라도 더 많이 천국에 보내는 것이 먼저 믿은 우리의 본업이 되어야 합니다.

**5. 결과를 기대해야 합니다.**

이런 모든 것들을 아신 하나님께서는 아시아에서 전도하려는 것을 거절하셨습니다. 아시아에서의 전도 거절은 로마라는 더 큰 은혜로 우리에게 찾아왔습니다.

우리가 신앙생활을 할 때마다 순풍에 돛 단 듯이 어이영차 배 떠나가면 얼마나 좋겠습니까? 그런데 그렇지가 않습니다. 하나님은 우리보다 크십니다. 하나님의 계획은 우리와 다릅니다. 우리보다 높으십니다. 성경은 말합니다. "내 생각이 너희의 생각과 다르며 내 길은 너희의 길과 다름이니라 여호와의 말씀이니라 이는 하늘이 땅보다 높음같이 내 길은 너희의 길보다 높으며 내 생각은 너희의 생각보다 높음이니라"(사 55:8-9).

정말 하나님의 생각은 우리의 생각보다 깊고 높습니다. 그 깊고 높음은 측량할 수 없습니다. 그래서 우리가 할 수 있는 것은 오직 전적인 순종뿐입니다. 내가 너무 많이 알려고 할 필요가 없습니다. 하나님과 너무나 많이 수준 차이가 나기 때문입니다. 하나님의 말씀에 오직 순종하려는 마음만 가지고 있다면 모든 것이 합력하여 더 큰 은혜를 이루게 될 것입니다.

전적으로 하나님의 기뻐하는 마음에 합한 오늘의 다윗이 되기만 한다면, 오늘의 아픔 때문에 슬퍼할 이유가 없습니다. 그 시간이 하나님께서 나의 믿음을 달아 보시는 순간이기 때문입니다. 성경을 보면 하나님은 요셉의 신앙과 인격을 달아 보셨습니다. 형들에게 팔려가게 하면서 믿음을 달아 보셨습니다. 보디발의 집에서 그 아내의 유혹을 통하여 믿음을 달아 보셨습니다. 죄 없이 감옥에서 2년을 썩게 하면서 믿음을 달아 보셨습니다. 이렇게 하나님의 저울에 달아 보신 후에 합격을 주셨습니다. 결국 애굽의 총리가 되게 하셨습니다. 그리고 그의 가족 70명을 흉년에서 살려내는 축복의 사람이 되게 하셨습니다.

그러므로 거절의 아픔이 있어도 이겨내시기 바랍니다. 내 뜻이 이루어지지 않아도 너무 슬퍼하지 마시기 바랍니다. 하나님의 숨은 뜻이 있습니다. 내가 알지 못하는 더 높고 깊은 하나님의 은혜가 기다리고 있다는 것을 알아야 합니다. 거절보다 더 큰 은혜가 기다리고 있다는 것을 믿으면서 모든 것을 이겨내시기를 축복합니다.

## 기적 가운데 사는 사람

사도행전 5:17-32

대제사장과 그와 함께 있는 사람 즉 사두개인의 당파가 다 마음에 시기가 가득하여 일어나서 사도들을 잡아다가 옥에 가두었더니 주의 사자가 밤에 옥문을 열고 끌어내어 이르되 가서 성전에 서서 이 생명의 말씀을 다 백성에게 말하라 하매 그들이 듣고 새벽에 성전에 들어가서 가르치더니 대제사장과 그와 함께 있는 사람들이 와서 공회와 이스라엘 족속의 원로들을 다 모으고 사람을 옥에 보내어 사도들을 잡아오라 하니 부하들이 가서 옥에서 사도들을 보지 못하고 돌아와 이르되 우리가 보니 옥은 든든하게 잠기고 지키는 사람들이 문에 서 있으되 문을 열고 본즉 그 안에는 한 사람도 없더이다 하니 성전 맡은 자와 제사장들이 이 말을 듣고 의혹하여 이 일이 어찌 될까 하더니 사람이 와서 알리되 보소서 옥에 가두었던 사람들이 성전에 서서 백성을 가르치더이다 하니 성전 맡은 자가 부하들과 같이 가서 그들을 잡아왔으나 강제로 못함은 백성들이 돌로 칠까 두려워함이더라 그들을 끌어다가 공회 앞에 세우니 대제사장이 물어 이르되 우리가 이 이름으로 사람을 가르치지 말라고 엄금하였으되 너희가 너희 가르침을 예루살렘에 가득하게 하니 이 사람의 피를 우리에게로 돌리고자 함이로다 베드로와 사도들이 대답하여 이르되 사람보다 하나님께 순종하는 것이 마땅하니라 너희가 나무에 달아 죽인 예수를 우리 조상의 하나님이 살리시고 이스라엘에게 회개함과 죄 사함을 주시려고 그를 오른손으로 높이사 임금과 구주로 삼으셨느니라 우리는 이 일에 증인이요 하나님이 자기에게 순종하는 사람들에게 주신 성령도 그러하니라 하더라

❖ **주제**: 기적을 행하시는 하나님을 믿게 한다.
❖ **목적**: 복음을 전하고 믿게 한다.
❖ **구성**: 원 포인트

얼마 전에 있었던 일입니다. 중학교에 다니는 여학생이 아파트 옥상에서 뛰어내렸습니다. 알고 보니 부모님이 자기보다 오빠를 더 사랑한다는 이유 때문이었습니다. 한번은 어머니가 "너는 오빠같이 왜 열심히 공부하지 않느냐?"는 말을 했다고 합니다. 그리고 딸아이가 오빠에게 대들었습니다. 그래서 그러면 안 된다고 꾸짖었습니다. 그런 결과로 너무나 큰일을 저지르고 말았습니다. 어머니의 말을 들어 보니 그 딸을 정말 사랑했습니다. 그러나 딸은 어머니의 깊은 마음을 이해하지 못했습니다.

이 딸에게 어떻게 이런 일이 일어날 수 있었을까요? 자기중심적인 사랑을 갖고 있었기 때문입니다. 자기중심적인 사랑은 참으로 무서운 병입니다. 이런 생각을 하는 사람은 '내 생각은 다 옳은 것입니다. 그러나 다른 사람의 생각은 다 잘못된 것입니다' 하며 모든 것이 다 자신의 생각대로 되어야 한다고 합니다. 그러나 우리의 인생이 다 그렇게 될 수 있습니까? 아닙니다. 사람마다 다르고 상대적이기 때문에 그러하지 못할 때가 많은 것입니다.

우리의 신앙생활도 마찬가지입니다. '내가 하나님을 이렇게 사랑했다'고 말해서는 십자가 사랑을 알 수 없습니다. 하나님이 나를 얼마나 사랑하는시가를 알아야 합니다. 우리는 하나님이 나를 사랑하셨다고 하는 요한복음 3장 16절 말씀을 잘 압니다. "하나님이 세상을 이처럼 사랑하사 독생자를 주셨으니 이는 그를 믿는 자마다 멸망하지 않고 영생을 얻게 하려 하심이라."

하나님이 나를 얼마나 사랑하는가에 대하여 깊이와 높이와 너비를 얼마나 알고 신앙생활을 하고 있나요? 그리고 그 사랑을 지금 얼마나 느끼고 있습니까? 정말 하나님이 독생자 아들을 주신 사랑을 알고 느낀다면 오늘 여러분의 신앙생활이 지금보다는 더 열정적이어야 합니다.

하나님의 외아들을 주셨다는 것은 이 세상에서 희생할 수 있는 최고의 희생을 말합니다. 그보다 더 큰 희생이 없는 마지막 희생을 말합니다. 내가 누구를 좋아해서 눈알 하나를 빼주는 정도가 아닙니다. 내가 간을 이식해 주는 것이 아닙니다. 눈보다, 간보다 더 소중한 목숨을 십자가에서 내어준 사랑을 하나님이 몸으로 실천하신 것입니다.

예를 들어봅시다. 제가 "이웃을 위해서 만 원만 헌금하시기 바랍니다" 하고 말했습니다. 그러면 모든 분들이 기뻐서 다 참여하기가 쉬운 것이 아닙니다. 자기를 위해서는 더 많은 물질을 사용하면서도 힘들고 어려운 분들을 위해서는 그렇게 하기가 쉬운 것이 아닙니다. 이것이 인간입니다.

그런데 하나님은 우리를 사랑하셔서 하나밖에 없는 아들을 십자가에 죽이면서까지 우리를 사랑하셨습니다. 십자가 사랑보다 하나님이 우리를 사랑할 수 있는 그 이상의 방법은 없습니다. 더 이상 사랑할 수 없는 방법으로 하나님이 나를 사랑하신 것입니다. 그것이 십자가 사랑입니다.

그러나 이런 하나님의 십자가 사랑을 모르는 사람은 언제나 자기 중심적으로 하나님 앞에 나옵니다. 그런 사람은 하나님 앞에 할 말이 많습니다. 그래서 이렇게 기도를 합니다. "왜 내 기도를 들어주지 않습니까? 하나님께서 참으로 계신 것입니까?" 그러나 이것은 아주 양호한 기도입니다. 한술 더 떠서 하는 말이 "만약에 응답을 안 해주시면 저는 이제 교회에 안 나가겠습니다" 하며 협박하는 사람이 있습니다. 안 나오면 누가 손해입니까? 하나님이 손해가 아닙니다. 나만 손해 보는 것입니다. 교회 안 나오면 지옥에 가기 때문입니다. 지옥은 어떤 일이 있어도 가서는 안 될 곳입니다.

하나님의 십자가 사랑을 아는 사람은 지금 이대로가 모두 다 하나님의 은혜임을 고백하며 사는 사람입니다. 있으면 있는 대로, 없으면 없는 대로 하나님의 은혜입니다. 응답을 주셔도 은혜입니다. 응답을 안 주셔도 은혜입니다. 왜냐하면 응답을 안 주시는 데는 하나님의 섭리라는 숨겨진 계획이 있기 때문입니다.

본문의 이야기가 바로 그런 이야기입니다. 사도들이 하나님의 복음을 열심히 전합니다. 복음을 전할 때에 병 고치는 기적이 나타납니다. 귀신들이 떠나갑니다. 그러자 대제사장과 사두개인들이 시기하여 제자들을 감옥에 가둡니다. 그러자 다시 주의 천사가 옥문을 열어 나가게 합니다. 그리고 감옥에서 나간 사도들은 성전에서 하나님의 말씀을 전합니다.

여기에서 정말 이상한 것은 하나님이 감옥에 들어가게 하십니다. 그리고 감옥에 들어간 그들을 다시 풀어내 주신다는 것입니다. 차라리 감옥에 들어가지 않게 하셔야 하지 않을까요? 그런데 왜 감옥에 들어가게 하시고 다시 꺼내 주시는 번거로운 일을 하시느냐 하는 것입니다. 이해하기가 정말 쉽지 않습니다. 하나님은 감옥에 들어가는 일을 막으실 수 없는 분입니까? 그리고 감옥에서 나오게만 하시는 분입니까? 아닙니다. 하나님은 모든 일에 전능하십니다. 그렇다면 더욱 이해하기가 쉽지 않은 말씀입니다.

본문은 하나님께서 살아 계시며 전능하심을 보여주고 있습니다. 우리는 하나님의 전능하심과 살아 계심에 대해 의심하지 않습니다. 그러기에 "전능하사 천지를 만드신 하나님 아버지를 내가 믿사오며"라고 신앙고백을 합니다. 그러나 우리는 신앙을 고백한 대로 믿음으로 살고 있습니까? 그렇지가 않다는 것입니다. 하나님의 전능하심을 믿으면서 왜 낙심합니까? 별것도 아닌 것으로 가슴이 철렁거립니다. 밥도 먹지 못하는 고민 속에 살고 있지 않는가요? 입술로는 하나님을 믿으면서 삶으로는 믿지 못하는 것이 우리들의 모습이 아닙니까? 그러기에 훈련이 필요한 것입니다.

본문은 말하고 있습니다. "사도들을 잡아다가 옥에 가두었더니 주의 사자가 밤에 옥문을 열고 끌어내어." 제자들을 감옥에서 천사가 꺼냈다는 말씀입니다. 감옥에 들여보냈다가 다시 꺼내는 기적 같은 일이 없다고 생각해 보시기 바랍니다. 그런 영적인 훈련이 없다면 오늘 살아 계신 하나님을 확실하게 믿는 신앙을 갖기가 어려운 것입니다. 하나님을 전능하신 하나님으로 믿게 하기 위해서는 지금 감옥이라는 고난에 집어넣기도 하십니다. 그리고 감옥에서 꺼내기도 하십니다. 이런 것으로 기적을 체험하게 하시는 것입니다.

이런 기적을 체험하는 일은 지금 우리에게도 있습니다. 여러분에게 고난이 왔을 때 이런 생각을 하실 것입니다. '나는 나름대로 열심히 하나님을 믿는데 왜 나에게 이런 어려움이 왔는가?' 하는 생각입니다. 주일성수도 잘합니다. 정직하게 십일조도 드립니다. 전도도 열심히 하는데 왜 이런 고난이 왔는가, 할 때가 있을 것입니다. 그러나 걱정하지 마시기 바랍니다. 믿음생활 잘했는데도 고난이 왔다면 그 고난은 하나님의 훈련입니다. 훈련은 더 좋은 결과를 만들기 위해서입니다. 훈련이 없는 금메달은 없습니다.

여기 있는 목사도 담도암으로 죽을 사람이었습니다. 그러나 하나님께서 저를 살리셨습니다. 죽음에서 살아난 저에게는 한 가지 확신이 있습니다. '하나님은 살아 계십니다. 하나님은 전능하십니다.' 이런 확신으로 저는 너무나 즐겁고 행복한 하루하루를 살아가고 있습니다.

우리 인생에서 오는 모든 고난은 다 훈련입니다. 내가 죄를 지어 당하는 고난도 훈련입니다. 죄를 짓지 않았는데도 오는 고난은 더욱더 큰 훈련입니다. 이런 말이 이해하기가 어렵다고 할지 모르지만 사실입니다. 죄를 지어도 고난이 없는 사람은 아예 하나님이 버리신 사람입니다. 마치 버린 자식이 아무리 죄를 지어도 부모가 상관하지 않는 것과 같습니다. 그러나 하나님이 사랑하시는 사람은 즉각적으로 반응이 오게 되어 있습니다. 그러므로 참고 인내하면 좋은 결과가 나타날 것입니다. 하나님이 훈련을 끝마치실 때까지 기다리고 인내하시기 바랍니다. 가장 좋은 금메달이 기다리고 있기 때문입니다.

각자의 신앙과 믿음에 따라 훈련의 기간이 다릅니다. 모세는 40년이었습니다. 다윗은 20년이었습니다. 성경은 이렇게 말합니다. "우리가 선을 행하되 낙심하지 말지니 포기하지 아니하면 때가 이르매 거두리라"(갈

6:9). 말씀을 믿고 인내하는 여러분이 되시기를 바랍니다. 하나님은 감옥에 들어가게도 하십니다. 감옥에서 꺼내기도 하십니다. 이 모든 것들이 하나님의 살아 계심에 대한 훈련이라는 것을 아시기 바랍니다.

특히 살아 계시고 전능하신 하나님께서 주의 천사를 보내어 감옥에 들어간 제자들을 옥문을 열고 꺼내 주십니다. 이때 제자들에게 어떤 믿음이 생겼을까요? 하나님은 살아 계시다는 확신이 생겨났습니다. 그러자 목숨을 걸고 복음을 전하게 되었습니다. 이 일로 초대교회가 폭발적으로 복음을 증거하게 되었습니다.

제자들은 이미 성령으로 충만하여 두려움이 없었습니다. 그런 제자들이 다시 옥문이 열리는 기적을 체험합니다. 그러자 제자들은 하나님께서 살아 계시기 때문에 죽음이 두렵지 않았습니다. 하나님께서 살아 계시기 때문에 자신들을 죽이려는 사두개인들이나 바리새인들이 두렵지 않았습니다. 그런 제자들은 전혀 두려움이 없기에 복음을 전할 수 있었습니다. 제자들은 지금 기적을 눈으로 보고 있는 것입니다. 아니, 기적 가운데서 살고 있는 것입니다.

여러분 자신을 바라보시기 바랍니다. 죄인입니까, 아니면 의인입니까? '우리는 죽을 수밖에 없는 죄인입니다.' 그런데 그 죽을 수밖에 없는 죄인이 지금 이렇게 살고 있습니다. 그것이 바로 기적의 은혜입니다. 사실 인간은 태어나면서부터 죄인입니다. 아담과 하와의 죄의 피가 우리 속에도 지금 흐르고 있습니다. 그래서 태어나기도 전부터 죄인입니다. 그리고 이 땅에 태어나서 수많은 죄를 짓는 죄인들입니다. 또 마음으로 짓는 죄는 수없이 많이 있습니다. 음욕의 죄는 보이지 않지만 우리 속에 항상 있습니다. 이와 같이 우리는 하나님 앞에서 정말 큰 죄인입니다. 말 그대로 벼락을 맞아 당장에 죽을 죄인입니다. 한순간도 살 수 없는 죄인입니다. 그런데도 이렇게 버젓이 살아 움직이고 있지 않습니까? 이것이 은혜로운 기적입니다.

물론 앉은뱅이를 일으키는 것도 기적입니다. 죽은 자를 살리는 것도 기적입니다. 그러나 정말 기적 중의 기적은 죽을 수밖에 없는 사람이 살아서 돌아다니는 것입니다. 우리 죄를 생각하면 당장에 죽어야 합니다. 나는 이미 십자가에서 죽었다고 고백하는 사람은 살아 있는 사람입니다. 그러나 스스로 살아 있다고 자만하는 사람은 영적으로는 죽은 사람입니다. 하나님이 받으시는 사람은 십자가의 보혈의 은혜로는 살아 있으나 영적으로는 나는 이미 죽은 사람이라고 인정하는 사람입니다.

하나님이 기쁘게 받으시는 온전한 영적 제사를 드리려면 언제나 십자가에서 나는 죽었다고 고백하는 사람이 되어야 합니다. 그리고 주님의 십자가의 보혈로 살아났다고 고백하는 사람이 되어야 합니다. 이런 사람은 지금 사는 것이 기적으로 사는 것이라고 믿는 것입니다.

죽고 사는 것을 알게 하기 위하여 때로 우리를 감옥에 넣기도 하시고 꺼내기도 하십니다. 살아 계시고 전능하신 하나님의 기적을 체험한 사람은 가만히 있을 수 없습니다. 전능하시고 살아 계신 하나님의 기적을 전해야 합니다. 사람들을 지옥에 가지 못하게 십자가 복음을 전해야 합니다.

본문은 이렇게 말하고 있습니다. 주의 사자가 제자들을 감옥에서 내보낸 후에 "이 생명의 말씀을 다 백성에게 말하라"고 말했습니다. 그러자 그 말을 들은 제자들은 새벽에 성전에서 하나님의 말씀을 전했습니다. 그러는 동안에 군인들이 감옥으로 제자들을 찾으러 갔습니다. 하지만 이미 감옥에서 나와 생명의 말씀을 전하는 제자들을 봅니다. 그러자 다시 제자들을 끌어다가 공회 앞 많은 사람들 앞에 세우고 '지난번에 다시는 예수 이름으로 말하지 말라고 말하지 않았느냐?' 따집니다. 그러자 베드로가 "사람보다 하나님께 순종하는 것이 마땅하니라" 하고 대답했습니다. 제사장들은 전하지 말라고 하지만 제자들은 단호합니다. 사람보다 하나님께 순종하는 것이 마땅하다고 하며 복음을 전합니다.

하나님이 지금 우리에게 원하시는 것이 무엇입니까? 우리가 복음을 전하는 사람이 되기를 원하십니다. 밤을 새우면서 새벽까지 전하는 제자들의 모습을 우리가 배워야 합니다. 제자들의 전도에 열정이 있었다는 말입니다. 사람들을 지옥에 보내지 않기 위해서입니다.

교회에는 십자가가 있습니다. 십자가는 죄인을 죽이는 사형 틀입니다. 그 사형 틀에 죄 없는 하나님의 외아들 예수님께서 우리의 모든 죄를 짊어지고 죽으셨습니다. 그 예수님을 나의 구세주로 믿을 때에 우리의 모든 죄가 용서를 받습니다. 그래서 천국에 가는 하나님의 자녀가 되는 것입니다.

노르웨이에 있는 어느 시골에 가면 종탑의 모양이 특이한 교회가 하나 있습니다. 보통 교회의 종탑에는 예수 그리스도의 십자가가 우뚝 서 있습니다. 그런데 그 교회의 종탑에는 양의 조각이 있습니다.

거기에는 이런 사연이 있습니다. 그 교회가 건축을 할 때였습니다. 시골 교회라서 재정이 넉넉하지 못했습니다. 그래서 그 교회 교인들은 교회를 건축할 때 직접 나서서 일을 했습니다. 교회의 건축이 거의 마무리될 때였습니다. 마지막으로 높은 종탑을 세우기 위해서 교인 가운데 한 사람이 건물 꼭대기에 올라갔습니다. 그런데 그만 실수로 땅에 떨어지고 말았습니다. 모두가 그 사람은 죽었을 것이라고 생각했습니다. 그러나 그는 기적적으로 살아났습니다. 때마침 밑에는 한 무리의 양 떼가 지나가고 있었습니다. 그가 양 떼 위로 떨어졌습니다. 그래서 어린양 한 마리가 깔려서 죽었습니다. 대신 그는 조금도 다치지 않고 살아날 수 있었습니다. 그 놀라운 사건을 기념하기 위해서 그 교회는 종탑에 죽은 어린양의 조각을 세워 놓았습니다.

우리는 세례 요한이 예수님을 보고 외쳤던 음성을 잘 알고 있습니다. "보라 세상 죄를 지고 가는 하나님의 어린양이로다"(요 1:29). 예수님은 우리의 죄를 지고 가는 어린양이 되셨습니다. 예수님은 우리의 모든 죄를 담당하시고 십자가에서 고초를 겪으시고 죽으셨습니다. 그 대신 우리의 모든 죄는 깨끗하게 사함을 받았습니다. 그리고 우리는 영원한 생명을 얻게 되었습니다.

오늘 우리 교회는 한 영혼이라도 천국에 보내기 위해서 초청 주일을 보내고 있습니다. 이 일 때문에 오늘 처음으로 교회에 나오신 분들이 있습니다. 여러분 모두 다 구주 되신 예수님을 마음에 영접하시기 바랍니다. 그래서 구원을 받아 천국에 가야 합니다. 한 사람이라도 지옥에 가는 분이 있으면 큰일입니다. 어떤 일이 있어도 지옥엔 가지 말아야 합니다.

졸졸졸 흐르는 맑은 시냇물을 젖소가 먹고 있었습니다. 그리고 건너편 언덕에선 살무사가 목을 축이고 있었습니다. 같은 물을 마셨는데 잠시 후 그 물은 젖소에게서는 우유가 되고, 독사의 몸에서는 무서운 맹독으로 변합니다. 이 책임이 어찌 물에게 있다고 할 수 있겠습니까? 하나님의 말씀은 생명의 말씀을 어떻게 받아들이느냐에 달려 있습니다. 어떤 이는 말씀을 듣고 '어찌할꼬' 회개하여 구원에 이릅니다. 그러나 어떤 이는 듣고 아무런 반응이 없습니다. 어떤 이는 이를 갈면서 오히려 악해지는 사람들도 있습니다.

옥토와 같은 마음 밭은 말씀을 듣고 결실하여 100배의 열매를 거두어들입니다. 오늘도 하나님의 말씀을 듣고 예수님을 마음에 영접하여 하나님의 자녀가 되어서 지옥에 가지 않고 천국에 가시기를 축복합니다.

## 메멘토 모리

히브리서 9:27-28

한 번 죽는 것은 사람에게 정해진 것이요 그 후에는 심판이 있으리니 이와 같이 그리스도도 많은 사람의 죄를 담당하시려고 단번에 드리신 바 되셨고 구원에 이르게 하기 위하여 죄와 상관없이 자기를 바라는 자들에게 두 번째 나타나시리라

- **주제**: 죽음은 필연적이라는 것을 알게 한다.
- **목적**: 죽음을 바르게 준비하게 한다.
- **구성**: 원 포인트

우리가 잘 아는 '애플' 신화의 스티브 잡스가 스탠퍼드 대학에서 연설할 때입니다. 그는 췌장암으로 힘든 시기를 보내고 있었습니다. 그때 그는 "죽음은 삶이 만든 단 하나의 최고의 발명품"이라며 인생을 되돌아봤습니다. 이어 인간의 시간이 제한된 점을 강조했습니다. 그러므로 다른 누군가의 인생을 사는 것처럼 낭비하지 말라고 말합니다. 내면에 집중하면서 살아야 한다고 말했습니다. 그러면서 라틴어 "죽음을 기억하라"는 "메멘토 모리"(Memento mori)를 외치며 사람들에게 큰 감명을 남겼습니다.

저는 이 글을 읽으면서 두 가지를 느끼게 되었습니다. 첫째는 스티브 잡스가 말한 "죽음은 삶이 만든 단 하나의 최고의 발명품"이라는 말이 어떤 의미일까를 곰곰이 생각해 보았습니다. 다음과 같은 여러 가지가 생각이 났습니다.

첫째, 살아 있는 사람만 죽음의 의미를 알 수 있다는 것입니다.
둘째, '죽음이 무엇인가를 정말 알고 있는가?'라는 물음입니다.
셋째, 죽음을 안다면 인생의 최고를 발견한 사람이라는 말입니다.
넷째, 죽음을 모른다면 인생을 잘못 살고 있다는 말입니다.
다섯째, 죽음을 준비하는 지혜가 있어야 한다는 것입니다.

그러면 이 질문을 여러분 자신에게 해보시기 바랍니다.

나는 정말 죽음을 아는 사람인가?
죽음이 오늘 온다고 해도 두렵지 않게 죽음을 맞이할 수 있는가?
죽음 앞에서 나는 어떤 사람인가?

죽음이 두려운 존재인가?
아니면 죽음을 일상처럼 찾아오는 손님으로 알고 있는가?
죽음은 나에게 정말 어떤 존재인가?

이런 질문에 진솔하게 답해 보시기 바랍니다.

둘째는 '메멘토 모리'는 '죽음을 기억하라'라는 말입니다. 이 말은 라틴어입니다. 고대 로마에선 전쟁에서 승리를 이끈 장군이 시가행진을 할 때 노예를 시켜서 "Memento mori, Memento mori"를 크게 외치게 했다고 합니다. 즉 '전쟁에서 승리했다고 너무 우쭐대지 말라. 오늘은 개선장군이지만 너도 언젠가는 죽는다. 그러니 겸손하게 행동하라'는 의미를 심어 주기 위해서 생겨난 풍습입니다. 정말 우리는 어떤 경우에도 겸손해야 합니다. 배운 것, 가진 것, 명예가 죽음 앞에서는 아무런 의미가 없다는 것을 알아야 합니다.

샐리 티스데일이라는 사람이 쓴 《인생의 마지막 순간에서》라는 책이 있습니다. 죽음을 깊이 생각하게 하는 아주 좋은 책입니다. 읽어 보시기 바랍니다. 작가는 우리의 인생을 아래와 같이 표현하고 있습니다.

우리 인생은 위태롭지만 아름답다. 우리의 고충이 여기에 있다.
죽음이 어느 순간에 찾아오기 때문이다.
죽음은 결코 피할 수 없다. 그런데 우리는 이 사실을 늘 잊고 산다.
그러면서 조화보다 시들어 버리는 생화를 좋아한다.
금방 떨어져 발길에 차이고 말 단풍을 일부러 찾아가서 구경한다.

산기슭 너머로 저물어가는 석양을 넋놓고 바라보면서 깊은 생각을 한다.
이렇게 금방 사라지고 말 취약한 것들이 우리의 가슴을 설레게 한다.
말하자면 떨어지는 석양을 보면서 아름다움만 생각하는 것이다.
거기서 내 인생도 언젠가 저렇게 순간적으로 떨어진다는 것이다.
이런 것은 생각하지도 못한다. 이것이 인간이다.

어느 젊은 독자는 이 책을 읽다가 너무나 착잡한 마음이 들었습니다. 그래서 옆에서 축구 경기를 보고 있는 남편에게 "여보! 내가 죽으면 어떻게 해야 할까? 정말 고민이 되네. 땅속에 묻히면 갑갑할 것 같고, 화장은 너무 뜨거울 것 같고, 내가 나무를 좋아하니 수목장 할까?" 하고 질문을 합니다. 그러자 남편이 쳐다보지도 않고 하는 말이, "죽었는데 뭐가 뜨거워!"라고 대꾸합니다. '남편은 죽음에 대해 아무 생각이 없는 것일까?' 하는 생각이 들었다고 독자는 말합니다.

본문을 통해 다음과 같은 음성을 들었으면 합니다.

**첫째, 죽음은 우연이 아니라 필연이라고 말씀하십니다.**
죽음이 어느 순간에 오는지는 아무도 모릅니다. 그러나 누구에게든지 꼭 찾아오는 불편한 손님이 죽음입니다.

본문은 "한 번 죽는 것은 사람에게 정해진 것이요"라고 분명하게 말하고 있습니다. 죽음은 사람이 복종할 수밖에 없는 하나님의 절대적인 명령입니다. 그리고 하나님에 의해 사람에게 정해진 운명이라는 것입니다. 여기서 '정해진 것'이라는 말은 '이미 충분하게 쌓였다'는 말입니다. 시간적으로 충분히 쌓였습니다. 내용적으로도 죽음을 피할 수 없도록 죄가 충분하게 쌓였습니다. 하나님께서 용서할 수 없도록 충분하게 죄가 쌓였다는 말입니다. 죽음을 피할 수 없도록 충분히 죄가 쌓였다는 말입니다.

컵에 물을 붓습니다. 충분하게 컵 안에 물이 쌓이면 컵 안으로 더 이상 물이 들어가지 않는 것과 같은 것입니다. 하나님 앞에 충분하게 죄가 쌓였습니다. 그래서 죽음이 정해진 것입니다. 하나님께서 죽음의 못을 박으셨습니다. 그 누구도 죽음의 못을 뺄 수 없도록 박으셨습니다. 안 죽을 사람은 없다는 말입니다. 죽음의 길을 가지 않을 사람이 아무도 없다는 말입니다.

그런데 사람들은 죽음을 보면서 어느 사람은 아름답게 죽었다고 말할 때가 있습니다. 고통 없이 편안하게 죽으면 아름답게 죽었다고 합니다. 그런데 그 아름답다고 하는 말은 언제나 인간 편에서의 말입니다. 그러면 갑작스러운 죽음은 나쁜 것일까요? 꼭 오래 살다가 죽어야 아름다운 죽음일까요? 죽음은 인간의 본질입니다. 본질이면서 필연적인 죽음에 대하여 인간이 화를 낸다고 달라지는 것은 아무것도 없습니다.

죽음이라는 정의는 사회적 성격을 띠고 있습니다. 우리나라는 특히 사람이 죽었을 때에 죽은 사람보다 먼저 문상객의 편의를 살펴야 합니다. 가족들의 지위가 있으면 체면도 세워야 합니다. 죽음을 의연하게 받아들이는 것 이상으로 죽음이 멋지게 보이길 바랍니다. 하지만 죽음은 그저 처절할 뿐입니다.

아마 이 세상에서 예수님처럼 처절하게 죽은 사람은 아무도 없을 것입니다. 너무나 고통스러운 것이 십자가 처형이었습니다. 살아 있는 사람을 십자가에 매달아 죽을 때까지 고통을 주는 죽음처럼 처절한 죽음은 없을 것입니다. 그런데 우리 예수님은 그 처절한 죽음으로 생을 마치셨습니다. 그것도 33년의 가장 피가 끓을 젊은 나이에 말입니다. 그렇다고 예수님의 존엄성에 조금이라도 손해 보신 것은 없습니다.

중요한 것은 어떻게 죽느냐가 아닙니다. 죽는 모양이 중요한 것도 아닙니다. 어떻게 살다가 죽느냐가 더 중요합니다. 이 땅에 살아가는 삶의 내용이 더 중요하다는 것입니다. 죽는 방법은 하나님과의 관계와 아무런 상관이 없습니다. 하나님과 상관이 있는 것은 이 땅에서 어떻게 살았느냐 하는 것입니다. 사람들에게 보여지는 껍데기 모습이 아닙니다. 하나님만 알고 계시는 속사람인 믿음이 소중합니다. 우리의 외모보다는 내용이 중요합니다.

그러므로 이미 정해진 죽음의 길을 걸어가는 우리에게 가장 중요한 것은 하나님이 기뻐하시는 삶을 살다가 죽어야 한다는 것입니다. 하나님이 기뻐하시는 삶은 성경적인 삶을 말합니다. 하나님을 사랑하는 삶을 말합니다. 십자가 정신으로 살다가 죽는 것을 말합니다. 누가 뭐라고 해도 성경이 내가 살아가는 삶의 기준이 되어야 합니다.

여러분 자신의 믿음을 살펴보시기 바랍니다. 성경적인 삶을 살려는 몸부림이 있나요? 성령의 인도하심을 받으려는 사모하는 마음이 있나요? 성경대로 살지 못하면 마음에 아픔과 슬픔이 생기나요? 우리는 신앙생활을 정말 잘해야 합니다. 죽음은 지금 이 순간에도 찾아오기 때문입니다. 죽음이라는 손님이 언제 올지 아무도 모릅니다. 내일 일을 아는 사람은 아무도 없습니다. 오늘을 믿음으로 살아가는 것이 최고의 지혜입니다.

**둘째, 인간은 죽음으로 끝나지 않고 죽음 후에는 심판이 있습니다.**
이 '심판'이라는 말은 '분리한다'는 말입니다. 천국과 지옥으로 분리한다는 말입니다. 이 지옥과 천국의 분리는 너무나 중요한 것입니다. 본문은 이렇게 말하고 있습니다. "그 후(죽은 후)에는 심판이 있으리니." 하나님께서 분명하게 심판을 하신다는 것입니다.

이 분리는 두 가지입니다. 첫째는 천국과 지옥으로 분리한다는 말입니다. 이 말은 이 땅에 사는 동안 예수님을 믿었느냐 안 믿었느냐 하는 심판입니다. 그러므로 인간이 이 땅에 살면서 가장 소중한 것은 예수님을 마음에 영접하는 것입니다. 성경은 "영접하는 자 곧 그 이름을 믿는 자들에게는 하나님의 자녀가 되는 권세를 주셨으니 이는 혈통으로나 육정으로나 사람의 뜻으로 나지 아니하고 오직 하나님께로부터 난 자들이니라"(요 1:12-13)고 말합니다.

하나님의 자녀는 영적으로 되는 것입니다. 성령으로 다시 태어나는 것입니다. 그러므로 이 세상에서 가장 중요한 것은 예수님을 마음에 영접하는 것입니다. 예수님을 마음에 나의 구주로 꼭 영접하시기 바랍니다. 그래야 천국에 갈 수가 있습니다.

성경을 보면 예수님과 함께 십자가에서 죽어간 강도 둘이 있습니다. 한 강도는 죽으면서도 예수님을 욕합니다. 회개하지 않았습니다.

그러나 한 강도는 죽기 직전에 회개합니다. 그때 예수님은 "네가 오늘 나와 함께 낙원에 간다"고 하셨습니다. 이 말은 구원은 행위로 받는 것이 아니라는 것입니다. 은혜로 받는 것입니다. 믿음으로 받는 것입니다. 여러분도 예수님을 나의 구세주로 영접하여서 지옥에 가지 않고 천국 가는 구원을 받으시기 바랍니다.

둘째는 상급에 관한 분리가 있습니다. 우리가 이 땅에서 얼마나 신앙생활을 열심히 바르게 했나에 대한 심판을 말합니다. 잘하는 사람도 있습니다. 열심히 하는 사람도 있습니다. 잘 못하는 사람도 있습니다. 이런 것에 대한 심판을 말합니다. 이것은 하늘나라의 상급을 말합니다. 이 땅에 사는 동안 예수님을 사랑하면서 믿음생활 바르게 한 사람들에 대한 하늘나라의 상급을 말하는 것입니다.

짧게 살다 가는 이 땅의 삶을 바르게 사시기 바랍니다. 열심히 사시기 바랍니다. '바르게'와 '열심'의 기준은 성경적으로 살라는 말입니다. 그래서 하늘의 상급을 많이 쌓는 여러분이 되시기를 축복합니다.

대구에 대봉교회가 있습니다. 친구 목사가 목회를 하고 있습니다. 원로목사님이셨던 박맹술 목사님이 86세에 암으로 힘겹게 투병하시면서 고별설교를 하셨습니다.

"저는 우리 대봉교회에서 40여 년을 목회했습니다. 우리 교단 총회장을 지냈습니다. 한기총 초대 대표회장을 지냈습니다. 어느 날 우리 주님께서 암으로 투병하고 있는 제게 천국의 상급을 보여주시겠다 하기에 따라갔습니다. 40년을 목회하고 우리 교단 총회장을 지낸 제가 천국에서 거할 처소가 남미에 있는 이과수 폭포 옆에 있는 개집과 같았습니다. 제가 너무 억울해서 우리 주님께 항변했습니다. 우리 주님의 대답입니다. '너는 내가 받을 영광을 이 땅에서 이미 다 받았다. 내가 받을 대접 네가 이미 다 받았다. 네가 진정으로 나를 위해서 한 일이 무엇이냐?' 주님은 말씀하셨습니다. 저는 그때 아무런 할 말이 없었습니다. 우리는 믿음으로 구원을 받습니다. 그러나 천국의 상급은 우리가 이 땅에서 주님을 위해서 충성한 대로 받습니다. 우리는 하늘의 영광스러운 상급을 받기 위하여 지금 이 땅에서 어떤 일을 하고 있습니까?"

원로목사님께서는 당신에게 서운해했던 교우들을 한 사람씩 다 침상으로 불러 용서를 구하셨습니다. 후임 목회자를 잘 도우라는 유언의 말씀까지 덧붙이셨습니다. 86세의 원로목사가 병상에서 용서를 구할 때에 눈물을 흘리지 않는 교인들은 아무도 없었습니다. 오늘 우리가 하늘나라 상급의 면류관을 받기 위해서는 정말 믿음으로 주님이 기뻐하시는 길을 걸어가야 합니다.

**셋째, 우리의 죄 때문에 예수님께서 단번에 제물이 되셨습니다.**
죄는 우리를 지옥으로 끌고 가는 능력이 있습니다. 우리가 지옥에 가지 않기 위해서는 죄를 없애야 합니다. 죄를 없애는 길은 내가 지은 죄를 예수님이 대신 갚아 주시는 것밖에 없습니다. 나는 죽었다 깨어나도 죄의 빚을 갚을 능력이 없습니다. 그래서 예수님께서 십자가에서 죽으심으로 죄의 빚을 대신 갚아 주셨습니다. 예수님이 십자가에서 죽으심으로 죄를 단번에 해결하신 것입니다.

본문은 이렇게 말하고 있습니다. "이와 같이 그리스도도 많은 사람의 죄를 담당하시려고 단번에 드리신 바 되셨고 구원에 이르게 하기 위하여 죄와 상관없이 자기를 바라는 자들에게 두 번째 나타나시리라." 사람이 죽는 것도 슬픈 일입니다. 그런데 죽어서 나의 영혼이 지옥에 간다면 그것은 더 슬픈 일입니다. 어떤 일이 있어도 지옥엔 가지 말아야 합니다. 지옥은 죽을 수도 없는 곳입니다. 지옥은 고통에서 벗어날 수도 없는 곳입니다. 고통과 괴로움이 연속되는 곳이 지옥입니다.

예수님은 지옥 불에 대하여 70번이나 말씀하셨습니다. 그런데 안타까운 것은 오늘날 교회의 비극은 '지옥'에 대한 설교가 강단에서 사라지고 있다는 것입니다. 성경에서도 지옥이란 단어보다는 '스올, 하데스, 음부'로 번역을 하고 있습니다. 이런 것은 지옥의 심각성을 약화시키는 것입니다. 지옥은 정말 있습니다. 정말 무시무시한 곳입니다. 신약성경은 예수님을 나의 구주로 믿지 않는 사람들을 기다리고 있는 무시무시한 파멸을 162군데에서 언급하고 있습니다. 지옥은 불과 유황으로 고통을 받는 곳입니다.

사실 지옥은 사탄을 위해서 준비된 곳입니다. 성경은 "저주를 받은 자들아 나를 떠나 마귀와 그 사자들을 위하여 예비된 영원한 불에 들어가라"(마 25:41)고 말씀하셨습니다. 지옥은 인간을 보내려고 만든 곳이 아닙니다. 그러나 인간이 예수 그리스도를 통해 죄 사함 받는 것을 거부합니다. 정말 끝까지 거부한다면 그때에는 영원토록 그들의 아비 마귀와 함께하게 될 것입니다. 그래서 세상의 모든 사람은 자신이 죄인임을 인정해야 합니다. 회개하여 예수 그리스도를 구주로 영접하여 구원받아야 합니다. 성경은 분명하게 말하고 있습니다. "주 예수(그리스도)

를 믿으라 그리하면 너와 네 집이 구원을 받으리라"(행 16:31). 예수님을 믿어야 구원을 받습니다.

빌 와이즈라는 분의 이야기입니다. 이분은 부동산업자입니다. 새벽 3시에 영적으로 지옥을 경험합니다. 너무나 뜨거워서 견딜 수가 없었습니다. 죽을 수도 없습니다. 살 수도 없습니다. 고통만 더해지는 곳입니다. 그러면서 9·11테러로 불에 녹아버린 쌍둥이 빌딩 이야기를 합니다. 빌딩이 녹아 버리는 온도가 1,000도 이상이라고 합니다. 너무나 뜨거워서 그 높은 곳에서 죽을 줄 알면서도 사람들이 뛰어내립니다. 그런데 한번 들어가면 다시는 나올 수 없는 곳인 지옥의 온도가 6,000도라고 합니다. 그런 곳에서 견뎌야 하는 곳이 지옥입니다.

단테의 《신곡》이라는 아주 유명한 책이 있습니다. 그 책을 보면 지옥 입구에 이런 글이 쓰여 있다고 합니다. "영원히 버림받은 자들이 들어가는 문. 여기 들어가는 자들은 모든 소망을 버릴지어다."

여러분에게 간곡하게 부탁합니다. 예수님을 나의 구주로 영접하시기 바랍니다. 여러분은 언젠가 꼭 죽을 것입니다. 죽음을 피할 사람은 아무도 없습니다. 나의 죄를 용서하신 예수님의 십자가 사랑을 마음에 믿으시기 바랍니다. 믿음으로 천국에 들어가는 여러분이 다 되시기를 축복합니다.

## 잃은 양을 찾는 목자의 심정으로

누가복음 15:3-7

예수께서 그들에게 이 비유로 이르시되 너희 중에 어떤 사람이 양 백 마리가 있는데 그중의 하나를 잃으면 아흔아홉 마리를 들에 두고 그 잃은 것을 찾아내기까지 찾아다니지 아니하겠느냐 또 찾아낸즉 즐거워 어깨에 메고 집에 와서 그 벗과 이웃을 불러 모으고 말하되 나와 함께 즐기자 나의 잃은 양을 찾아내었노라 하리라 내가 너희에게 이르노니 이와 같이 죄인 한 사람이 회개하면 하늘에서는 회개할 것 없는 의인 아흔아홉으로 말미암아 기뻐하는 것보다 더하리라

- **주제**: 한 영혼을 찾으시는 주님의 마음을 알게 한다.
- **목적**: 전도를 하게 한다.
- **구성**: 원 포인트

목사님과 함께 나이 많은 노신사가 강단에 올라왔습니다. 그런데 강단에 올라온 노신사는 인사 대신에 다음과 같은 이야기를 하고 내려갔습니다.

"어떤 사람에게 아들이 있었습니다. 하루는 그 아들과 아들의 친구가 바닷가에서 물놀이를 하다가 물에 빠졌습니다. 바로 그때 아버지가 그 모습을 목격했습니다. 절박한 순간에 구명조끼가 하나밖에 없었습니다. 아버지는 순간적으로 많은 생각이 오갔습니다. '하나밖에 없는 아들에게 구명조끼를 던져서 아들만 살려야 할 것인가? 그리고 아들의 친구를 죽게 버려둘 것인가? 아니면 아들의 친구를 살리기 위해 하나밖에 없는 내 자식을 죽여야 할 것인가?' 그 순간에 '내 아들은 예수님을 믿는 하나님의 자녀다. 저가 죽어도 천국에서 또 만날 수 있다. 그러나 아들의 친구는 불신자다. 저는 죽으면 영원한 지옥으로 간다.' 이런 생각을 한 아버지는 구명조끼를 들고 아들의 이름을 부르면서 '아들아, 내가 너를 사랑한다. 아들아, 내가 너를 얼마나 사랑하는지 네가 알지 않느냐? 내가 너를 사랑한다' 그러면서 하나뿐인 구명조끼를 아들의 친구에게 던져 주었습니다. 결국 아들은 죽었습니다. 그리고 그 아들의 친구는 살았습니다." 그러면서 "하나님은 독생자를 십자가에 내어주셔서 우리를 살리셨습니다"라는 이 말 한 마디를 하고 노신사는 눈물을 흘리며 내려왔습니다.

설교가 끝나고 젊은이들이 찾아와서 물었습니다. "아까 그 이야기는 너무 우리의 가슴을 찌르는 감동적인 이야기였습니다. 이론적으로는 그런 일이 있을 수 있다고 말할 수 있습니다. 하지만 실제적 상황에 놓일 때에 그런 일이 있을 수가 있겠습니까?" 그러자 노신사가 이렇게 말했습니다. "그때 내 아들의 친구가 지금 저 강단에 계신 자네 교회 목사님이라네. 오늘 설교하신 저 젊은 목사가 그때 내 아들의 친구였다네. 그리고 그때 죽은 그 아들이 바로 내 아들일세."

그렇습니다. 십자가 사랑은 하나님께서 독생자를 십자가에 내어주고 우리를 살리신 사랑을 말합니다. 하나님의 사랑은 계산할 수 없는 사랑입니다. 그래서 "하나님은 사랑이라"고 하였습니다. 이 하나님의 사랑을 깨달은 초대교회 성도들은 주님의 은혜가 너무 감사해서 생명까지도 하나님께 드리며 믿음으로 살았습니다. 그래서 바울은 '나는 복음의 빚을 진 자'라고 했습니다.

빚진 자의 고통이 얼마나 무서운지 여러분은 알고 계십니까? 사업하는 집사님의 고백입니다. 한때 사업이 부도가 나면서 빚쟁이들이 몰려왔습니다. 매일 빚 독촉을 하는데 집에 들어갈 수가 없어서 피해 다녔다고 합니다. 빚을 갚을 때까지 고통과 무거운 짐을 지고 살아야 했다고 합니다. 빚은 반드시 갚아야 정리가 되는 것입니다.

우리는 빚진 자들입니다. 로마서 1장 14절에서 말한 것처럼 주님이 십자가에서 피 값을 지불하고 우리 생명을 사주셨기 때문에 우리가 구원을 받은 것입니다. 하나님께 빚을 졌습니다. 믿지 않는 사람들에게 빚을 졌습니다.

그러면 우리는 어떻게 빚을 갚을 수 있을까요? 십자가의 피 묻은 복음을 전하는 것이 빚을 갚는 것입니다. 주님의 피 값으로 우리 생명을 사주셨기 때문에 우리는 부끄러울 것이 없는 사람들입니다. 바울은 로마서 1장 16절에서 "복음을 부끄러워하지 아니하노니 이 복음은 모든 믿는 자에게 구원을 주시는 하나님의 능력이 됨이라"라고 했습니다. 그리고 복음을 전하지 않으면 화를 받을 것만 같다고 했습니다.

복음 자체가 바로 주님이십니다. 주님은 죄악으로 지옥에 갈 생명을 구원하기 위해 이 땅에 오셔서 십자가에 죽으심으로 우리 죄를 해결하셨습니다. 죽은 지 사흘 만에 부활하셔서 죽음의 문제를 해결해 주셨습니다. 지금 하나님의 보좌 우편에 계십니다. 우리를 위해 중보 기도하십니다. 우리가 죽으면 돌아갈 영원한 천국을 예비해 놓으셨습니다. 지금은 성령을 보내셔서 우리와 동행하십니다. 그리고 다시 재림하실 것입니다. 이 사실을 믿고 주님을 영접하는 자에게는 하나님의 자녀가 되는 권세를 주셨습니다. 이것이 피의 복음입니다.

예수 그리스도의 피 값으로 구원받은 우리는 때를 얻든지 못 얻든지 복음을 전해야 합니다. 주님은 하나님께로 가는 길입니다. 천국의 안식을 얻는 본질이 되십니다. 주님은 이 세상에서 진정한 평안이 되십니다. 주님이 인생의 진정한 해답이 되시는 것입니다. 주님 품으로 돌아올 때 인생의 길이 있습니다. 해답이 있습니다. 보호가 있습니다. 어린이에게 어머니의 품이 진정 행복한 것처럼 우리 인간은 주님의 품 안에서만 진정한 쉼을 얻을 수 있습니다. 주님을 떠나 방황하고 있다면 어서 주님 품으로 돌아와야 합니다.

오늘 말씀은 잃어버린 양을 찾는 목자의 심정을 통해 하나님의 사랑을 잘 보여주고 있습니다. 잃은 양을 찾는 목자는 누구인가요? 바로 주님의 모습입니다. 잃어버린 영혼을 찾기 위해 생명을 거는 예수님의 심정을 보여주신 것입니다. 우리도 주님과 같은 목자의 심정을 가지고 주변의 잃은 양을 찾아야 합니다. 주님 품을 떠나 살고 있는 인생들이 바로 잃은 양들입니다.

본문에서 잃은 양을 찾는 목자의 심정이 무엇일까요?

**첫째, 매일 양을 세어 보는 목자의 관심을 알아야 합니다.**
관심은 마음이 끌려 신경을 쓰거나 주의를 기울이는 것을 말합니다. 본문 4절입니다. "너희 중에 어떤 사람이 양 백 마리가 있는데 그중의 하나를 잃으면 아흔아홉 마리를 들에 두고 그 잃은 것을 찾아내기까지 찾아다니지 아니하겠느냐." 주인에게는 100마리나 되는 많은 양들이 있었습니다. 그런데 어느 날 99마리밖에 없는 것을 발견했습니다. 한 마리 양이 없었습니다. 주인은 산을 넘고 물을 건너 잃은 양을 찾아다녔습니다.

목자는 잃어버린 한 마리 양을 어떻게 알았을까요? 100마리 양을 매일 세어 보았기 때문에 잃어버렸다는 것을 알 수 있었습니다. 매일 세어 보지 않았다면 그날 잃어버린 양을 발견할 수가 없었을 것입니다. 목자의 관심이 한 마리 양에게 집중되었다고 설교하는 분이 있는데, 아닙니다. 100마리를 매일 세어 보았기 때문에 한 마리 잃은 양을 발견한 것입니다. 한 마리 한 마리 모두에게 관심이 있었습니다.

관심이 없었다면 며칠이 지난 후에야 양을 잃어버린 사실을 알았을 것입니다. 그 양은 짐승의 먹이가 되고 말았을 것입니다. 목자의 가장 중요한 사명은 관심과 사랑입니다. 양은 목자를 떠나서는 한순간도 안전하지 못합니다. 목자를 떠난 양은 언제 맹수의 먹잇감이 될지 모릅니다. 이것을 잘 알기에 목자는 편히 잠들 수가 없었습니다. 본문은 잃은 양을 찾아내기까지 찾아다니지 아니하겠느냐고 말하고 있습니다. 이것이 목자의 관심입니다.

교회에서도 마찬가지입니다. 맡겨진 일에 관심을 갖고 사명을 감당하는 분들은 교회학교나 구역이나 남여전도회나 모두 건강하게 부흥이 됩니다. 맡겨진 양들의 이름을 매일 부르면서 기도로 세어 봅니다. 전화로 확인합니다. 심방으로 돌아보는 교사나 구역장이나 교구가 부흥하는 것을 보게 됩니다. 관심이 가장 큰 사랑입니다. 가장 무서운 것이 무관심입니다.

서재에 앉으면 제 핸드폰에 있는 성도들의 이름이 언제든지 눈앞에 보입니다. 시간이 있을 때마다 이름을 읽어 보면서 마음으로 기도합니다. 거의 많은 성도를 기억합니다. 사람들은 기억력이 좋다고 합니다. 하지만 전혀 그렇지 않습니다. 관심이 있느냐 없느냐 그 하나뿐입니다.

어느 집사님이 안 보인다고 하면 담당교역자들이 그제야 확인을 하고 당황해합니다. 관심이 중요합니다. 자녀에 대한 무관심이 자녀를 빗나가게 만듭니다. 사회에 대한 무관심이 혼란한 사회를 만듭니다. 신앙의 무관심이 영적으로 병들게 만드는 것입니다.

**둘째, 특히 찾을 때까지 찾는 목자의 관심이 중요합니다.**
본문 4절에서 "그 잃은 것을 찾아내기까지 찾아다니지 아니하겠느냐"고 말합니다. 그렇습니다. 양의 특성은 한번 양 무리에서 떨어지면 찾아오지 못하는데, 그것이 양입니다.

소련이 붕괴되고 얼마 있다가 알마티에서 타슈켄트까지 차를 빌려서 가본 적이 있습니다. 선교사님과 함께 가는데 수천 마리의 양들을 목동이 방목하는 것을 보았습니다. 길가에 군데군데 죽어서 짐승이 먹다 버린 양이 있었습니다. 공중에는 수십 마리의 독수리들이 양 떼 위를 맴돌고 있었습니다. 왜 양들이 저렇게 죽었느냐고 물었습니다. 선교사는 독수리를 가리키면서 길 잃은 양이거나, 목자의 시야에서 벗어나 혼자 있던 양이라는 것입니다.

날이 저물면 고산지대라 5분 사이에 땅거미가 내립니다. 목자를 잃은 양은 돌아오지 못하고 길 잃은 양이 됩니다. 이때 독수리가 쏜살같이 내려와서 등을 날개로 친다고 합니다. 양이 적을 보는 순간 양의 눈을 찍어 버린다고 합니다. 그리고 하늘로 날아갔다가 다시 내려와서 독수리가 날개로 다시 등을 치면서 남은 한쪽 눈을 찍어 버린다고 합니다. 두 눈을 잃은 양은 방향을 잃고 있는 힘껏 뛰다가 돌에 부딪칩니다. 나무와 땅에 부딪쳐 쓰러지면 독수리들이 와서 뜯어 먹습니다. 그것이 버려진 양들이라는 것입니다.

목자를 잃은 양은 보호받을 수 없습니다. 항상 위험에 노출되어 있습니다. 사실 양은 우둔한 동물입니다. 자기 힘으로 보호도 못합니다. 적을 피하지도 못합니다. 혼자서는 길을 찾지도 못합니다. 철저히 목자의 보호가 있어야 합니다. 그러면서도 양은 고집이 있습니다. 이런 양을 포기하면 죽는 것입니다.

목자는 이것을 너무나 잘 알기에 "찾아내기까지 찾아다니지 아니하겠느냐"고 말합니다. 이것은 잃은 영혼을 찾는 주님의 심정을 보여줍니다. 잃은 양의 고생을 아시기 때문에 찾을 때까지 찾는 것입니다. 부모는 자식을 포기하지 않습니다. 목자도 양을 포기하지 않는 것입니다. 찾아내기까지 찾아다니는 것이 목자의 심정입니다. 99마리를 두고 산을 넘고 계곡을 뒤지면서 잃은 양을 찾는 것이 목자의 마음입니다.

우리도 전도하다가 포기하지 말아야 합니다. 끈기 있게 찾아가야 합니다. 기도하다가 이뤄지지 않는다고 쉽게 포기하지 말아야 합니다. 주님이 포기하시지 않는 한 우리도 포기하지 말아야 합니다. 그것이 하나님의 사람들의 관심입니다. 끈기입니다. 사랑입니다.

우리는 잃은 양을 찾은 목자의 기쁨이 얼마나 큰지를 알아야 합니다. 본문 5-6절입니다. "또 찾아낸즉 즐거워 어깨에 메고 집에 와서 그 벗과 이웃을 불러 모으고 말하되 나와 함께 즐기자 나의 잃은 양을 찾아내었노라 하리라."

잃은 양을 찾은 목자는 냄새나고 무거운 양을 메고 오면서도 힘든 줄 모릅니다. 잃은 양을 찾은 기쁨이 너무나도 크기 때문입니다. 자식을 키우는 부모는 힘들다고 느끼지 않습니다. 너무나 사랑하기 때문입니다. 저희 가정은 어머니가 6남매를 낳았습니다. 2년, 3년, 5년마다 낳으셨습니다. 약 20년 이상을 낳으셨습니다. 어머니께 어떻게 키웠느냐고 물었습니다. 너무 사랑스러워서 전혀 힘든 줄 모르고 키웠다는 것입니다.

한 영혼을 전도했을 때 얼마나 기쁜지 모든 수고로움이 다 떠나갑니다. 이것은 영혼을 전도해 본 사람만 아는 일입니다. 잃은 양을 찾으러 나가 보시기 바랍니다. 우리 주변에 많이 있습니다. 옆집에도 있습니다. 관심만 가지면 눈에 보이는 것입니다. 주님은 추수할 곡식은 많은데 추수할 일꾼이 적다고 하셨습니다. 예수 믿은 지 10년 되지 않았나요? 10년 믿었다면 적어도 여러분을 통해 구원받은 사람이 10명은 생각이 나십니까? 한 해가 가기 전에 잃은 양을 찾게 되기를 바랍니다.

기도하면서 잃은 영혼을 찾을 때에 구원받을 택한 영혼을 만나게 하십니다. 기도하던 고넬료에게 베드로를 만나게 하셨습니다. 기도하던 바울에게 루디아를 만나게 하셨습니다. 빌립에게 영혼의 갈급함을 느끼던 에티오피아 내시를 만나게 하셨습니다.

사실 우리에게는 기회가 많지 않습니다. 기회를 놓치면 후회합니다. 기회를 미루지 말아야 합니다. 우리가 잘 아는 빌리 그레이엄 전도대원 중에 단 피아트라는 사람이 있습니다. 그가 어느 날 한 부자를 만났습니다. 그 부자는 아직 그리스도인이 아니었습니다. 단 피아트는 부자의 사무실에 찾아가서 그리스도에 관한 이야기를 나누기로 했습니다. 그러나 부자가 중요한 비즈니스 때문에 대화를 미루었습니다. "저도 그리스도에 관한 이야기를 나누고 싶습니다만 안타깝게도 지금은 백만 불짜리 사업을 결정하기 위해 두 사람이 나를 기다리고 있습니다. 그러니 지금은 시간이 없고 오늘 밤에 전화할 테니 그때 만나서 이야기를 합시다."

집으로 돌아간 단 피아트는 그의 전화를 기다렸습니다. 그러나 그 부자로부터 끝내 전화가 오지 않았습니다. 새날이 밝았습니다. 피아트는 조간신문에서 바로 전날 밤에 만나자고 약속했던 그 부자가 지난

밤 9시 30분에 병원에서 죽었다는 기사를 보았습니다. 부자가 백만 불짜리 계약으로 인해 저녁 시간으로 미루었던 그 시간은 끝내 돌아오지 않았습니다.

그렇습니다. 많은 사람들이 다음에도 기회가 있을 것이라 생각합니다. 기다려 줄 것이라 생각합니다. 그러나 그렇지 않습니다. 기회는 지금뿐입니다. 내일로 미루지 말고 오늘 복음을 전하라고 성경은 말하고 있습니다. 후회와 기회는 전혀 다른 것입니다. 여러분은 후회하지 말고 기회를 놓치지 않기를 바랍니다. 인생은 후회해서 되는 것이 아닙니다. 영혼을 구원하는 일도 지금 이 순간이 정말 소중한 것입니다.

사랑하는 성도 여러분! 양을 매일 세어 보는 목자의 관심과 사랑이 바로 예수님의 모습입니다. 그리고 잃은 양을 찾으시는 목자의 심정이 주님의 사랑입니다. 가족이나 이웃을 위해서 전도하다가 포기하지 마시기 바랍니다. 주님이 포기하시지 않는 한 결코 우리도 포기하지 말아야 합니다. 전도는 주님이 가장 기뻐하시는 일입니다. 전도 때문에 예수님이 이 땅에 오셨습니다. 전도할 때 권세도 주셨습니다. 병 고침도 일어났습니다. 귀신도 떠나갔습니다. 상급도 주십니다. 전도가 민족이 사는 길입니다. 우리는 구경꾼이 되지 말아야 합니다.

우리는 복음에 빚진 자들입니다. 본문 말씀을 통해서 잃은 양을 찾으시는 예수님의 마음을 알았습니다. 이러한 주님의 심정이 우리의 심정이 되어서 잃어버린 한 사람을 찾아서 살려내는 은혜가 있기를 바랍니다.

## 어린 여종의 전도
열왕기하 5:1-8

아람 왕의 군대 장관 나아만은 그의 주인 앞에서 크고 존귀한 자니 이는 여호와께서 전에 그에게 아람을 구원하게 하셨음이라 그는 큰 용사이나 나병환자더라 전에 아람 사람이 떼를 지어 나가서 이스라엘 땅에서 어린 소녀 하나를 사로잡으매 그가 나아만의 아내에게 수종들더니 그의 여주인에게 이르되 우리 주인이 사마리아에 계신 선지자 앞에 계셨으면 좋겠나이다 그가 그 나병을 고치리이다 하는지라 나아만이 들어가서 그의 주인께 아뢰어 이르되 이스라엘 땅에서 온 소녀의 말이 이러이러하더이다 하니 아람 왕이 이르되 갈지어다 이제 내가 이스라엘 왕에게 글을 보내리라 하더라 나아만이 곧 떠날새 은 십 달란트와 금 육천 개와 의복 열 벌을 가지고 가서 이스라엘 왕에게 그 글을 전하니 일렀으되 내가 내 신하 나아만을 당신에게 보내오니 이 글이 당신에게 이르거든 당신은 그의 나병을 고쳐 주소서 하였더라 이스라엘 왕이 그 글을 읽고 자기 옷을 찢으며 이르되 내가 사람을 죽이고 살리는 하나님이냐 그가 어찌하여 사람을 내게로 보내 그의 나병을 고치라 하느냐 너희는 깊이 생각하고 저 왕이 틈을 타서 나와 더불어 시비하려 함인 줄 알라 하니라 하나님의 사람 엘리사가 이스라엘 왕이 자기의 옷을 찢었다 함을 듣고 왕에게 보내 이르되 왕이 어찌하여 옷을 찢었나이까 그 사람을 내게로 오게 하소서 그가 이스라엘 중에 선지자가 있는 줄을 알리이다 하니라

❧ **주제**: 전도를 원하시는 하나님의 뜻을 알게 한다.
❧ **목적**: 전도를 하게 한다.
❧ **구성**: 3, 대지

사람은 누구든 자신이 경험한 것을 다른 사람들과 나누기를 원합니다. 어떤 좋은 경험을 하게 되면 자기의 그 경험을 이야기해 주고 싶어 합니다. 내가 경험했던 것들을 다른 사람들도 경험해 보기를 원하기 때문입니다. 그래서 남자들은 군대 이야기를 피를 토하면서 하는 것입니다.

　전도도 그렇습니다. 전도는 내가 만나고 경험한 하나님을 다른 사람들에게 있는 그대로 소개하는 것입니다. 내가 하나님을 만나 좋았던 경험들을 가감 없이 즐거운 마음으로 상대방의 유익을 위해 나누는 것입니다. 그런 의미에서 보면, 전도는 어려운 것이 아닙니다. 내가 예수 믿고 좋았던 경험이 있다면 그것을 나누기만 하면 자연히 전도가 되는 것입니다. 그럼에도 오늘 신앙인들이 전도를 어렵게 생각합니다. 부담스러운 일로 생각합니다.

　본문 말씀에도 보면 노예로 다른 나라에 붙잡혀 간 어린 여종이 자기 주인을 향해 자신이 경험한 것을 나누고 있습니다. 그리고 어린 여종의 말 한마디로 인해 이방인의 군대 장관이 하나님을 믿게 되는 놀라운 일이 일어났습니다.

　본문의 이야기는 우리가 경험한 것을 있는 그대로 이야기하는 것이 얼마나 중요한가를 말씀해 주고 있습니다. 그리고 어린 여종의 모습을 통해서 우리는 복음을 전하는 자가 어떤 마음으로 해야 하는가를 깨닫게 됩니다.

　그러면 오늘 우리는 어떤 마음으로 전도해야 할까요?

**1. 복음의 문이 열렸을 때 기회를 놓치지 말고 전도해야 합니다.**

우리가 전도하려는 마음으로 기도를 하고 있으면 우연히 전도대상자를 만날 때가 있습니다. 그때를 놓치지 말고 전도해야 합니다. 하나님께서 만나게 해주신 기회이기 때문입니다.

본문 1절은 이렇게 말하고 있습니다. "아람 왕의 군대 장관 나아만은 그의 주인 앞에서 크고 존귀한 자니 이는 여호와께서 전에 그에게 아람을 구원하게 하셨음이라 그는 큰 용사이나 나병환자더라." 나아만 장군은 아람 나라에서 매우 존귀함을 받는 사람이었습니다. 그는 한 나라의 국방장관이었습니다. 그리고 왕의 총애를 받는 큰 용사였습니다. 그는 외적으로 볼 때 아무런 문제도 없을 것 같은 사람이었습니다. 사회적으로 훌륭한 지위에 있었고, 군인으로서의 뛰어난 능력을 가지고 있었습니다.

그러나 결정적으로 그는 문둥병을 앓고 있었습니다. 한 나라의 국방장관으로서는 너무나 치명적인 질병을 가지고 있었습니다. 당시 문둥병은 불치병으로, 신으로부터 저주를 받아 걸리는 병으로 간주되었습니다. 그러므로 아무리 세상적인 권세와 능력을 가진 나아만이라 해도 문둥병에 걸린 이상 자신의 마음과 의지가 한없이 약해져 있었습니다. 그는 문둥병을 치료할 수만 있다면 무슨 일이든 하겠다는 마음을 가지고 있었습니다.

이때 나아만의 집에서 일하는 어린 여종이 하나 있었습니다. 이 여종은 이스라엘에서 포로로 붙잡혀 온 아이였습니다. 이 아이는 나아만 장군이 이스라엘에 있는 엘리사 선지자를 찾아가면 병이 나을 수 있다는 생각을 했습니다. 엘리사 선지자는 문둥병도 치료할 수 있는 능력이 많은 선지자였습니다. 그래서 나아만의 부인에게 엘리사 선지자를 소개했습니다.

나아만은 지금 문둥병이 나을 수만 있다면 지푸라기라도 잡고 싶은 심정이었습니다. 그러니 아무리 하찮은 어린 여종이 하는 말이라 해도 그 말에 귀를 기울였습니다. 그리고 이스라엘에 있는 선지자를 찾아 나서게 되었습니다.

그가 문둥병과 같은 심각한 병에 걸리지 않았다면 엘리사 선지자를 만나러 갔을까요? 당시 이스라엘은 아람 나라의 속국이었습니다. 이스라엘의 선지자를 찾아가 자신의 문제를 해결해 달라고 하는 것 자체가 자존심이 허락하지 않는 일이었습니다. 그럼에도 그가 어린 여종의 말만 믿고 엘리사를 찾아갔습니다. 그것은 그만큼 그가 절박한 상황에 놓여 있었기 때문입니다.

우리는 어떤 불신자에게 복음의 문이 열렸을 때 지체 없이 그를 찾아가 전도해야 합니다. 복음의 문을 여신 분은 하나님이시기에 그 기회를 선용해야 합니다. 그것이 하나님의 뜻입니다. 어느 누구도 인생의 문제가 없는 사람은 없습니다. 거의 대부분의 사람들이 삶 속에서 문제를 만납니다. 그 문제로 인해 약해질 때가 있습니다. 바로 그때가 복음을 전하기에 가장 최적기임을 알아야 합니다. 그 복음의 기회를 놓치지 말고 전도해야 합니다.

복음의 기회를 선용하지 못했던 대표적인 나라가 일본입니다. 2차 세계대전이 끝날 무렵 원폭으로 히로시마가 폐허가 되고 일본이 미국에 항복했을 때입니다. 일본인들이 신처럼 섬겼던 천황이 미국의 장군 맥아더 앞에 무릎을 꿇었습니다. 이때 맥아더 장군은 일본인들에게 새로운 정신을 넣어 주어야겠다고 생각했습니다. 그래서 미국의 선교부에 편지를 보내 일본에 천 명의 선교사를 보내달라고 부탁했습니다. 그러나 미국의 선교부는 불과 몇 명의 선교사만 파송하고 말았습니다. 그로부터 5년 후 한국전쟁이 일어나고 군수물자를 일본에서 공급하면서 그들의 경제는 회생되었습니다. 그들이 물질적으로 풍요로워졌을 때 복음의 문은 닫혀 버렸습니다.

만약 그때 일본에 천 명의 선교사가 파송되었다면 일본이라는 나라는 지금과 전혀 다른 나라가 되었을 것입니다. 복음의 문이 열렸을 때 그 기회를 선용하지 못하게 되면서 일본은 미신이 가득한 나라가 되고 말았습니다.

효과적인 전도는 하나님께서 복음의 문을 열어 주셨을 때 해야 합니다. 혹시 지금 여러분 주위에 복음의 문이 열려 있는 분들이 있습니까? 그렇다면 지체하지 말고 찾아가시기 바랍니다. 하나님이 주신 전도의 기회를 적극 활용하는 여러분이 되시기 바랍니다.

**2. 불신자들의 영혼을 긍휼히 여기는 마음으로 전도해야 합니다.**

우리는 흔히 전도할 때에 상대방의 외적인 조건을 따질 때가 있습니다. 전도대상자가 나보다 더 부유한 사람이거나 혹은 사회적인 지위가 높은 사람이거나 학식이 더 많은 사람일 경우에 우리는 그들을 전도하는 일에 대해 많은 부담을 느낍니다. 그래서 전도를 망설일 때가 있습니다.

본문 1-2절입니다. "아람 왕의 군대 장관 나아만은 그의 주인 앞에서 크고 존귀한 자니 이는 여호와께서 전에 그에게 아람을 구원하게 하셨음이라 그는 큰 용사이나 나병환자더라 전에 아람 사람이 떼를 지어 나가서 이스라엘 땅에서 어린 소녀 하나를 사로잡으매 그가 나아만의 아내에게 수종들더니." 나아만이라는 장군은 아람 왕의 군대 장관이었습니다. 그리고 그는 아람 왕의 총애를 받는 크고 존귀한 자라고 말합니다. 그러나 결정적으로 이 나아만은 문둥병을 앓고 있는 사람이었습니다. 겉으로는 화려한 명성을 가졌으나 실상은 말할 수 없는 질병의 고통을 안고 살아가는 불쌍한 사람이었습니다.

이때 나아만 장군의 집에 어린 여종이 있었습니다. 이 여종은 이스라엘 땅에서 붙잡혀 온 노예였습니다. 이 여종은 다른 나라에 포로로 잡혀 와서 종이 되었기에 나아만에게 어떤 말도 할 만한 처지가 아니었습니다. 자기가 무슨 말을 하면 그 말이 무시당할지도 모른다는 두려움도 있었을 것입니다. 그러나 이러한 상황 속에서도 어린 여종은 자기가 알고 있는 이스라엘의 선지자에 관한 이야기를 주인에게 전해 주었습니다.

지금 이 어린 여종은 나아만의 병이 문제가 아니라 노예가 된 자기 처지가 더 문제였습니다. 그러나 이 여종에게는 문둥병으로 고심하고 있는 주인에 대한 긍휼의 마음이 있었습니다. 그런 마음이 없었다면 결코 자기보다 훨씬 더 높은 지위와 부를 누리고 있는 주인에게 자기가 믿는 하나님을 전하지 못했을 것입니다.

오늘날 우리 주변에도 나아만과 같은 사람들이 많이 있습니다. 겉으로는 화려한 명성과 부를 누리며 살아가지만 실상은 영적인 문둥병에 걸려 살아가는 사람들이 있습니다. 죄의 노예로 살아가는 불쌍한 영혼들이 있습니다. 그럼에도 불구하고 우리는 외적인 조건만을 보고 선뜻 전도하지 못할 때가 많습니다. 나보다 많이 배운 사람인데, 나보다 사회적으로 지위가 높은 사람인데 내가 어떻게 그 사람을 전도하겠느냐고 생각할 수 있습니다.

우리는 전도할 때 사람의 외적인 조건을 보지 말아야 합니다. 오직 구원받지 못한 사람들의 불쌍한 영혼만을 바라보아야 합니다. 아무리 이 땅에서 좋은 조건을 가지고 살았다 해도 그들이 복음을 듣지 못하고 죽는다면 지옥 불에서 영원한 고통을 받아야 합니다.

겉으로는 아무 문제 없는 것 같은 그들 속에도 사실은 영적 갈증이 있습니다. 영원하신 하나님을 몰라 자신의 미래에 대한 두려움과 불안감을 가지고 살아가고 있습니다. 겉으로는 행복한 것 같습니다. 그러나 내면은 염려와 근심으로 가득한 것이 현대인들의 모습입니다. 한마디로 말하면 현대판 나아만 장군이 오늘 우리 주변에 얼마나 많은지 모릅니다.

그러므로 우리는 외적 조건과 상관없이 모든 불신자들을 전도의 대상으로 삼아야 합니다. 그들의 조건보다 고통받는 영혼을 바라보고 긍휼히 여겨야 합니다. 그런 마음이 아니고서는 우리는 결코 아무도 전도할 수 없습니다.

우리 교회에 계셨던 이창영 목사님의 이야기입니다. 군대에 있을 때 그를 몹시 괴롭히던 선임병이 있었습니다. 이 목사님이 후임병들을 전도해서 교회에 데리고 가려고 하면 꼭 주일날 축구시합을 잡아 놓고 교회에 못 가게 하는 일이 많았습니다. 그래서 이 목사님과 다투기도 했습니다. 때로는 폭언과 폭행을 일삼기도 했습니다. 속으로 다른 사람은 다 예수를 믿어도 저 인간은 안 믿을 것이라고 생각했습니다. 선임자는 제대를 했고, 그렇게 그 선임자와의 악연이 끝이 났습니다. 이 목사님도 3개월 후에 제대를 했습니다.

제대를 하고 몇 개월이 지났습니다. 그 선임자에게서 편지가 왔습니다. 그 편지에는 그를 못살게 했던 이유가 적혀 있었습니다. 이 목사님이 다른 사람들한테는 다 교회에 가자고 전도하면서 자기한테는 교회에 가자고 말을 하지 않았기 때문이라는 것입니다. 그것이 너무 섭섭해서 목사님을 괴롭혔다는 것입니다. 이 목사님은 그 편지를 읽고 마음으로 회개했다고 합니다. 전혀 예수 믿을 것 같지 않던 그 선임자의 마음에도 하나님을 믿고 싶은 마음은 있었습니다. 우리의 선입견이 얼마나 잘못된 것인가를 새삼 깨닫게 됩니다.

여러분이 전도해도 소용이 없을 것 같은 선입견을 가진 사람들이 누구입니까? 어떤 사람이든 그들도 하나님이 나에게 맡겨 주신 영혼임을 기억하시고, 그들에게도 담대히 복음을 전하는 여러분이 되시기를 바랍니다.

### 3. 내 능력이 아니라 하나님의 능력을 믿고 전도해야 합니다.

전도는 인간의 힘으로 하는 것이 아닙니다. 인간의 말과 지혜로 전도하는 데는 한계가 있습니다. 많은 경우 우리는 전도하면서도 하나님의 능력을 믿고 나아가기보다는 나의 경험과 지식을 의지할 때가 많습니다.

3절 말씀을 보면, "그의 여주인에게 이르되 우리 주인이 사마리아에 계신 선지자 앞에 계셨으면 좋겠나이다 그가 그 나병을 고치리이다"라고 말하고 있습니다. 어린 여종은 엘리사 선지자가 하나님의 능력을 받은 선지자이기에 나아만의 문둥병을 능히 고칠 수 있음을 확신하고 있습니다. 그래서 나아만 장군에게 엘리사 선지자의 이야기를 하고 있습니다. 어린 여종은 하나님의 능력과 엘리사 선지자에 대한 분명한 믿음이 있었습니다. 그래서 그 믿음의 확신으로 자신의 환경과 여건을 뛰어넘어 문둥병이 나을 것이라고 확신 있게 말할 수 있었습니다.

본문 다음에 나오는 5장 15-16절 내용은 나아만이 요단 강에 몸을 씻고 난 후 문둥병이 완전히 치료된 것을 체험하고 너무나 기뻐 선지자 엘리사에게 예물을 드리기 위해 엘리사를 찾아온 장면입니다. 성경은 다음과 같이 말합니다. "나아만이 모든 군대와 함께 하나님의 사람에게로 도로 와서 그의 앞에 서서 이르되 내가 이제 이스라엘 외에는 온 천하에 신이 없는 줄을 아나이다 청하건대 당신의 종에게서 예물을 받으소서 하니 이르되 내가 섬기는 여호와께서 살아 계심을 두고 맹세하노니 내가 그 앞에서 받지 아니하리라 하였더라 나아만이 받으라고 강권하되 그가 거절하니라."

문둥병이 나은 것에 감사하면서 나아만이 엘리사에게 예물을 바치려고 하자 엘리사는 결단코 그 예물을 받지 않겠다고 합니다. 그 이유는 문둥병을 치료한 것은 자신의 능력이 아니라 하나님의 능력이었기 때문입니다. 그러므로 예물을 받아야 할 분은 자신이 아니라 하나님이심을 그는 알고 있었습니다.

전도도 마찬가지입니다. 영혼이 돌아와 구원받는 일은 전적으로 하나님의 능력에 달려 있습니다. 사람은 단지 하나님의 도구일 뿐입니다. 그러므로 우리는 전도할 때 항상 하나님의 능력을 의지하고 나아가야 합니다. 성공적인 전도는 성령의 능력 안에서 오직 예수 그리스도만을 전하는 것입니다. 그리고 모든 결과는 하나님께 맡기는 것입니다.

어느 집사님의 이야기입니다. 남편의 회개를 위해서 일 년 열두 달 날마다 12시가 되면 혼자 자기 방으로 가서 하나님께 부르짖었습니다. 그녀가 기도한 지 12개월이 지나갔는데도 징조가 전혀 보이지 않았습니다. 그녀는 6개월을 더 기도하려고 결심하고 방에 들어가서 남편의 회개를 위해서 기도하였습니다. 6개월이 또 지났습니다. 그러나 아직도 아무런 징조가 보이지를 않았습니다. 하나님이 응답하실 때까지 계속 기도했습니다.

그 후 어느 날이었습니다. 남편이 저녁에 집에 왔을 때 혼자서 위층으로 올라갔습니다. 그녀는 남편이 내려와 저녁 먹기를 기다렸는데 내려오지를 않았습니다. 아내는 남편의 방으로 갔습니다. 남편은 무릎을 꿇고 자기에게 자비를 베풀어 달라고 하나님께 부르짖고 있었습니다. 하나님이 남편으로 하여금 죄를 깨닫게 하신 것입니다. 그는 하나님의 자녀가 되어 하나님 말씀을 가까이하기 시작했습니다.

기도는 부도가 없습니다. 다만 응답하고 성취해 주시는 방법이 여러 가지가 있을 뿐입니다. 기도는 네 가지 방법으로 응답이 됩니다. '그래, 안 된다, 기다려라, 내 방법대로 해주마.' 특히 가족의 구원을 위해 드리는 기도는 오랜 시간 인내하고 기도해야 합니다. 하나님은 모든 사람이 멸망당하지 않고 구원에 이르기를 원하십니다. 그러므로 결코 낙심하지 마십시오. 그리고 꾸준히 기도하십시오. 이것이 성도를 향한 하나님의 바라심입니다.

이 시대는 갈수록 전도하기가 더 어려워지고 있습니다. 그러나 하나님께서는 지금도 수많은 사람들의 삶에 개입하셔서 복음의 문을 열도록 역사하고 계십니다. 그러므로 복음의 문이 열렸을 때 지체하지 말고 복음을 전하는 데 힘쓰시기를 바랍니다.

이제 전도하는 일에 더 용기를 내시기 바랍니다. 하나님이 우리와 함께 동행하심을 확신하며 나아가시기를 바랍니다. 전도 중에 주님의 권세와 능력이 나타남을 믿으시기 바랍니다. 그래서 생명을 구원하는 일에 동참하는 여러분이 되시기를 간절히 바랍니다.

## 잃은 영혼을 찾는 사람
누가복음 15:8-10

어떤 여자가 열 드라크마가 있는데 하나를 잃으면 등불을 켜고 집을 쓸며 찾아내기까지 부지런히 찾지 아니하겠느냐 또 찾아낸즉 벗과 이웃을 불러 모으고 말하되 나와 함께 즐기자 잃은 드라크마를 찾아내었노라 하리라 내가 너희에게 이르노니 이와 같이 죄인 한 사람이 회개하면 하나님의 사자들 앞에 기쁨이 되느니라

- ♣ **주제**: 하나님은 모든 영혼이 구원받기를 원하신다.
- ♣ **목적**: 잃어버린 영혼을 찾게 한다.
- ♣ **구성**: 원 포인트

지금부터 약 40년 전 일입니다. 먹을 쌀이 없을 정도로 너무나 힘든 가정이 있었습니다. 아내는 아는 집에서 돈 5만 원을 빌렸습니다. 버스를 타고 집에 와보니 돈이 없어졌습니다. 버스에서 소매치기를 당한 것입니다. 옛날에 5만 원은 정말 큰돈이었습니다. 그분은 큰 충격을 받았습니다. 그렇게 힘들고 어렵게 빌린 돈을 써보지도 못하고 소매치기를 당했으니 얼마나 속이 상했겠습니까. 땅을 치면서 통곡을 했지만 할 수 없는 일이었습니다. 이런 심정을 여러분은 얼마나 이해하실지 모르겠습니다. 소중한 것을 잃어버린 것처럼 속상하고 안타까운 것은 없습니다.

오늘 우리가 읽은 말씀은 예수님께서 비유로 하신 말씀입니다. 소중한 것을 잃어버린 이야기입니다. 그리고 잃어버린 것을 찾으려고 애를 쓰고 있습니다. 그런데 예수님은 왜 이런 말씀을 하셨을까요? 15장 1-2절을 보면 왜 이런 이야기를 하셨는지 알 수 있습니다. 그리고 누구에게 하셨는지 알 수 있습니다. "모든 세리와 죄인들이 말씀을 들으러 가까이 나아오니 바리새인과 서기관들이 수군거려 이르되 이 사람이 죄인을 영접하고 음식을 같이 먹는다 하더라."

예수님의 말씀을 들으러 사람들이 모였습니다. 세리와 죄인들이 함께 왔습니다. 세리는 유대인으로 백성들에게 세금을 거두는 사람입니다. 그런데 그 방법이 정당하지 않아 백성들은 세리를 싫어했습니다. 그리고 죄인들은 그 당시에 장애를 가진 사람들입니다. 병든 사람들입니다. 몸을 파는 여자들도 있었습니다. 바리새인들과 서기관들은 그들을 죄인이라고 말합니다. 그 이유는 장애를 가지고 병이 들면 하나님께 저주 받은 사람으로 취급하던 시대였기 때문에 죄인이라 생각했습니다. 또한 그런 죄인들과 함께 있거나 밥을 먹으면 부정하다고 생각해서 그런 사람들을 멀리했습니다.

그런데 예수님은 죄인들이라고 하는 그들과 함께하셨습니다. 밥을 같이 먹었습니다. 함께 교제했습니다. 이러한 예수님을 바리새인과 서기관들은 비난했습니다. 이것을 아신 예수님이 본문 말씀을 통하여 세리와 죄인들은 함께해서는 안 될 죄인들이 아니라는 것을 말씀하시는 것입니다. 오히려 반드시 찾아 주어야 하는 아주 귀한 사람들로 말씀하십니다.

그리고 본문 말씀인 '한 드라크마를 잃어버린 어떤 여자'에 관한 이야기를 하셨습니다. 어떤 여자에게 열 드라크마가 있었습니다. 드라크마는 당시에 돈의 명칭입니다. 그런데 이 열 드라크마는 단순히 돈의 액수로 따질 수 없는 아주 귀한 것이었습니다. 당시 결혼하는 남자가 아내가 될 여자에게 주는 선물이 바로 열 드라크마였습니다. 오늘날로 말하자면 결혼예물입니다. 열 개를 묶어 한 세트로 목걸이 장식을 하여 주었기에 자랑스러워했습니다. 그런데 열 개 중에 한 개라도 없으면 남편에 대한 도리가 아니어서 이혼을 당할 수도 있었다고 합니다. 그런데 이 여인은 열 개 중에 한 개를 잃어버린 것입니다. 그러니 잃어버린 한 드라크마 때문에 얼마나 마음이 애탔을까 짐작이 됩니다.

여인은 잃어버린 한 개의 드라크마를 찾으려고 정말 애를 많이 썼고, 결국 잃어버린 드라크마를 찾아 이웃과 함께 즐거워했다는 말씀입니다.

그러면 예수님께서 이 잃어버린 드라크마를 찾은 여인의 이야기를 통해 우리에게 주시는 말씀이 무엇일까요?

**1. 잃어버린 드라크마가 무엇인지를 알아야 합니다.**

첫째, 잃어버린 드라크마는 바리새인과 서기관들이 죄인으로 여겼던 세리와 장애인들입니다. 가난한 자들입니다. 병들고 힘없는 자들입니다. 몸을 파는 여자들입니다. 바리새인과 서기관들만이 아니라 당시의 사람들은 모두 그들에게 관심을 갖지 않았습니다. 왜냐하면 자신들이 판단할 때 하나님의 말씀대로 살지 않는 사람들이었기 때문입니다. 하나님께 이미 버림받은 사람들이라고 생각했기 때문입니다. 그래서 그들에게 관심을 갖지 않았습니다. 차라리 없었으면 좋겠다고 생각하는 사람들이었습니다.

둘째, 잃어버린 드라크마는 자신들은 죄인이 아니라고 생각하는 바리새인들과 서기관들입니다. 바리새인들과 서기관들은 자신들을 의인으로 알고 있는 죄인들입니다. 사실은 자신들이 죄인인 줄도 모르고 살아가는 죄인들의 괴수입니다. 그런데 이들도 하나님의 형상으로 지음을 받은 사람들입니다. 이들도 구원을 받아야 할 인간이라는 말입니다. 이들도 죄인들이기 때문입니다.

우리 주변에는 바리새인들과 같은 사람들이 많이 있습니다. 잘나고 똑똑하다고 생각하는 사람들입니다. 스스로 예수 없어도 천국에 갈 수 있다고 생각하는 사람들입니다. 이 세상에서 잘나가는 죄인들을 말합니다. 이런 사람들이 우리 주변에는 의외로 많이 있습니다. 이런 사람들을 전도하여 예수님을 믿게 해야 합니다. 그들도 하나님의 형상으로 지음을 받은 죄인들이기 때문입니다.

예수님은 이런 죄인들을 저주 받아야 할 사람들이 아니라 잃어버린 자들이라고 하셨습니다. 잃어버린 자들을 다시 찾아야 한다는 말입니다. 그것도 반드시 찾아야 하는 소중한 하나님의 영혼으로 생각하셨습니다.

그 잃어버린 사람들이 아직 예수님을 모르는 우리의 부모님입니다. 남편과 아내입니다. 아직 하나님을 모르는 우리의 자녀들입니다. 내 친한 친구들입니다. 매일 인사하며 살고 있는 이웃입니다. 우리가 다시 찾지 않으면 그들은 영적으로 죽은 자나 마찬가지입니다. 지옥이란 멸망의 길로 달려가는 사람들입니다. 그들이 이 땅에서 아무리 좋은 것을 누려도 그들의 결국은 사망입니다. 예수 믿지 않고 죽는 영혼은 지옥에 떨어지는 것입니다.

부활절이 되면 계란을 먹습니다. 생명이 있는 계란은 닭이 품거나 부화기에 넣어 시간이 되면 병아리가 됩니다. 그러나 생명이 없는 계란은 결국 썩고 맙니다. 어떻게 생각해 보면 인간의 죽음은 부화기입니다. 죽음이라는 부화기에 들어갔을 때 하늘의 생명이 없는 사람은 지옥에 가는 것입니다. 하지만 하늘의 생명이 있으면 천국에 갑니다. 그 생명이 예수님이십니다. 요한일서 5장 12절 말씀을 보면, "아들이 있는 자에게는 생명이 있고 하나님의 아들이 없는 자에게는 생명이 없느니라"고 말합니다.

영원한 천국에서 사는 생명은 돈으로 살 수 없습니다. 인생의 성공으로도 영원한 생명을 가질 수 없습니다. 아무리 돈이 많아도, 아무리 성공한 삶을 살아도 마음에 예수님을 영접하지 않은 사람은 죽은 사람입니다. 우리가 사랑하는 사람들에게도 정말 필요한 것은 영원한 생명이신 그리스도입니다. 지금 여러분이 사랑하는 사람이 영원한 생명이신 예수님과 함께하고 있습니까? 만약 그렇지 않다면 그 영혼을 소중하게 생각하시기를 바랍니다.

### 2. 본문에 여인은 잃어버린 드라마크를 어떻게 찾았나요?

첫째, 등불을 켜고 찾았습니다.
어떤 일을 열심히 할 때 "눈에 불을 켜라"고 말합니다. 이 말의 뜻은 열정을 가지라는 말입니다. 마음을 다하라는 말입니다. 열정과 마음이 없으면 어떠한 일도 이룰 수가 없습니다.

소중한 드라크마를 잃어버린 여인이 제일 먼저 한 것이 등불을 켜는 일이었습니다. 어두워 보이지 않아서입니다. 그래서 등불을 켜고 잃어버린 한 드라크마를 찾기 시작했습니다. 여기서 말하는 어두움은 죄인들을 바라보는 바리새인과 서기관의 마음 상태입니다. 자기를 의인으로 생각하고 다른 사람을 죄인으로 생각하는 마음입니다. 마음이 어두우니까 당연히 벌을 받아도 되는 사람들로 생각되었습니다. 그런데 예수님의 눈에는 죄인들이 다시 회개하고 돌아와 구원받아야 할 소중한 사람으로 보였습니다.

여러분 눈에 예수님을 믿지 않는 가족이 어떻게 보입니까? 믿지 않는 주변 사람들이 어떻게 보입니까? 우리의 마음이 어두워져 있으면 이 영혼들이 전혀 불쌍해 보이지 않습니다. 오히려 그들의 삶을 부러워하는 사람들도 있습니다. '내가 예수만 안 믿었으면 더 인생을 즐기며 살 수 있었을 텐데, 왜 예수님을 믿어서 이러지도 못하고 저러지도 못하나?' 생각하는 사람도 있습니다. 마음이 어두우면 나 혼자 예수 믿는 것에 만족합니다. 하지만 마음에 불을 밝혀 영의 눈이 밝아지면 절대 예수 믿지 않는 사람들을 그냥 둘 수 없습니다. 그 영혼들 때문에 안타까운 마음이 듭니다. 어떻게든 구원하려고 애를 쓰게 됩니다. 전도하려고 노력하지 않을 수 없다는 말입니다.

교회도 마찬가지입니다. 어두운 교회가 있습니다. 그런 교회는 영혼에 대한 관심이 전혀 없습니다. 그냥 주일에 나와 예배드립니다. 그리고 함께 밥 먹고 모여서 하나님의 은혜를 나누는 것으로 끝납니다. 그런 교회는 어두운 교회입니다. 모여 예배하면서 영적인 눈을 떠야 합니다. 함께 기도하면서 영적인 눈을 떠야 합니다. 그래서 지옥으로 달려가는 영혼이 보여야 합니다. 믿음으로 온전히 살지 못하는 영혼들이 보여야 합니다. 예수님을 모르고 세상 것만을 위해서 달려가고 있는 불쌍한 영혼들이 보여야 합니다.

가족의 영혼을 향한 등불을 켜시기 바랍니다. 무엇보다 중요한 것은 나에게 가까운 사람들의 영혼이 예수님을 믿고 구원을 받아 천국에 가는 것입니다. 영혼에 대한 등불을 켜는 여러분이 되시기를 바랍니다.

둘째, 집을 쓸면서 찾았습니다.

당시 이스라엘의 집은 흙으로 된 집입니다. 이 집을 쓸면 먼지가 일어납니다. 그러나 먼지가 중요한 것이 아닙니다. 잃어버린 드라크마를 찾는 것이 더 중요합니다. 먼지가 많이 쌓여 있는 곳도 쓸어 봐야 합니다. 어디에 떨어졌는지 알 수 없으니까 여기저기 계속 쓸어 봐야 합니다.

예수님도 그렇게 하셨습니다. 잃어버린 영혼을 찾으러 갈릴리 주변 여기저기를 다니셨습니다. 때로는 전도 때문에 식사도 제대로 하시지 못했습니다. 피곤할 때도 많았습니다. 밤낮 상관없이 구원해야 할 영혼이 있으면 그곳을 찾으셨습니다. 때로는 잃어버린 영혼을 구원하는 일로 인해 먼지들이 일어났습니다. 그러자 바리새인과 서기관들이 예수님을 공격하였습니다. 하지만 예수님은 상관하지 않으셨습니다. 힘들고 공격을 당하고 위험한 일에 빠지는 것보다 잃어버린 영혼을 구원하는 것이 더 중요했기 때문입니다.

전도하는 것을 좋아하는 사람들보다 싫어하는 사람들이 더 많습니다. 이 싫어하는 사람들이 누구냐 하면 예수 믿지 않는 사람들이 아니라 예수 믿는 사람들입니다. 신앙생활이 다 괜찮은데 전도하는 것은 싫습니다. 부담스럽습니다. 창피합니다. 믿지 않는 사람들도 안 좋아합니다. 믿지 않는 남편도, 자녀도, 부모님도 예수님만 믿으라고 말하면 서먹해집니다. 그래서 말하고 싶지 않습니다. 그러나 지옥으로 달려가는 것을 보고 있을 수는 없습니다.

만약 가족 중에 암에 걸렸는데 병원 가라고 말하는 것을 듣기 싫어한다고 그냥 둘 사람이 있습니까? 또 말하고 또 말해야 합니다. 그 사람의 기분을 살피고, 기분을 좋게 해주고 기회를 봐서 또 병원에 가자고 말해야 합니다. 이것이 그 사람을 사랑하는 가족입니다.

우리 교회 모 권사님이 손등에 멍이 들고 많이 부었습니다. 넘어져서 다쳤습니다. 자녀들이 병원에 가라고 해도 안 갔습니다. 그래서 강제로 모시고 갔습니다. 사진을 찍어 보니까 단순한 타박상이 아니었습니다. 뼈에 금이 가서 깁스를 하셨습니다. 의사 선생님이 왜 이렇게 늦게 왔냐고 하면서 더 늦었으면 큰일 날 뻔했다고 하셨습니다.

예수 믿는 것, 더 늦으면 큰일 납니다. 부지런히 쓸어야 합니다. 먼지가 나는 것을 감수하고 쓸어야 합니다. 기도로 쓸어야 합니다. 전화로 쓸어야 합니다. 만남으로 쓸어야 합니다. 선물로 쓸어야 합니다. 식사와 차 대접으로 쓸어야 합니다. 자존심이 영혼을 살리는 것보다 더 중요할 수는 없습니다. 다음 주에 한 영혼을 데려올 수 있도록 부지런히 쓰는 여러분이 되시기를 바랍니다.

셋째, 찾아낼 때까지 부지런히 찾았습니다.
잃어버린 드라크마를 찾기 위해 여인은 포기하지 않았습니다. 찾아낼 때까지 부지런히 찾았습니다. 드라크마를 향한 여인의 간절함을 볼 수 있습니다. 반드시 찾고자 하는 여인의 마음이 느껴집니다. 이미 찾아본 곳을 또다시 찾아보았을 것입니다. 혹시 어디서부터 잃어버렸는지 몰라 처음부터 또 찾았습니다. 심지어 전혀 상관없는 곳까지 혹시 몰라 찾았을 것입니다. 가구의 위치가 다 바뀌어 있습니다. 옷부터 시작해서 제자리에 있는 것이 하나도 없었을 것입니다.

성경 말씀에서 예수님의 삶을 보면 '두루 다니셨다'는 표현이 나옵니다. 이스라엘을 빠짐없이 다니셨습니다. 심지어 이스라엘 사람들이 가기 싫어하는 사마리아에도 들어가셨습니다. 이방 땅에도 가셨습니다. 구원할 영혼이 있다면 예수님은 그곳이 어디든 마다하지 않고 찾아다니셨습니다. 그리고 마지막에는 자신의 생명을 십자가에 내놓으셨습니다.

이제는 예수님께서 우리에게 찾으라고 하십니다. 포기하지 말고 부지런히 찾으라고 하십니다. 여러분! 포기하지 마시기 바랍니다. 구원받아야 할 영혼을 찾아가고 또 찾아가시기 바랍니다. 안 된다고, 마음의 문을 열지 않는다고 포기하지 말고 또 찾아가시기 바랍니다. 그 영혼이 구원받을 때까지 포기하지 않는 우리가 되어야 합니다. 우리가 포기하지 않으면 반드시 찾게 될 것입니다.

성경 말씀에 절대로 구원받지 않을 것 같은 사람이 나오는데, 그가 바로 바울입니다. 예수님을 믿기 전에 바울은 예수 믿는 사람들을 핍박하던 사람입니다. 그런데 그런 그를 예수님이 포기하지 않고 찾으셔서 결국 예수님을 믿게 되었습니다. 그냥 믿은 정도가 아니라 많은 영혼을 구원하기 위해 예수님처럼 찾아다니는 사람이 되었습니다. 자신의 인생의 마지막이 왔음을 알았던 사도 바울이 얼마나 최선을 다하는 삶을 살았는지, 후회 없는 삶을 살았음을 고백하고 있습니다. 이 고백이 우리 성도들의 고백이 되어야 합니다.

등불을 켜고, 온 집안을 쓸며 찾아낼 때까지 찾았던 여인은 잃어버렸던 드라크마를 결국 찾았습니다. 그리고 이웃을 불러 그 기쁨을 함께 나누었습니다. 예수님은 이 여인의 이야기를 하시면서 마지막에 이렇게 말씀하십니다. 10절 말씀입니다. "내가 너희에게 이르노니 이와 같이 죄인 한 사람이 회개하면 하나님의 사자들 앞에 기쁨이 되느니라." 어느 주석을 보면 한 사람의 죄인이 회개하고 예수님을 믿을 때 하나님의 천사들이 기뻐한다는 말씀이라고 합니다. 지옥으로 달려가는 한 영혼이 누군가의 헌신과 수고로 회개하고 예수님을 믿었습니다. 그러면 그 전도한 사람과 전도대상자는 물론 하나님의 천사들도 기뻐할 일이라는 말씀입니다. 전 우주가 기뻐하는 일이라는 말씀입니다.

우리는 다음 주일에 한 영혼을 초청하려고 합니다. 하나님이 금천교회를 이곳에 세우신 이유는 우리를 통해서 어려움에도 포기하지 않고 영혼을 전도하여 하나님과 교회와 모든 성도들이 기쁨을 얻기 위함입니다. 그러므로 한 주 동안 끝까지 영혼 구원에 힘쓰는 성도들이 되시기를 축복합니다.

여러 유형으로 준비한 전도 설교
# 거절보다 더 큰 은혜

1판 1쇄 인쇄 _ 2020년 11월 10일
1판 1쇄 발행 _ 2020년 11월 20일

지은이 _ 김진홍
펴낸이 _ 이형규
펴낸곳 _ 쿰란출판사

주소 _ 서울특별시 종로구 이화장길 6
편집부 _ 745-1007, 745-1301~2, 747-1212, 743-1300
영업부 _ 747-1004, FAX 745-8490
본사평생전화번호 _ 0502-756-1004
홈페이지 _ http://www.qumran.co.kr
E-mail _ qrbooks@gmail.com / qrbooks@daum.net
한글인터넷주소 _ 쿰란, 쿰란출판사
페이스북 _ www.facebook.com/qumranpeople
인스타그램 _ www.instagram.com/qrbooks
등록 _ 제1-670호(1988.2.27)
책임교열 _ 송은주·박은아

© 김진홍 2020 ISBN 979-11-6143-386-8 93230

책값은 뒤표지에 있습니다.
이 출판물은 저작권법에 의해 보호를 받는 저작물이므로 무단 복제할 수 없습니다.
파본(破本)은 구입처에서 교환해 드립니다.